VOYAGE
AUX
COLONIES ORIENTALES.

DE L'IMPRIMERIE DE DAVID, RUE DU POT-DE-FER,
N° 14. — F. S.-G.

VOYAGE

AUX

COLONIES ORIENTALES,

OU

LETTRES ÉCRITES DES ÎLES DE FRANCE ET DE BOURBON PENDANT
LES ANNÉES 1817, 1818, 1819 ET 1820,

A M. LE Cte DE MONTALIVET,

PAIR DE FRANCE, ANCIEN MINISTRE DE L'INTÉRIEUR, etc.

PAR AUG^{te} BILLIARD.

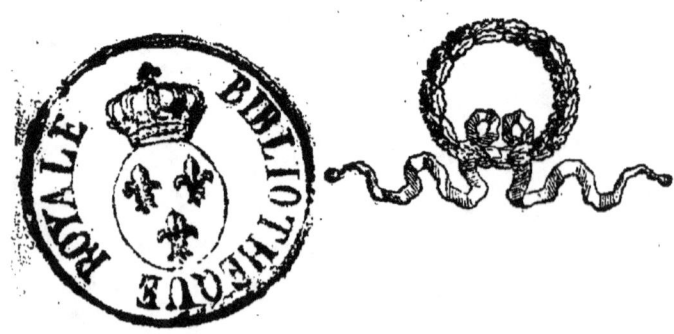

PARIS,

A LA LIBRAIRIE FRANÇAISE DE LADVOCAT,
PALAIS-ROYAL, GALERIE DE BOIS, N° 195.

1822.

PRÉFACE.

Mon intention en publiant cet ouvrage était de le faire paraître sous le titre de *Souvenirs des îles de France et de Bourbon*, car je craignais qu'il ne répondît pas suffisamment au titre de *Voyage aux Colonies orientales*. On m'a fait observer que le mot de *souvenirs* n'était pas heureux pour les auteurs et pour les libraires. D'après cette déclaration, je prie le lecteur de ne pas attendre de moi tout ce qu'on exige ordinairement d'un voyageur. Trouvant inutile de répéter ce que d'autres ont déjà dit, j'ai cherché seulement à exprimer les sensations nouvelles que j'ai éprouvées; un séjour de plusieurs années dans les colonies, particulièrement à l'île de Bourbon, m'a mis à même de recueillir en outre quelques observations sur les mœurs et sur les institutions du pays. Le reproche qui me serait le plus pénible serait celui de n'avoir pas dit la vérité.

Quand on voyage, il faut, ce me semble, répandre quelques fleurs sur sa route pour la rendre moins rude à ceux qu'on y voudrait engager; je désire que l'on arrive sans fatigue et avec quelque intérêt à la partie la plus sérieuse et la plus importante de mon livre, celle de la constitution coloniale. C'est pour m'acquitter d'un devoir que j'ai voulu attirer l'attention et la bienveillance de la métropole sur une colonie qu'elle ne connaît point assez.

Au moment de mon arrivée à Paris, vers la fin de septembre 1820, je m'empressai de soumettre à M. le ministre de la marine les réflexions qui m'avaient été inspirées par les colons eux-mêmes sur l'état politique et sur les besoins de la colonie. En France, tour à tour administrateur et administré; dans la colonie, à raison des affaires qui m'y avaient appelé, en rapport continuel avec les autorités, les négociants et les cultivateurs, il m'a été facile de m'informer de ce qui pouvait être favorable ou contraire à la prospérité de nos établissements. On trouvera dans ma relation le texte, abrégé à la vérité, des mémoires que j'ai présentés à M. le ministre de la marine. Je n'ai point tardé à m'apercevoir que révéler à l'administration ses propres erreurs n'était pas le meilleur moyen de me mettre en crédit auprès d'elle. Cependant ces observations, qui ont pu déplaire, n'ont pas été entièrement inutiles ; il en est auxquelles on s'est déjà rendu. Aussi revendiquerai-je, avec cette vérité que je n'ai pas craint de dire, une partie du bien qu'elle a déjà produit.

Au reste, si les mémoires adressés au ministère lui ont causé quelque ombrage, la faute en est aux deux plus célèbres administrateurs de nos colonies, à M. Poivre et à M. de La Bourdonnaye, dont je n'ai fait que développer les idées. Mes vœux étaient de voir marcher dans la route tracée par ces grands hommes les deux ministres qui viennent de se succéder; mon but était d'obtenir pour l'île de Bourbon des institutions généreuses, à la fois en harmonie avec l'intérêt des habitants et avec celui de l'humanité. Il y a pour le ministère d'importants, d'honorables changements à faire dans l'organisation des colonies : je regrette, je l'avoue, de ne lui avoir point inspiré assez de confiance pour concourir à l'exécution de ces desseins. Nous étions trois candidats présentés par l'île de Bourbon pour sa députation à Paris; j'avais obtenu le plus grand nombre de suffrages, toutes les voix moins une. Le président de la cour royale de la colonie, beau-frère d'un ministre en grand crédit, était l'un des concurrents : je rends grâces à ce ministre de ses procédés à mon égard, et de n'avoir point usé de son influence pour faire pencher la balance du côté de sa famille. Mon autre compétiteur était un capitaine de vaisseau, puissamment recommandé par les bureaux : il nous a été préféré. La seule réflexion que je me permettrai, c'est qu'il a été plus honorable d'obtenir la presque unanimité des suffrages, et plus heureux d'appartenir au département de la marine.

Ces explications étaient nécessaires. A mon arrivée à Paris, ayant réclamé pour les colonies une meilleure institution que celle du comité consultatif, à laquelle je devais cependant mon élection, je ne veux pas donner à croire que des observations faites il y a quinze mois ne soient venues qu'après la nomination de mon compétiteur. On verra bien d'ailleurs que mon ouvrage n'a pu être composé et imprimé dans quelques jours. D'après mes propositions au gouvernement, les fonctions des députés actuels auraient à peine quelques mois de durée, puisqu'il faudrait les abdiquer, si l'on se hâtait, comme on doit le faire, d'accorder aux colonies un ordre de choses plus tolérable que celui qui existe aujourd'hui. L'élection d'à-présent serait remplacée par une élection plus régulière et plus constitutionnelle.

En quelque position que je me trouve, admis ou rejeté par le ministère, je n'en suis pas moins reconnaissant de la confiance que m'ont accordée MM. les membres du comité consultatif de l'île de Bourbon. Je saisis cette occasion pour leur exprimer publiquement toute ma gratitude, pour leur dire combien je regrette de n'être pas à même de m'employer, aussi utilement que je l'aurais désiré, pour une colonie qui m'a adopté. A raison de ma qualité d'étranger à l'île de Bourbon, ils pouvaient craindre, même en me donnant leurs voix, que le soin de ma fortune ne me fît oublier leurs intérêts ; je crois avoir entièrement dissipé ces craintes. C'est peut-être pour mon trop d'empressement à la défendre, que je ne suis point admis à plaider la cause dont j'avais été le plus particulièrement chargé.

Quoique j'aie perdu de mes avantages, je n'abandonne point la tâche que j'ai commencé d'entreprendre : les observations que je publie pourront exciter parmi les députés de la métropole un intérêt plus vif pour nos établissemens d'outre-mer; ils en connaîtront mieux la situation politique. Il est naturel que les bureaux du ministère ne soient pas favorablement disposés pour celui qui a tenté de s'opposer à leur invasion dans les colonies; mais il faut espérer que le ministre, mieux instruit, ne me saura pas mauvais gré d'avoir dévoilé toute la vérité.

Cette question des colonies demande des sentimens généreux, de la prudence et de la bonne foi. Quoiqu'il soit aisé de reconnaître mon opinion politique, mes lecteurs observeront que je n'ai pas plus cherché à faire ma cour aux différents partis que je ne l'ai faite au ministère de la marine. J'ai signalé toutes les erreurs, à quelque opinion qu'on juge à propos de les attribuer.

La forme épistolaire donnée à cet ouvrage m'a semblé convenir à la variété des sujets que j'avais à traiter. Toutes mes lettres ont été écrites sur les lieux mêmes; malgré les nombreuses corrections faites depuis mon retour, j'aperçois dans l'impression des négligences de style qu'il n'est plus temps de corriger, quelquefois aussi des répétitions. Il m'est arrivé d'oublier que j'écrivais pour le public, ne songeant qu'au plaisir de causer avec l'ancien ministre mon bienfaiteur, auquel ma correspondance est adressée. On sait combien il a été regretté de tous ceux qui ont été sous ses ordres; il veut bien m'honorer de quelque amitié; il m'en donne un nouveau témoignage en me permettant de placer son nom en tête de mon livre : mon hommage est celui d'une haute estime, et de la reconnaissance particulière de ses bontés pour moi.

Paris, ce 15 janvier 1822.

Au moment où l'on allait imprimer cette préface, on m'annonce, comme chose certaine, que le droit qui avait été accordé au gouverneur de Bourbon d'exiler ses administrés, vient enfin d'être abrogé. J'avais sollicité avec instance la suppression de ce droit; espérons que le ministère se hâtera de faire dans la constitution de la colonie d'autres changements qui ne sont pas d'une moindre nécessité.

TABLE DES MATIÈRES.

	Pages.
LETTRE I. Traversée de France au Port-Louis.	1
II. Le Port-Louis de l'île de France...	29
III. Arrivée à Bourbon..............	60
Saint-Paul.	69
IV. Une journée à l'habitation........	89
Histoire du caféier.............	101
Mœurs des noirs...............	116
V. Voyages autour de l'île..........	129
Saint-Leu. — Café Le Roy.......	131
Saint-Louis du Gol.............	135
Saint-Pierre, ou rivière d'Abord..	139
Saint-Joseph.................	149
Manière de voyager dans la colonie.	152
Saint-Denis...................	157
Sucreries de la rivière des Pluies.	164
Sainte-Marie et Sainte-Suzanne..	174
Saint-André..................	179
Saint-Benoît. — Le jardin du Bras-Mussard....................	180
Retour à Saint-Paul............	188

	Pages.
Lettre VI. Détails géographiques............	196
Position, étendue, configuration du sol, montagnes, rivières....	196
Population.......................	199
Produits.......................	201
Impôts........................	210
Bois, défrichements............	217
Vents, température, saisons.....	219
Maladies......................	225
Ouragan.......................	229
VII. Voyage à Orère. — Les ruines. — M. Lemarchant.—Le noir marron.	238
VIII. Histoire de la colonie............	255
M. de La Bourdonnaye..........	262
M. Poivre.....................	268
IX. Réflexions sur le commerce des îles de France et de Bourbon........	282
Ports de l'île de Bourbon........	296
X. Vues sur l'établissement des nouvelles colonies, et particulièrement sur Madagascar................	305
XI. Constitution des colonies..........	348
État des habitants.............	350
De la traite et des esclaves.......	350
Des affranchis.................	364
Des citoyens..................	372
Pouvoir exécutif...............	373
Administration................	374
Régime intérieur et extérieur des colonies.....................	377

Lettre XI. Du système représentatif dans les colonies.................................	381
De la justice........................	391
XII. Résumé de la lettre précédente....	406
Constitution actuelle de l'île de Bourbon......................	406
Constitution à substituer........	412
XIII. Voyage au Bénard..............	425
XIV. Mœurs coloniales.................	449
XV. Suite du même sujet.—Comparaison du séjour de la France avec celui des colonies...............	471

ERRATA.

Pages 152, ligne 24, *tomtam*; lisez *tamtam*.

178, avant-dernière ligne, *adressés*; lisez *adressé*.

206, ligne 2 de la note, *donné*; lisez *donnée*.

185, c'est par inadvertance qu'on a mis à la quatrième ligne *M. Céré, directeur du jardin de Monplaisir*, au lieu de mettre *directeur du jardin des Pamplemousses*.

449, ligne 13, *écorce même*; lisez *écorce mince*.

453, portez le guillemet à la ligne 23 après les mots *à travers les bois.* »

VOYAGE

AUX

COLONIES ORIENTALES,

PENDANT

LES ANNÉES 1817, 1818, 1819 ET 1820.

LETTRE PREMIÈRE.

Traversée de France au Port-Louis.

Monsieur le Comte,

Il y a long-temps que vous avez toute ma confiance; aussi n'est-il personne à qui je puisse raconter l'histoire de ma traversée avec autant de plaisir qu'à vous; l'intérêt que vous me portez vous donnera du courage pour m'accompagner jusqu'aux îles de France et de Bourbon. Pendant le cours d'une longue navigation, vous jugez qu'il m'aura été facile de retenir quelques termes de marine et d'astronomie : Vert-Vert en eût appris autant que moi, si sa traversée eût été aussi longue que la mienne. D'ailleurs, je n'ai point songé à tenir un journal de route dans le dessein d'y consigner des faits qui échappent à la mémoire, par la raison qu'ils ne valent pas la peine d'être conservés; je me rappelle seulement ce qui a produit quelque impression sur mon âme ; c'est pour cela que je me borne à vous retracer mes nouvelles sensations, avec lesquelles mes souvenirs d'Europe n'ont jamais cessé de se confondre.

Je n'aurai jamais besoin de journal pour me rappeler que notre navire sortit du port de Saint-Malo le 25 septembre 1816. Le vent, d'abord favorable, devenant bientôt contraire, nous força de louvoyer quelques jours entre les côtes de Bretagne et les îles de Jersey et Guernesey : le matin nous découvrions les maisons blanches qui couronnent les hauteurs de ces deux îles, et le soir nous étions renvoyés à la vue de Bréhat (1), et jusque dans l'enfoncement qui forme la baie

---

(1) Bréhat, petite île voisine de la côte de Bretagne, aux environs de Tréguier.

de Saint-Brieuc. Résolus enfin à sortir de la Manche, bon gré mal gré, nous nous élevâmes dans le nord jusqu'à la vue de Starpointe (1) : cela nous procura l'avantage de rencontrer, à quelque distance de la côte, une corvette anglaise qui croisait pour empêcher la contrebande; notre capitaine ordonnait de hisser le pavillon blanc, quand tout à coup nos voiles furent percées de deux balles parties du navire anglais, qui lui-même n'avait pas fait connaître sa nation. N'étant pas les plus forts, il nous fallut paraître indifférents à cet affront; le commandant de la corvette envoya un de ses officiers pour nous visiter, prétextant qu'il nous prenait pour des Américains. Le vrai motif de cette bravade était d'obtenir de nous quelques bouteilles d'eau-de-vie que nous leur donnâmes volontiers, en éprouvant toutefois quelque confusion pour un officier qui ne rougissait pas de nous faire cette demande. Nous aperçûmes en même temps un gros navire français qui cinglait à pleines voiles vers la côte de Normandie; nous jugeâmes qu'il revenait d'Amérique; il arrivait, nous

---

(1) Extrémité la plus méridionale de l'Angleterre.

partions à peine : quelle triste comparaison entre sa situation et la nôtre !

Cependant le vent d'ouest, qui ne cessait de nous contrarier, se prit à souffler avec une telle violence, qu'il fallut se mettre en mesure contre la bourrasque dont nous étions menacés. Quoique affaibli par le mal de mer, je parvins à grimper sur le pont, pour savoir si Virgile et Vernet avaient complètement réussi dans leurs tableaux : le terrible vent d'ouest sifflait avec fureur dans nos cordages, car, à l'exception d'une basse voile, toutes les autres étaient serrées : notre navire, d'une excellente construction, s'élevait légèrement du fond de l'abîme au sommet des flots; on eût dit qu'il voltigeait ; mais il était inondé, et pour ainsi dire englouti, quand la vague trop pressée se brisait contre ses côtés : toute espèce de manœuvre était impossible; le gouvernail était amarré; le capitaine et l'officier de quart, exposés aux brutalités de la mer, conservaient difficilement l'équilibre; tandis que les matelots de service, réfugiés sur le gaillard d'arrière, s'endormaient sans inquiétude en attendant le retour du beau temps : on me dit que cela s'appelait *mettre à la cape*. Comme je montrais un peu d'émotion, on m'assura que le navire étant solide, nous ne courions aucune espèce de danger. En pareil cas, les Hollandais s'enferment dans la grande chambre du bâtiment, et boivent tant qu'il plaît à Dieu de les laisser à la cape.

La bourrasque, je m'exprime ainsi, nos officiers ne me permettant pas d'appeler si peu de chose une tempête, la bourrasque dura jusqu'au lendemain matin, qui parut nous annoncer un temps moins rude, un plus beau jour : nous ne savions pas au juste où nous étions; le ciel s'étant éclairci, il nous fut aisé de voir les sept îles, gros rochers fortifiés qui saillent dans la mer à trois et quatre lieues de Lannion. Nous étions déjà disposés à relâcher dans quelque port de la côte, car tout nous donnait lieu de croire, au moins pour quelques jours, à la continuation des vents contraires. Nous jetâmes l'ancre dans la rade de Perros, qui n'est qu'à deux petites lieues de Lannion. En mettant pied à terre, j'oubliai les fatigues d'une pénible navigation : depuis sept jours nous tenions la mer; à peine avions-nous parcouru un degré en ligne directe, et pourtant nous avions fait près de deux cents lieues à louvoyer : c'en était bien assez pour éprouver un débutant.

La rapidité avec laquelle se sont écoulés les dix jours que j'ai passés dans ma famille m'a souvent fait croire que tant de bonheur n'était qu'un songe. Mon second départ me coûta bien plus que le premier : ce sont des détails sur lesquels il ne faut pas revenir; vous êtes si bon que vous en seriez vous-même affecté. La brise n'étant pas assez décidée, nous eûmes deux jours de répit après nous être embarqués; mais il fallait rester à bord ou ne pas s'éloigner du navire : à leur tour, ma femme, sa mère, sa sœur et quelques amis, vinrent nous visiter : quand nous nous séparâmes à la fin du second jour, ce fut dans l'espoir de nous embrasser encore le lendemain : le vent étant devenu favorable pendant la nuit, l'ancre fut levée de grand matin : le soir nous ne voyions plus que la mer et les cieux.

Laissons marcher notre navire, qui ne s'éloigne que trop vite; permettez-moi de vous ramener sur les côtes de Bretagne, de vous conduire sur Thomé, l'une des sept îles dont je vous ai parlé : celle-ci n'est qu'à une demi-lieue de Perros; c'est un rocher en forme d'arête d'environ mille toises de longueur sur deux et trois cents de largeur. Nous y fîmes une promenade la veille de notre départ; on nous avait dit que l'île n'était habitée que par des lapins. Sur le côté qui regarde le levant sont deux champs cultivés; une petite prairie fournit du foin; quelques vaches, un assez grand nombre de moutons, paissent une herbe fine parmi les fougères, dont le reste de l'île est couvert; une cabane en ruines est abritée par un rocher d'où découle un filet d'eau suffisant pour les besoins de cette colonie; il peut se trouver encore un coin de bonne terre qui sera défriché pour en faire un jardin. Cette chaumière, ces champs, cette prairie, ces troupeaux, l'île entière enfin, sont le domaine d'un cultivateur assez jeune, robuste et passablement basané : il habite provisoirement sous les décombres de la cabane, qu'il relèvera lui-même au printemps prochain. Il nous reçut cordialement, nous offrant avec plaisir du laitage et des œufs frais. Nous lui demandâmes s'il vivait heureux sur ce rocher, dans cette solitude, car, pendant la mauvaise saison, la communication avec la terre peut être long-temps difficile. Il nous répondit qu'il s'était d'abord ennuyé, mais qu'il ne s'ennuyait plus depuis qu'il était marié. Nous ne vîmes point sa femme, qui, par extraordinaire, s'était embarquée le matin pour faire quelques emplettes à la ville et vendre ses œufs au marché. Le propriétaire de Thomé nous apprit que les produits de sa pêche et les revenus de son île excédaient ses besoins ; qu'il avait coutume de vendre ses moutons aux capitaines des navires qui relâchent à Perros, et d'en recevoir en échange sa provision de biscuit pour l'hiver : rien ne manque à son bonheur, si ce n'est un enfant dont il nous a confié que la venue serait prochaine. Ne voilà-t-il pas le sujet d'un chapitre à la façon de Sterne ?

Notre navire dépasse Madère, s'approche de Ténériffe, tandis que je vous retiens sur un îlot de la Basse-Bretagne. Au bout de huit jours nous aperçûmes Lancerotte, la première des Canaries : je me souviens que c'était un dimanche. Ayant appelé sur le gaillard d'arrière les passagers et l'équipage, le capitaine nous dit qu'il allait commencer la prière. Je ne suis pas scrupuleux observateur des pratiques de dévotion; mais lorsque je vis tous les matelots rangés à genoux sur les deux côtés du navire, lorsqu'au bruit habituel des cris et des manœuvres succéda le plus profond silence, lorsque j'entendis les premiers mots de la prière, mon cœur se remplit d'un sentiment religieux qu'il n'avait jamais si vivement éprouvé. L'atmosphère n'était plus chargée de ces brumes froides qui nous avaient attristés; une douce température nous venait ranimer; la beauté du ciel, le calme des flots, ce frêle navire sur une mer sans bornes, la patrie déjà si loin de nous, contribuaient sans doute à cette pieuse émotion. Nous demandâmes à Dieu l'heureuse continuation de notre voyage; nous priâmes pour nos parents, nos amis : je me sentis encore plus fortement ému quand on pria pour les morts.

Un navire de la compagnie des Indes allant à Pondichéry eut à lutter pendant trois jours contre le plus furieux ouragan : comme par miracle échappé du naufrage, l'équipage, d'un élan spontané, chanta un *Te Deum* en actions de grâces. Je ne crois pas que la religion puisse avoir de plus touchante cérémonie. La prière publique s'est régulièrement faite à notre bord, tous les dimanches, tant qu'a duré la traversée.

Le calme nous retint pendant deux jours à la vue de Lancerotte, dont les montagnes ne nous laissaient voir qu'une partie de Fortaventure. Que vous dirai-je de Lancerotte? Nous ne nous en sommes point assez approchés pour être à même d'en faire la description:

c'est là que demeure le bourreau des Canaries. Notre capitaine en second, qui a longtemps séjourné à Ténériffe, nous raconta que la justice ayant eu besoin de l'exécuteur des hautes-œuvres, eut assez de peine à le retrouver : quinze ans s'étaient écoulés sans qu'il se fût présenté d'occasion pour l'employer; ce n'est qu'aux îles Fortunées que le ministère du bourreau est si rarement nécessaire! Pour me faire revenir de mon illusion, le même officier ajouta que bien des crimes y restaient impunis, et qu'à l'exception des oranges et du vin de Canarie, il n'y avait rien dans ces îles qui pût rappeler leur ancien nom.

Nous ne cessions de nous tenir sur le côté du navire d'où l'on pourrait découvrir le pic Ténériffe, tant nous étions désireux de voir cette fameuse montagne, à laquelle les anciennes cartes donnent la forme d'un clocher. Le vent commençait à seconder notre impatience; peu d'instants avant le coucher du soleil, un dôme noir, d'une prodigieuse élévation, se dégagea des vapeurs dont il était enveloppé; c'était le pic qui montrait sa tête au-dessus des nuages dont il se fait une ceinture. Comme on l'aperçoit de plus de trente lieues, nous eûmes le plaisir de le voir pendant trois jours, sans qu'il voulût pourtant se découvrir en entier.

Pour traverser le canal qui sépare Ténériffe de la grande Canarie, nous rangeâmes d'abord de plus près cette dernière île, nous approchant ensuite de la côte opposée; nous étions successivement à si peu de distance de l'un et de l'autre rivage, qu'il nous était facile de compter les maisons sur le penchant des montagnes. Le cours d'une longue navigation semblerait bien plus rapide, si l'on pouvait de temps à autre rencontrer quelques îles ou revoir le continent.

Canarie est une montagne qui a un large plateau; elle passerait pour élevée, si Ténériffe n'était pas auprès. Le sol de ces deux îles est bouleversé par les éruptions volcaniques; la base et les flancs arides du pic sont horriblement déchirés.

Les personnes qui ne sont pas accoutumées aux voyages de mer, les marins eux-mêmes, ont besoin de se faire illusion sur la durée de la traversée. Nous étions à peine à la hauteur des îles du cap Vert que nous calculions l'époque à laquelle nous serions au cap de Bonne-Espérance : malheureusement les calculs de l'expérience s'accordent rarement avec ceux de l'imagination; nous omettions dans notre compte les calmes qui nous devaient retenir si long-temps entre le premier tropique et l'équateur. La mer devint unie comme une glace; pendant plusieurs jours notre bâtiment parut immobile; il fallait bien comme les autres subir l'épreuve de la zone torride; le pont du navire était brûlant, nous attendions vainement la brise du soir pour nous rafraîchir, la nuit ne revenait point pour modérer la chaleur du jour; le thermomètre s'élevait au-dessus de 30, sans pouvoir descendre au-dessous de 24 degrés; cependant nous supportions, sans trop nous en plaindre, une température aussi chaude au moyen d'une grosse toile à voile étendue sur nos têtes.

Ce serait toutefois un triste voyage que la vie, s'il fallait le faire tout entier sur mer : il semble pendant le calme que le temps ne marche pas plus vite que le bâtiment. L'oisif passager, qui n'a autre chose à faire qu'à mesurer le pont dans tous les sens, ressemble assez au prisonnier de Vincennes, qui n'avait d'autre promenade que la terrasse du donjon. Nos repas, quelques jeux, un peu de lecture, nous donnaient à la vérité quelques distractions : le lard et le bœuf salé qu'on nous servait à dîner, n'excitaient pas trop la bonne humeur; le soir, nous arrachions assez gaîment les membres d'une mauvaise volaille, dont nous aidions la digestion avec quelques verres de vieux vin de Bordeaux, toujours bus à la santé de nos amis d'Europe, ce qui nous causait parfois un peu d'attendrissement.

La lecture occupait une partie de nos journées; je fournissais des livres à tous ceux qui en voulaient, ayant eu soin d'embarquer avec moi les meilleurs auteurs latins et français, aimables compagnons dont la philosophie a souvent soutenu la mienne. Je m'étais encore pourvu de quelques voyages dans les pays que nous pouvions rencontrer, sans oublier une histoire des naufrages célèbres, pour nous préserver de trop de sécurité.

En vous parlant de nos distractions, dois-je oublier le plaisir de la pêche? Amphion et Mentor, qui attiraient au son de la lyre les poissons et les dieux de la mer, n'ont jamais pu rassembler autant de marsouins que nous en avons vu quelquefois autour de notre bâtiment : ils voyagent par troupes innombrables, nageant à fleur d'eau et brisant la mer avec une agilité surprenante : les matelots en prirent un pendant une belle nuit ; on l'ouvrit sur-le-champ pour en examiner l'intérieur, qui ressemble à celui d'un homme ou d'un autre animal avec lequel notre amour-propre ne souffre pas que nous soyons comparés. Nous goûtâmes de ce marsouin, qui eût nourri l'équipage pendant plusieurs jours si l'on avait eu le courage d'en manger. La pêche de quelques bonites nous en dédommagea : ces dernières, de la grosseur de nos belles carpes, voyagent comme les marsouins par troupes nombreuses à la surface de l'eau ; la mer en paraît agitée, surtout quand elles disputent aux oiseaux quelques malheureux poissons volants. Pour le goût, la bonite ressemble au thon, sans être un manger aussi agréable. Pendant trois ou quatre jours nous fûmes accompagnés par les plus beaux poissons de l'Océan : c'étaient des dorades qui se jouaient autour du navire pour nous montrer la grâce de leurs mouvements et la richesse de leurs couleurs ; l'émeraude et le saphir n'auraient pas autant d'éclat. On prit une de ces dorades qui avait près de cinq pieds de long : qu'elle eût fait d'honneur à la table d'un prince, s'il eût été possible de la conserver avec ses couleurs! Nous en fîmes trois ou quatre de nos meilleurs repas.

Dans les mêmes parages, quatre jeunes requins se laissèrent amorcer presque au même instant; les vieux, qui ont plus d'expérience, se défiaient de l'émérillon. J'en ai vu de ces vieux requins nous suivre à la piste, faire plusieurs fois le tour du vaisseau comme pour demander leur proie, sans qu'il fût possible ni de les tenter à l'hameçon, ni de les effrayer.

Tels sont à peu près les plaisirs de la traversée : cependant, peut-il être des voyageurs indifférents aux phénomènes, aux grands tableaux de la nature? Le soir, appuyé sur le bord du bâtiment, les yeux tournés vers le ciel, combien de fois me suis-je perdu parmi ces mondes innombrables qui roulent sur nos têtes! Quand mon imagination avait besoin de repos, je prenais une autre position; me penchant vers la mer, je me sentais naturellement aller à d'autres pensées : il n'y a rien qui porte à la rêverie comme d'être sur le bord d'un navire ou d'un fleuve, suivant des yeux le cours des flots; je ne puis me rendre compte de l'influence que cela peut avoir sur la situation où le cœur se trouve :

il est constant que vous ne pouvez vous défendre d'une certaine mélancolie en sentant frémir ce navire qui s'éloigne des lieux qu'on n'eût jamais voulu quitter, en contemplant cette onde qui toujours s'écoule, image du temps qui fuit toujours.

Je n'essaierai point de vous dépeindre le coucher du soleil dans les régions de la zone torride. Il n'est personne capable de vous représenter ces vapeurs chaudes qui s'élèvent de l'horizon et se perdent insensiblement dans un ciel embrasé. Qui pourrait encore saisir le moment où toutes les nuances se confondent, où l'atmosphère en entier se peint d'une légère couleur de pourpre composée de l'azur céleste et des derniers feux du jour?

Nous ne sommes plus retenus par le calme; nous avançons vers l'équateur, en nous approchant en même temps de la côte d'Amérique. C'est une singulière navigation que celle de ces parages : ici la mer est agitée, clapoteuse, pour me servir du terme de marine, sans qu'il fasse le moindre vent; on prétend que c'est un effet du mouvement imprimé par les grands fleuves qui se jettent dans l'Océan. Là, vous croiriez que le navire va porter sur un banc de sable, tant la mer prend une couleur verte qui annonce un basfond : il faut effectivement y faire attention. Ce n'est point une brise continue qui vous fait marcher, ce sont des nuages, autrement appelés des grains chargés de pluie et de vent, qui tout à coup viennent vous assaillir. Souvent il se forme des grains de tous les côtés de l'horizon; vous êtes poussé en avant par les uns, les autres vont vous-faire reculer. Nous n'avons pas eu de ces grands orages dont on nous avait effrayés. Un soir, dans le voisinage de la ligne, nous étions vigoureusement poussés par un des grains les plus noirs dont l'atmosphère puisse se charger; le bâtiment faisait plus de trois lieues à l'heure. Nous étions entourés d'une multitude de marsouins qui semblaient avoir entrepris de l'emporter sur nous à la course; on les distinguait aux longs traits de feu qui suivaient leurs mouvements, tandis que la proue du navire faisait jaillir avec l'écume des milliers d'étincelles : il eût été facile de lire à la clarté du sillon lumineux qui se prolongeait au loin derrière nous ; il y avait des instants où la mer semblait entièrement enflammée. Ces phosphorescences sont vraiment admirables : nous en avions déjà eu le spectacle, mais sans jamais en jouir autant que le soir dont je suis à vous parler.

Enfin, après quarante jours de navigation, nous arrivâmes sous l'équateur : à l'exception de quelques vieux marins, le reste de l'équipage et des passagers allait entrer pour la première fois dans l'hémisphère austral : aussi reçûmes-nous le baptême de la ligne, heureux pour moi d'en être quitte pour quelques gouttes d'eau ; d'autres furent plus copieusement baptisés. C'est une grande fête pour les matelots qui ont déjà passé par cette épreuve, de la faire subir aux nouveaux venus dans ces parages. Je ne crois pas que la cérémonie de notre baptême vaille la peine de vous en faire la description ; nous n'avions pas assez de monde pour la célébrer avec le grotesque appareil que l'on peut déployer sur un plus grand bâtiment.

A notre passage sous la ligne, la température était aussi supportable qu'au mois de mai dans la Bretagne ou dans la Normandie : il est vrai que le soleil s'avançant vers le second tropique, pour nous n'était pas encore au zénith, et que le vent, devenu plus fort, nous poussait assez rudement. Nous ne tardâmes pas à nous trouver directement sous le soleil ; loin d'être incommodés par la chaleur, nous étions prêts à nous plaindre d'une espèce de froidure qui venait du nord jusque dans ces climats : on fut obligé de reprendre ses habits de laine, que l'on avait quittés un mois auparavant.

Nous voilà naviguant sans mésaventure au milieu de l'immense canal qui sépare les deux continents : nous nous informions sur la carte du nom des royaumes placés à droite et à gauche, ressemblant en cela à des voyageurs qui, sur une grande route, demandent quels sont les villages dont ils découvrent les clochers. Nous laissâmes Sainte-Hélène à plus de deux cents lieues sur la gauche, nous rapprochant beaucoup plus des îles de la Trinité. Après avoir fait un grand détour dont on ne peut se dispenser, et avoir assez mal observé une éclipse de lune embrumée, nous courûmes de l'est à l'ouest pour attaquer en ligne directe le cap de Bonne-Espérance : c'était alors le premier objet de nos vœux. Le calcul de nos officiers se trouva tellement exact, que l'on cria *terre* pour ainsi dire à point nommé ; les montagnes dont est formée la péninsule du Cap se développèrent devant nous ; elles se groupèrent quand nous en fîmes le tour ;

enfin elles se montrèrent sous leurs différents aspects, sans que nos yeux fatigués eussent cessé de les regarder. Il y avait plus de deux mois que nous n'avions aperçu la terre ; à peine en étions-nous à quatre lieues ; nous regrettions pourtant que la ville du Cap nous fût cachée par la montagne de la Table ; nous regrettions bien davantage de ne pouvoir toucher à cette terre dont la vue nous causait tant de plaisir. Il fallut en prendre son parti, quoique l'on m'eût donné la faculté de faire relâcher le bâtiment : c'en était bien assez de se trouver à heure déterminée sur un point qu'il est si important de reconnaître dans une aussi longue navigation. Je ne pouvais à ce sujet m'empêcher d'admirer le génie de l'homme, qui d'un pôle à l'autre se fraie au milieu des mers une route aussi certaine que celle de Paris à Saint-Cloud.

C'était la veille du 1er janvier que nous étions sur la limite la plus méridionale de l'ancien continent. Vous pensez que je me rappellerai long-temps d'avoir doublé le cap de Bonne-Espérance le premier de l'an 1817. En nous embrassant pour nous souhaiter la bonne année, c'était tout au plus si nous songions à former des vœux pour nous. Votre cœur ce jour-là n'a-t-il rien entendu de la part du mien? Nos vœux, nos regrets, tout fut pour nos amis d'Europe. Je ne sais pourquoi je me sers à présent de ce mot d'*Europe*, au lieu de dire la *France*: j'aurais dit la Bretagne ou le Berri, si j'en eusse été moins éloigné; mais, dans le lointain, les objets se réunissent sous un seul aspect. Avant de quitter la France, elle ne me paraissait souvent qu'un malheureux pays désolé par la guerre et par la discorde; il m'arrivait parfois de me jeter moi-même dans les passions politiques : aujourd'hui la France me paraît le plus beau séjour, le pays le plus désirable qui soit au monde; je ne connais plus de partis; je serais heureux de voir celui qui m'aurait donné le plus d'humeur. L'esprit s'agrandit dans les voyages de mer; les petites passions, les petites idées s'évanouissent et se perdent dans la vaste étendue de l'Océan.

Mon cœur fait souvent voyager mon imagination : j'en reviens toujours à ceux que j'aime, à notre chère France, à quelque distance que je puisse m'en trouver. C'est le cap de Bonne-Espérance et le jour de l'an réunis qui vous ont valu cette digression; je vous la donne à la place d'une description de tempête que chaque navire est tenu d'essuyer entre les 3o et 37 degrés de latitude. Soyez assuré que nous n'avons pas manqué d'avoir la nôtre : si je vous en parle, ce n'est que pour vous faire plaindre nos pauvres matelots qui, pendant huit ou dix jours au milieu des manœuvres les plus pénibles, ne cessèrent pas d'être inondés par l'eau de mer ou par l'eau de pluie : cela fait frémir de voir ces malheureux, dans le plus fort de la tourmente, travailler de leurs deux mains à serrer une voile qui les entraîne, s'accrochant des pieds seulement sur un câble, sur une vergue glissante, ou de les voir grimper au haut d'un mât que l'on entend déjà craquer.

C'est une cruelle navigation que celle que l'on fait pendant quinze jours ou trois semaines après avoir doublé le Cap. S'il ne pleut pas, un froid humide et perçant vous fatigue la poitrine et l'estomac ; la mer est toujours rude et menaçante ; elle semble vouloir vous empêcher de remonter vers le tropique ; on dirait que son courroux se perpétue contre les successeurs de l'audacieux Vasco de Gama. On ne peut suivre la ligne la plus courte pour se rendre de la pointe d'Afrique aux îles de France et de Bourbon ; on est obligé de se jeter d'abord à huit ou neuf cents lieues dans l'est pour éviter le canal de Mozambique, ou pour ne pas tomber sur Madagascar : c'est par ce moyen que l'on arrive dans une région où l'on trouve des vents favorables qui nous firent remonter vers le tropique, sous un ciel plus serein, dans un climat plus engageant. L'appétit, que nous avions presque tous perdu, nous revint dans ces nouveaux parages : le beau temps, l'espoir de voir bientôt la terre, nous rendirent du courage et de la gaîté. Il y avait long-temps que nous n'avions vu de poissons : un énorme requin parut un matin derrière notre bâtiment; on lui jeta un morceau de lard au bout de l'émérillon; après avoir hésité quelques instants, il s'en saisit avec voracité ; on lui fila de la corde pour qu'il se noyât; quand on le crut affaibli, on voulut le hisser à bord à l'aide d'une poulie; il se débattit avec une telle fureur, que toutes les forces de l'équipage eurent de la peine à le faire arriver jusque sur le pont; d'un coup de queue il eût cassé les jambes de celui qui l'eût approché : une grosse barre de bois lui fut enfoncée dans la gueule, on lui coupa la queue à coups de hache, et l'on finit par l'assommer. Il avait au moins dix pieds de longueur : je mesurai sa tête qui avait quinze pouces d'un œil à l'autre; un homme eût entré dans sa gueule; on l'ouvrit pour voir ce qu'il avait dans les intestins; à peine put-on reconnaître dans son estomac le lard qu'il avait dévoré un quart d'heure auparavant; les morceaux presque entièrement digérés ressemblaient à des éponges : on lui arracha le cœur, qui palpite, dit-on, vingt-quatre heures après avoir été détaché; il bondissait dans l'assiette où nous l'avions mis; le mouvement en fut sensible pendant une demi-journée, quoiqu'il fût traversé d'un coup de couteau : il n'y a point d'animal plus affreux, plus vorace que le requin; la mâchoire de celui que nous prîmes était armée de trois cent quatre-vingt-douze dents. Quelques personnes mangèrent de ce poisson avec plaisir; je ne me sentais point encore assez d'appétit pour vaincre ma répugnance et les imiter.

Ce fut là notre dernière pêche; nous comptions arriver peu de jours après : il fallut éprouver encore quelques contrariétés qui furent promptement oubliées. Le 5 février, à dix heures du matin, notre mousse, monté dans la hune, cria : *Terre! terre!* Peu d'instants après, le même cri fut répété par tous les matelots. C'était l'île de France où nous voulions relâcher pour les réparations de notre bâtiment : nous en étions encore à près de douze lieues; peu après ses montagnes brusquement élancées se dessinèrent plus correctement à l'horizon. Craignant d'approcher la terre pendant la nuit, nous courûmes quelques bordées jusqu'au lendemain matin : au jour naissant nous n'étions qu'à deux ou trois lieues du rivage. Quel plaisir de s'avancer à pleines voiles, poussé par le meilleur vent, sur le port où l'on veut débarquer ! On fait le tour de la moitié de l'île de France avant d'y aborder : il me semble que c'est un plaisir de plus. Nous doublâmes le célèbre coin de mire jeté à pic dans la mer auprès du cap Malheureux; nous laissions à droite l'île Plate, l'île Ronde, et le Colombier, rochers arides qui sont si bien nommés. Rangeant ensuite de plus près la terre, il nous était aisé de distinguer les habitations dans la plaine riante qui s'étend du pied des montagnes au bord de la mer : on me dit que c'étaient le quartier de la Poudre-d'Or et celui des Pamplemousses. De longues pirogues chargées de noirs se succédaient fréquemment entre nous et le rivage; elles se plaçaient au premier plan du tableau. Je n'avais encore rien vu de pareil à ces montagnes d'une forme si hardie et si pittoresque qui arrêtaient notre vue dans le lointain; il est facile de les reconnaître d'après les noms qu'on leur a donnés : nous nommions sans hésiter le Pouce, les Trois-Mamelles, la Montagne-Longue, le Gros-Morne, et le Pitherboth, qui montre au-dessus de tous sa tête en équilibre sur un pivot. Comme ils se détachent les uns des autres, on croirait voir une découpure d'un travail fantasque et pourtant délicat.

A midi nous étions en face du Port-Louis, dont les montagnes nous avaient jusqu'alors intercepté la vue. Plus de cent navires de toutes les nations, rangés au fond de la rade, nous donnèrent une haute idée de l'importance de la colonie : la ville du Port-Louis, dans l'espace de trois quarts de lieue, s'étend en amphithéâtre sur le bord de cette rade; une riche verdure d'une autre nuance que celle de nos pays s'entremêle avec d'élégants pavillons; des cocotiers et des bananiers, dont les longues palmes, du point où nous les voyions, semblaient retomber jusqu'à la mer, bordent le devant de ces jolies maisons que vous voyez sur la droite : c'est le gouvernement, d'une construction moitié asiatique, moitié européenne, que vous apercevez devant vous au travers de ces arbres touffus; des ruines sont amoncelées sur la gauche, mais l'œil attristé retrouve en montant plus haut les beaux hôtels qui avoisinent le Champ-de-Mars. Le plan incliné sur lequel est bâtie la ville, est interrompu tout à coup par la saillie des montagnes arides qui s'élèvent à pic de tous les côtés : ce rempart gigantesque, qui se perd dans les nuages attachés aux cimes du Pouce et de Pitherboth, protège mais paraît écraser les monuments construits à ses pieds.

Un pilote, accompagné d'une douzaine de nègres presque entièrement nus, se rendit à notre bord; il y avait encore avec lui un gros mulâtre, employé du gouvernement : ce dernier venait pour recevoir nos déclarations et nos dépêches; il nous demanda avec beaucoup d'intérêt des nouvelles du général Decaen.

La joie que nous avions de descendre à terre s'évanouit tout à coup au récit que nous fit notre mulâtre des malheurs arrivés à la colonie : récemment un incendie a consumé quinze cents maisons du Port-Louis; la perte des habitants est immense : c'est la réponse que l'on nous fit lorsque nous demandâmes pourquoi ces ruines que l'on voyait sur la gauche. Peu d'instants après nous touchions à cette terre si désirée, nous entrions dans cette malheureuse ville, que l'aspect de son port nous avait fait croire dans un état plus florissant.

Je suis, etc.

Au Port-Louis de l'île de France,
le 7 février 1817.

LETTRE II.

Le Port-Louis de l'île de France.

Monsieur le Comte,

Lorsqu'on voyage par terre, l'aspect du pays que l'on parcourt varie graduellement, de sorte qu'on arrive sans surprise aux lieux les plus éloignés, les plus différents de ceux d'où l'on était parti. Il n'en est pas de même lorsqu'on fait le trajet par mer : à l'exception des changements de température, il n'y a point de nuances qui lient le point de départ au point où l'on va débarquer; à trois mille lieues de notre patrie, nous ne cessions pas de dire *ici*, comme si nous eussions encore été auprès de nos parents et de nos amis; aussi la transition nous parut-elle brusque d'une ville de France au port d'une colonie d'Orient! Si vous aviez été l'un de nos passagers, je vous dirais : Vous rappelez-vous cette foule de nègres qui circulaient sous les hangars et dans les cours de la douane, auprès de laquelle on nous avait fait débarquer? Voyez-vous encore ces gros Cafres dont les larges épaules reluisaient au soleil, les uns dormant sur des balles de marchandises, les autres occupés à les porter aux magasins? ces Indiens avec le costume de leur pays, nous demandant poliment le contenu de nos malles sans en exiger l'ouverture? ces trois ou quatre Chinois que nous comparions avec nos peintures de paravent? ces négresses empressées qui, pour blanchir leur linge, offraient d'un air malin leurs services aux matelots dont nous étions accompagnés? et parmi ces figures de l'Afrique et de l'Asie, des négociants, leurs commis, et des oisifs en gilet rond et en pantalon blanc, ayant presque tous des parasols ou de grands chapeaux de paille et de feutre gris? Quelques-uns nous abordaient pour avoir des nouvelles d'Europe; d'autres en groupe nous regardaient à peu près du même œil que les Parisiens regardent les nouveaux venus de la province au sortir de la messagerie. A quelque distance, trois cents Indiens d'une haute stature, la tête enveloppée d'une espèce de turban, n'ayant d'autres vêtements que quelques haillons autour des reins, s'avançaient à pas lents vers le port, attachés deux à deux par une longue chaîne qui traînait de leur cou jusqu'à terre : on me dit que ces malheureux n'étaient qu'une partie d'un régiment de sipahis (1), qui, pour crime de révolte contre les Anglais, avaient été condamnés à la déportation et aux travaux publics pour un temps illimité. L'hôtel du gouvernement, dons nous approchions, ne nous sembla plus aussi remarquable que lorsque nous l'avions aperçu de la mer : ce n'est qu'un bâtiment rétréci, manquant d'élégance et de proportion. Une calèche entrait au grand trot des chevaux dans la cour de l'hôtel; quatre noirs de l'ébène le plus foncé, la mâchoire la plus saillante, les lèvres les plus épaisses, et le nez écrasé sur la face, tous quatre légèrement vêtus à la mauresque, portaient, en marquant le mouvement par un cri sauvage, un élégant palanquin qui entrait aussi dans la cour du gouvernement : des Anglaises étaient descendues de la calèche; une Française, car il est aisé de les reconnaître partout, entr'ouvrit des rideaux de soie et sauta les-

---

(1) On prononce *sipails*.

tement du palanquin : le long voile dont elles étaient couvertes nous empêcha de voir la figure de ces dames ; nous supposâmes qu'elles devaient être jolies : en peut-il être de laides parmi les premières que l'on aperçoit après une navigation de quatre mois? Il serait difficile d'être mieux faite que ne l'était la dame du palanquin.

Le grand concours d'étrangers a fait établir plusieurs auberges au Port-Louis; il n'y en avait pas autrefois. Je descendis chez M. Masse, que je ne trouvai pas, comme nos aubergistes de France, entre les fourneaux et la grande table de sa cuisine, mais prenant le frais à l'ombre, tandis que plusieurs esclaves appelés par un coup de sifflet venaient recevoir ses ordres tour à tour. Après avoir pris possession de mon logement, je me disposai à porter mes lettres de recommandation et à me procurer quelques vivres frais que j'avais promis d'envoyer à notre bord. Je demandai à M. Masse l'endroit où se tenait le marché : il ne m'indiqua pas le marché, comme je l'en avais prié, mais la place du Bazar, qui est à peu de distance de sa maison : je fus empressé d'y courir avec notre capitaine; je vous y ramènerai vous-même une autre fois. Les matelots qui nous suivaient ne pouvant porter toutes les provisions, le capitaine prit ainsi que moi deux ou trois petits pains sous son bras. Au retour de notre chaloupe, nous fîmes notre visite à M. Kerbalanec, l'un des principaux négociants du Port-Louis, auquel j'étais particulièrement recommandé : après les questions de politesse, l'une des jeunes dames de la maison, Mᵐᵉ Blaize, me demanda malignement si je n'étais pas l'une des personnes que l'on avait vues peu d'instants auparavant traverser le bazar avec des pains sous son bras. J'avouai ingénument que j'étais un des coupables. Elle me dit, en donnant le tour le plus obligeant à ses expressions, que je n'étais pas encore au courant des usages ; que mon pesant habillement d'Européen, mon air de nouveau débarqué, et cette inconvenance de m'être chargé de pain ou de tout autre fardeau, m'exposaient à me faire appeler *gros bonnet :* c'est le nom que l'on donne aux arrivants qui font quelque gaucherie dans le genre de la mienne, et dont je ne manquai pas de me savoir promptement affublé.

Je suis pourtant assez comme Montaigne, qui, *pour essayer tout-à-fait la diversité des mœurs et façons, se laissait partout servir à la mode de chaque pays, quelque difficulté qu'il y trouvât* (1). Invité le lendemain de mon arrivée à dîner chez ce même M. Kerbalanec, j'engageai la dame qui m'avait si obligeamment repris la veille à m'avertir chaque fois que je ne ferais pas comme tout le monde : dès le matin j'avais changé mes vêtements de laine contre le gilet à manches et le pantalon blanc, qui sont le costume ordinaire des habitants; le frac ne se met que pour les visites; je le repris pour me rendre à l'invitation que l'on m'avait faite.

La famille de M. Kerbalanec était rassemblée sous la varangue, c'est-à-dire sous une galerie ouverte comme il y en a devant presque toutes les maisons; elle sert de promenoir ou de salon pendant la chaleur du jour. On ne tarda pas à servir: deux jeunes négresses, placées aux extrémités de la table, n'avaient d'autre fonction pendant le repas que de chasser les mouches avec une longue palme de dattier; les porcelaines étaient de Chine, l'argenterie et les cristaux de Londres et de Paris; ce rapprochement de l'Europe et de l'Asie se fait remarquer jusque dans la pré-

---

(1) Voyages de Montaigne.

paration des aliments ; les créoles donnent la préférence aux mets préparés à la manière des Indiens ; on ne manque jamais de servir un kari de volaille, souvent accompagné d'un kari de poisson ; au dessert, il n'y avait de ma connaissance que des raisins, et un ananas avec lequel les nôtres se garderaient bien de se comparer ; les autres fruits étaient des bananes, des mangues de différente espèce, et des attes, rares encore en cette saison. On s'amuse des nouveaux débarqués en leur offrant une mangue ; les maladroits sont capables de la peler comme une pomme, tandis qu'il faut couper les deux joues, et les retourner pour en détacher plus facilement la pulpe avec les dents.

Par complaisance pour ma curiosité, on me fit voir une partie des appartements, tous meublés avec un certain luxe, mais pourtant avec simplicité. Le lit est, comme en France, le plus beau meuble de la chambre à coucher ; composé d'un ou deux matelas de coton, et de deux draps de toile des Indes, il est couvert d'un moustiquaire de gaze ou de mousseline, soutenu par quatre colonnes effilées s'élevant jusqu'au plafond, et auxquelles se rattache une large frange en réseau qui forme la draperie tout à l'entour ; une chaise longue rotinée, quelques fauteuils du Bengale, également rotinés, sur le parquet une natte de Manille ou de la côte d'Afrique; une glace à la Psyché, quelques petits meubles de l'Europe ou de la Chine, complètent la chambre à coucher. Lorsqu'elles ne sont pas entièrement en treillis de rotin, comme celui des chaises, les fenêtres des appartements sont vitrées par le bas, tandis que le haut est en persienne, pour que l'air puisse facilement circuler; elles sont couronnées d'une draperie de mousseline qui ne sert qu'à les décorer.

L'intérieur des autres maisons est à peu près dans le même genre et dans le même goût. Il y a des instruments de musique dans presque tous les salons. Le jour et le lendemain de mon arrivée, j'avais déjà parcouru les différents quartiers de la ville; deux anciens camarades de collége que j'eus le plaisir de retrouver à l'île de France, me procurèrent dans les meilleures maisons un accueil dont je serai toujours reconnaissant.

Le Port-Louis occupe une aussi grande étendue que les villes de Nantes ou de Rouen, mais il s'en faut de beaucoup que les maisons y soient aussi élevées et aussi rapprochées; celles des faubourgs n'ont en général qu'un rez-de-chaussée; les plus remarquables et les plus voisines du port sont la plupart surmontées d'un étage; elles sont couvertes d'un bardeau qui a l'apparence de la tuile; quelques-unes au lieu de toit ont une terrasse ou une *argamasse*, pour me servir de l'expression du pays. Un corps de bâtiment principal, presque toujours avec sa varangue ou galerie dans le style grec ou dans le goût malabare, ces deux genres s'entremêlant quelquefois; des pavillons placés pour les hôtes au coin d'un parterre séparé de la rue par une claire-voie; des badamiers dont les branches s'étendent en parasol pour donner un peu d'ombrage : telle est à peu près la vue extérieure de l'hôtel d'un habitant aisé de la ville du Port-Louis. Les moindres maisons sont jolies, propres, et commodément distribuées pour tempérer la chaleur du climat; grandes et petites, elles sont presque toutes en bois de natte d'un travail de menuiserie aussi soigné au dehors que dans l'intérieur des appartements. Les constructions en pierre commencent à s'introduire à cause de la rareté du bois et de la crainte de l'incendie; on emploie avec succès les madrépores dont les rescifs sont formés, en les liant entre eux par un ciment, de manière qu'un mur est aussi solide que s'il était d'un seul morceau. La cuisine, toujours en maçonnerie, est un bâtiment isolé dans une cour de service, où sont aussi les petites cases en planches des noirs domestiques de la maison.

Les rues sont larges et tirées au cordeau ; quelques-unes sont ombragées de bois noirs, espèce de mimeuse qui a les feuilles de l'acacia, et dont les fleurs en houpes jaunâtres répandraient un parfum assez doux si l'on n'y trouvait une sorte de fadeur. Les plus belles rues sont celles du Rempart, sa parallèle, celle qui conduit du gouvernement au Champ-de-Mars, la rue Nationale, celles de Paris et des Pamplemousses ; elles ne dépareraient point nos villes du premier et du second rang.

Dans la nuit du 25 au 26 septembre dernier, le feu prit dans un moustiquaire auprès duquel une négresse était à veiller ; il se répandit sur-le-champ dans la maison, et se communiqua aux maisons voisines avec une effroyable rapidité. Le quartier incendié occupe tout au plus un cinquième du Port-Louis ; mais les bâtiments, presque tous en bois, étaient contigus les uns aux autres (c'était la partie de la ville où s'étaient formés les premiers établissements français, c'était là que le commerce avait ses plus riches magasins); le feu détruisit en un instant les travaux et les fortunes d'un siècle.

Les rues voisines du port, près desquelles l'incendie s'est arrêté, n'en ont pris que plus de mouvement et d'activité; les boutiques y sont rassemblées non loin des magasins qui n'ont pas été consumés : il est difficile d'aller d'un bout à l'autre de la rue que l'on nomme la Chaussée, sans rencontrer parmi ceux qui la parcourent toutes les nuances de couleur, depuis le rose pâle jusqu'au rouge cuivré, et jusqu'au noir le plus foncé; toutes les différences de costumes du Chinois à l'Indien, de l'Indien au Persan, de ceux-ci à l'Arabe, et de ce dernier au Marmite de Madagascar. Les costumes orientaux, à l'exception de celui des Chinois, ont une grâce, une noblesse que n'ont point nos habillements à coupes anguleuses : j'aime ce Malabare, tout basané qu'il est, avec son large pantalon, sa tunique de mousseline, son turban dont il varie la forme à son gré, son schall qui lui serre la taille, ou qui, noué négligemment à son cou, se rejette par dessus l'épaule et retombe de l'autre côté sur la poitrine. Le Marmite malgache, qui accompagne les traites de bestiaux, n'est point lui-même drapé sans goût avec une pièce de mouchoirs, ou avec le cimbou de coton tissu par les femmes de son pays.

Il faut aller entre sept et huit heures du matin au bazar, dont la place s'ouvre sur la rue de la Chaussée : elle est entourée d'un double rang de galeries de bois qui, avec moins d'élégance, sont dans le genre de celles des nouveaux marchés de Paris : c'est là que l'on peut rassembler d'un coup d'œil les productions et les physionomies des quatre parties du monde; des noirs et des négresses de confiance sont chargés de la vente des monceaux de fruits et de légumes qui bordent les galeries du bazar; des femmes malabares dont les maris sont pêcheurs font le commerce des coquillages, du poisson frais et du poisson salé. Il y a aussi des galeries pour les bouchers : la livre de bœuf se vend quarante sous (vingt sous de France); on nous avait demandé cinq piastres (vingt-cinq francs) pour un gigot de mouton. Les cuisiniers, qui sont presque tous Indiens, les matelots des différents équipages, les amateurs des morceaux délicats, sont confondus avec les noirs qui portent les paniers de provisions sur leur tête, avec les mulâtresses libres ou esclaves qui se promènent sur la place, ou qui viennent aussi *faire leur bazar :* la plupart sont bien faites, ont ce que nous appelons de la tournure, des dents assez belles qu'elles montrent en souriant, un air espiègle et agaçant qui ne déplaît pas aux marins nouvellement débarqués ; elles marchent nonchalamment ; le mouchoir de l'Inde semble noué sans art sur leur tête, et l'on ne dirait pas qu'elles font la moindre attention au schall de Patna qui leur descend jusqu'aux talons. N'oublions pas dans cette scène trois ou quatre cocotiers qui des cours des maisons voisines dominent au-dessus des galeries du bazar.

C'est pour la salle de spectacle, construite en bois, et dont le péristyle rappelle celui de l'Odéon, que l'on avait ouvert cette place qui depuis l'incendie sert également pour le marché. La salle de spectacle est un des principaux édifices du Port-Louis, dont les maisons sont plus remarquables que ses monuments publics. Il n'y a rien à dire sur les casernes et l'hôpital militaire ; ils suffisent à leur destination ; l'église, en forme de croix grecque, est d'une architecture sévère; ce serait un assez bon morceau si la nef ne paraissait pas trop large en comparaison des bras rétrécis de la croix. Depuis l'occupation par les Anglais, un magasin a été converti en temple pour les protestants.

Il n'y a point de rivière : quelques ruisseaux qui descendent des montagnes traversent la ville pour s'aller jeter à la mer; mais il y a plusieurs fontaines entretenues par un aquéduc d'une lieue de longueur, qui amène les eaux de la grande rivière au Port-Louis : l'une de ces fontaines, placée sur le port tout-à-fait au bord du quai, est bien commode pour les bâtiments qui viennent y faire leur eau; c'est un ouvrage et un bienfait de M. de La Bourdonnaye, dont le nom se rattache à presque tous les monuments construits pour les besoins de la marine et des habitants.

On pourrait appeler la ville blanche, comme dans les établissements d'Asie, la partie occupée par les Européens; les faubourgs, placés à l'extrémité, sont à proprement parler ville noire : l'un de ces faubourgs se nomme le Camp-Libre, l'autre le Camp-Malabare; il y a encore un quartier peu étendu que l'on appelle le Camp des Chinois.

Ce camp malabare représente à mon imagination une petite ville de Mysore ou de Golconde, construite pour des Indiens avec le secours des Européens; il est habité par une population paisible d'ouvriers laborieux et d'honnêtes commerçants dont plusieurs ont beaucoup d'aisance : tout y rappelle les usages, le costume et le caractère asiatiques; le dimanche on voit les femmes malabares, dans leur plus grande parure (1), se rendre à l'église du Port-Louis, dont la chapelle à gauche semble leur être particulièrement destinée : on me faisait remarquer les anneaux dont elles se chargent les doigts des pieds et des mains, les boucles ornées de petits coquillages qui leur tombent de la narine gauche et des oreilles, le voile ou le schall dont elles se couvrent un côté de la figure, et qui tombe jusqu'à leurs pieds. Je ne crois pas avoir dit qu'il y en eût un grand nombre de jolies, quoiqu'elles aient en général beaucoup d'expression et de mobilité dans la physionomie; leur teint olivâtre, auquel on finit par s'accoutumer, ne plaît pas dans les premiers moments. Les hommes de

---

(1) Aux îles de France et de Bourbon, on appelle généralement Malabares tous les Indiens, de quelque partie de l'Inde qu'ils soient.

la même nation occupent la chapelle opposée ; on choisit parmi eux les sacristains et les bedeaux : à cause de l'idée que nous attachons au costume, on croirait voir le service d'une église catholique fait par des mahométans. Tous ces Indiens sont libres; il y en a un plus grand nombre de condition esclave : ceux-ci sont presque tous domestiques ou maçons ; ils excellent dans cette dernière profession.

Le Camp-Libre est le quartier des affranchis noirs ou mulâtres, moins laborieux, moins économes et moins sobres que les Malabares : ce quartier n'est pas le refuge des bonnes mœurs ; une partie de cette population a d'autres ressources que celle du travail, qui pour elle ne serait pas aussi lucratif.

Le Port-Louis a environ vingt-cinq mille habitants, dont un tiers de blancs créoles et européens : comme il y a toujours une garnison assez forte, beaucoup d'étrangers et un grand concours d'esclaves qui apportent à la ville les produits des habitations, il en résulte un mouvement continuel qui ferait croire à une plus nombreuse population.

Au moment où je vous écris, la chaleur est si insupportable que beaucoup de personnes ont quitté le port pour chercher la fraîcheur aux habitations; les dames, qui d'ailleurs sortent fort peu dans la journée, sont presque toutes à la campagne : cependant on en voit encore quelques-unes dans les visites du soir, ou à la promenade du Champ-de-Mars, grand terrain vague où l'on n'est abrité contre le soleil que par l'ombre qui descend des montagnes dont il est en partie environné. Les dames sont généralement jolies et bien faites; leurs traits n'ont pas de caractère particulier à telle ou telle de nos provinces : on reconnaît cependant le type français rarement altéré par l'étranger. On s'accoutume bien vite à cette pâleur du teint qui provient de la chaleur du climat; elle ne nuit point à la fraîcheur de la peau, et n'est pas plus déplaisante qu'une rose blanche légèrement colorée. Il est aisé jusqu'à un certain point de distinguer le sang pur des Européens de celui qui s'est mélangé avec le sang africain : une nuance brune ou olivâtre qui se dessine particulièrement sous les yeux trahit presque toujours une origine douteuse; à la longue ces marques disparaissent tout-à-fait. On dit de celui qui a quelque chose de la couleur africaine, qu'il a des parents dans la vallée d'Amboule, où s'établirent les Français qui vinrent les premiers à Madagascar.

Les dames de l'île de France aiment beaucoup la musique et la danse : il a fallu des calamités comme celle de la conquête de l'île, et comme celle de l'incendie, pour interrompre les bals qui se succédaient fréquemment et auxquels le moindre événement heureux donnait occasion. Dirai-je aussi que l'on reproche aux dames de la colonie d'aimer un peu trop la toilette? Les modes de France sont devinées ou apportées sans doute par les plus fins voiliers. Vous pardonnerez ce petit défaut à ces aimables créoles, en faveur du bon goût de leur parure et de la grâce de leurs manières. Pourquoi les navires leur apportent-ils ce qu'il y a de plus frais à Paris et à Lyon en fleurs et en rubans? L'Inde de son côté leur envoie de si belles mousselines, de si beaux schalls, qu'il serait difficile de n'en être pas tenté.

Il n'est pas rare de voir des femmes de couleur, presque blanches à la vérité, déployer autant de luxe que les premières dames de la cité. Il y a entre les blanches et les mulâtresses une ligne de démarcation que ces dernières essaieraient vainement à franchir;

mais ces dangereuses mulâtresses se vengent du dédain dont elles sont l'objet, en enlevant le mari à sa femme, et le fils à sa mère, aussitôt qu'il peut être sensible à leurs amorces. Il y a des courtisanes, mais on n'est blessé nulle part des dehors impudents de la prostitution. Me demanderez-vous à présent la cause du luxe des mulâtresses? Les ouvriers, les petits marchands, même quelquefois des hommes d'un rang plus distingué, qui dès-lors sont mal vus dans la société des dames, s'accordent avec une mulâtresse qui tient et gouverne leur maison. Cette union, qui n'a pas la solidité du mariage, mais qui y ressemble assez par ses résultats, ne se contracte qu'avec la permission des parents de la jeune personne : ou c'est pour toujours, ou c'est pour un temps limité. L'exemple d'une nombreuse population tant libre qu'esclave, dispensée des formalités civiles et religieuses, doit nécessairement influer sur la morale publique et affaiblir le lien du mariage qui, dans ce pays plus qu'ailleurs, se rompt aisément par le divorce; cependant il y a beaucoup de bons ménages, il est peu de maris que l'on trompe, quoique les torts soient presque toujours de leur côté; ils doivent leur bonheur en partie à l'indulgence de leurs femmes, en partie à ce que les jeunes gens trouvent ailleurs plus de facilité, et à cette multitude d'esclaves qui occupent et embarrassent continuellement toutes les issues de la maison. Le jeune homme qui va la nuit en bonne fortune, prend le pantalon et le gilet bleus, comme le portent les esclaves, en échange de ces vêtements blancs qui le trahiraient dans l'obscurité; il peut, à l'aide de ce déguisement, rencontrer sur son chemin le volage époux qui court à d'autres aventures, sans se douter du danger dont il est lui-même menacé.

La société du Port-Louis est agréable et bien composée; il y règne un ton d'urbanité et de politesse obligeante qui flatte et séduit les étrangers; les hommes, et surtout les femmes, s'énoncent avec grâce et facilité; elles n'ont point cet accent paresseux qui est un peu trop sensible dans les colonies d'Occident; c'est une chose dont je fus d'abord frappé: il me semble que le climat est favorable au développement des idées, et que l'organe de la voix se prête plus aisément aux inflexions nécessaires pour les bien exprimer. La conversation fait le plus grand charme des soirées; assis en cercle sous la varangue, on se fait part des nouvelles que l'on recueille avec avidité; car au Port-Louis comme à Athènes, on ne manque jamais en se rencontrant, de se demander : Qu'est-ce qu'il y a de nouveau? On interroge, on écoute les voyageurs qui viennent de tous les points de la mer; les modes, les intrigues du quartier, les ridicules des anciens et des nouveaux débarqués, ne sont pas le moindre sujet des entretiens.

Nous avons peu de grandes villes de province où il y ait des réunions aussi agréables qu'au Port-Louis; il s'y est établi depuis un certain nombre d'années une société d'épicuriens qui ont un dîner tous les quinze jours, et un déjeuner tous les jeudis: j'y ai entendu des couplets dont quelques-uns rappellent qu'on est sous le climat qui a produit les Bertin et les Parny. Les convives de la Table Ovale (c'est le nom de cette société) ne sont point tenus à faire preuve d'esprit; on exige plutôt qu'ils fassent preuve d'un bon appétit.

Il a aussi existé pendant quelque temps à l'île de France une société d'émulation dont les membres s'occupaient de recherches sur les colonies, particulièrement de leur agriculture, des moyens d'accroître leurs richesses en s'aidant de leur expérience réciproque, en échangeant les plantes qui appartiennent à la même zone, ou qui peuvent se naturaliser sous des climats différents. Cette société a, dit-on, rassemblé plusieurs mémoires importants : il est malheureux que ses efforts ne se soient pas soutenus ; elle aurait eu, pour une colonie encore nouvelle, et pour les autres établissements d'entre les tropiques, une bien plus grande importance que n'en ont pour la France les sociétés d'agriculture de nos villes de département.

L'instruction à l'île de France est beaucoup plus répandue qu'autrefois. On doit au général Decaen l'établissement d'un collége qui a déjà produit des sujets distingués : l'éducation y est appropriée aux besoins du pays ; cependant on pourrait s'y livrer davantage à l'étude des sciences naturelles, telles que la physique et la chimie, qu'on ne saurait trop propager dans les colonies pour la meilleure exploitation de leurs produits. Il y a au Port-Louis deux libraires que j'appellerai deux riches bibliothèques, où l'on trouve les plus beaux ouvrages français et étrangers.

Le barreau du Port-Louis est remarquable

par le talent et le caractère de quelques-uns de ses avocats. Les négociants forment également une classe éclairée dont la conversation est instructive par l'étendue des objets qu'elle embrasse. Le simple marchand a lui-même la vue moins bornée que la plupart des négociants de Paris : l'île de France étant un entrepôt des produits de l'Asie et de l'Europe, celui qui a des correspondants à Kantong et à Macao, des associés à Calcutta et à Bombay, des actions dans la banque de Philadelphie, des intérêts dans les armements du Havre et de Bordeaux, des relations habituelles avec Londres et Liverpool, doit étendre la sphère de ses idées en proportion de ses rapports avec les diverses parties de l'Océan : aussi ai-je entendu plusieurs fois des négociants de Maurice raisonner avec beaucoup de justesse sur la marine et sur le commerce, soit en général, soit en particulier. Presque tous ont voyagé; il en est peu qui soient d'origine créole ; c'est une population cosmopolite qui n'a pu admettre la routine et les préjugés. Les créoles ont eux-mêmes gagné à cette concurrence avec les étrangers : les liens de famille qui se sont formés ont établi entre eux une communauté de richesses, d'industrie et de talents. Il y a de grandes fortunes au Port-Louis, mais il n'y en a point de colossales; l'incendie les a presque toutes réduites.

Il ne faut demeurer que quelque temps à l'île de France pour sentir combien est grande la perte que nous avons faite en cédant cette colonie au gouvernement britannique (1). Ce n'est point après un séjour

---

(1) Nous ajouterons ici quelques détails sur l'île de France, extraits de la statistique des États de la Grande-Bretagne. Cette île fut découverte par les Portugais dans l'année 1505. En 1598, les Hollandais en prirent possession, et changèrent son nom de *Cerné* en celui de *Maurice*. Ils ne s'y établirent définitivement que vers l'année 1644.

M. de La Bourdonnaye y introduisit la canne à sucre; il forma des plantations de coton et d'indigo. En 1738, il construisit un vaisseau de 500 tonneaux, le premier qu'on ait lancé au Port-Louis; il ouvrit des chemins, bâtit des magasins, des hôpitaux, des casernes, des arsenaux; il fortifia la côte, entoura le port de quais, creusa des canaux et des aqueducs. Il soutint la gloire des armées françaises. Ayant dévoué sa vie entière au service de son pays, comme Lally il tomba victime d'une faction furieuse, et, accablé de fers et de reproches non mérités, il expira dans un donjon de la Bastille.

La population de l'île de France peut être estimée à 90,000 habitants : 17,000 blancs, 4,000 *libres* ou hommes de couleur, et 70,000 noirs. (Cette évaluation est exagérée d'un

de quelques semaines que je puis vous entretenir particulièrement de son importance et

---

quart pour les blancs et les noirs; elle n'est pas assez forte pour les libres ou hommes de couleur.)

Le sol de l'île est rougeâtre, mêlé d'une matière ferrugineuse; quoique sec en apparence, la culture le rend fertile, surtout quand il est engraissé. Il y a environ soixante rivières ou ruisseaux, et plusieurs bassins dans l'île.

On compte au Port-Louis près de six mille maisons, la plupart construites en bois, et généralement remarquables par la manière dont elles sont décorées. Les habitants se distinguent par leur politesse et leur hospitalité. Beaucoup d'entre eux appartiennent à des familles nobles de France qui, fuyant les troubles de leur patrie, ont trouvé un asile dans une île où le ciel est pur et le climat tempéré, les maladies à peine connues, et où les plus beaux paysages se présentent de tous côtés.

Le Port-Louis est défendu par le fort de l'île aux Tonneliers, armé d'environ 190 pièces d'artillerie; et par le Fort-Blanc, qui a 35 canons et une batterie de mortiers. Les fortifications, l'artillerie, les arsenaux, les casernes, les bâtiments publics de toute espèce, sont estimés 80,000 livres sterling.

L'estimation des terres et des noirs de la colonie étant exagérée dans la statistique anglaise, je n'ai pas jugé à propos d'en présenter le tableau. Après avoir parlé des divers produits de l'île, l'auteur de la statistique ajoute : « Telles sont les ressources de cette belle colonie, à laquelle il ne manque qu'un accroissement de cultures et de population pour en rendre les revenus encore plus considérables. Son importance politique est trop évidente pour demander aucun éclaircissement. »

J'ai fait plusieurs voyages au Port-Louis; j'y ai toujours

de son commerce; ce dernier marche assez bien en ce moment; le port est ouvert au commerce français, mais on assure qu'il lui sera fermé l'an prochain, ainsi qu'aux autres étrangers. Il m'a déjà semblé que pour toutes choses, dans les colonies, on n'avait point assez d'avenir. C'est durant la guerre qu'on a appris ce que l'île de France pouvait valoir; c'était un poste avancé dans les mers de l'Inde; les Anglais eux-mêmes disent combien elle a été contraire à leurs desseins (1); combien il a fallu de temps pour la réduire, de forces pour s'en emparer. Les prises faites sur l'ennemi par les vaisseaux de l'état et par les corsaires entraient journellement au Port-Louis: les habitants aiment à se rappeler les combats glorieux dont leurs rivages ont été les témoins : honneur en soit rendu à nos marins et au brave général Decaen, dont le nom n'est prononcé qu'avec orgueil

---

trouvé le plus aimable et le plus obligeant accueil : j'aurais pu donner plus de détails sur cette importante colonie, mais ils eussent ajouté au regret que nous éprouvons de l'avoir perdue. Dans l'histoire de l'île de Bourbon, dans les vues sur le commerce, il ne m'a pas été possible de séparer deux colonies dont les intérêts, sous beaucoup de rapports, continuent d'être communs.

(1) Voyage de Barrow au cap de Bonne-Espérance.

par ses anciens administrés, et avec respect par les étrangers qui lui ont succédé. Si la garnison française de la colonie avait été aussi forte que celle que les Anglais y ont à présent, il est probable que cette place importante serait encore à nous.

L'île de France a été généralement heureuse en gouverneurs : j'ai vu des lettres où, de son temps et malgré l'envie, M. de La Bourdonnaye n'était appelé que le grand homme. Ceux qui vivent aujourd'hui citent le bon général Malartic, qui fut le père de la colonie dans les circonstances les plus difficiles de la révolution. Si la France recouvrait son ancienne colonie, celle-ci espère qu'on lui rendrait le général Decaen. Toute justice doit être rendue au gouverneur anglais actuel : le respectable M. Farquhar s'est fait aimer à l'île de France autant que peut l'être un étranger ; mais on parle de son départ, on craint qu'il ne revienne pas ; on craint surtout que le pouvoir ne tombe, en son absence, entre des mains capables d'en abuser.

Je n'ai pas encore quitté le Port-Louis, où je vous retiens peut-être trop long-temps : vous ne vous y sentez pas comme moi attaché par un certain attrait. A peine suis-je sorti de la ville pendant les trois semaines que j'y ai séjourné : un coup de vent accompagné de pluie, qui se déclara peu de jours après mon arrivée, me priva du plaisir de voyager dans l'intérieur de l'île, comme j'en avais formé le projet : je n'allai qu'à deux campagnes voisines; le terrain y étant consacré à l'agrément, je n'ai pas encore l'occasion de vous décrire ce qu'on appelle une habitation à revenus; mais je pourrais vous dire avec quelles manières aimables on reçoit les étrangers à la jolie maison de Chimère, distante d'une lieue de la ville sur le chemin qui conduit au quartier de Moka.

Je trouvai aussi l'occasion de faire un pèlerinage jusque dans l'enfoncement des Prêtres, où Bernardin de Saint-Pierre a fait naître Paul et Virginie : sans suivre de chemin bien tracé, je remontai vers les sources de la petite rivière des Lataniers ; la lecture que j'avais encore faite la veille des passages les plus touchants du livre de Bernardin de Saint-Pierre m'avait rempli l'esprit des plus aimables illusions : mettez à part les descriptions du pays qui ont tant de physionomie et de vérité, à l'exception du naufrage du navire le Saint-Géran, le reste appartient à l'imagination de l'auteur. Je savais tout cela; cependant je ne cherchai point à me défendre d'une certaine superstition qui ne peut avoir de danger pour personne. M'étant éloigné du sentier frayé, embarrassé dans des bosquets de citronniers et de goyaviers, je ne savais plus par où je pourrais me diriger : je fus rencontré par un habitant qui, devinant le motif de mon voyage, me proposa obligeamment de me servir de guide : il me conduisit auprès de quelques petites cases qui doivent ressembler à celles qu'avaient autrefois à la même place Marguerite et Mme de Latour. Le tableau que fait Bernardin de Saint-Pierre de ce charmant réduit serait encore parfaitement exact, si l'on n'avait pas détruit ces palmistes dont on voyait *les longues flèches toujours balancées par les vents.* Tout semblait réaliser mes premières illusions : une jeune femme simplement vêtue, mais d'une physionomie expressive et gracieuse, était assise à la porte de l'une des cases, tenant sur ses genoux un enfant aussi beau qu'un amour. Mon guide était le propriétaire de l'établissement : il me présenta à sa femme qui portait ce bel enfant, et m'offrit de la manière la plus franche de prendre ma part de leur déjeuner : j'acceptai, autant par besoin que pour faire plaisir à mon imagination. Nous parcourûmes ensemble la petite habitation, qui est d'un assez bon rapport : on n'y cultive guère que des plantes potagères qui sont portées au bazar du Port-Louis. J'y retrouvai la plupart des légumes d'Europe, qui ne m'étaient plus indifférents : étant en France, je n'aurais jamais pensé qu'un carré de choux ou d'artichauts dût un jour me causer quelque émotion. Je mangeai d'excellentes fraises en remontant jusqu'au passage de la Montagne-Longue, où Paul et Virginie allaient au-devant de leurs mères, lorsqu'elles revenaient de l'église des Pamplemousses. Nous redescendîmes auprès des cases, que leur propriétaire voudrait faire abattre pour construire à la place une maison plus grande et plus commode : je crains que cela ne dissipe tout-à-fait les idées romanesques auxquelles on aime à s'abandonner en s'élevant dans cette solitude. On ne verra bientôt plus les vieux manguiers plantés depuis bien des années, et qui, s'ils ne furent mis là par Paul et Virginie, y ont été apportés par les premiers qui vinrent habiter les *hauts* de la rivière des Lataniers ; leur écorce est déchirée par des noms et des inscriptions qui n'ont aucune espèce d'intérêt.

Je relirai Paul et Virginie avec un nouveau plaisir ; je me souviendrai d'avoir visité les lieux où Bernardin aimait à faire sa promenade ; je ne craindrai pas non plus d'oublier le nom des personnes qui ont ajouté au charme du roman par leur obligeante hospitalité.

Je suis, etc.

Au Port-Louis de l'île de France,
27 février 1817.

LETTRE III.

Arrivée à l'île de Bourbon.

Monsieur le Comte,

Ce ne fut point sans regret que nous quittâmes l'île de France à la fin du mois de février. Tandis que notre navire se dégageait d'entre les autres bâtiments, nous tenions nos yeux tournés vers la terre, où les objets se montraient avec moins de confusion qu'au moment de notre arrivée; ils commençaient à ne plus avoir cet air de nouveauté et d'étrangeté dont nous avions d'abord été frappés; nous commencions aussi à nous faire aux habitudes du pays et du climat. Le premier jour on est embarrassé même avec les esclaves; on craint d'en être ou trop près ou trop loin; on ne sait comment leur parler; le lendemain on leur commande comme si l'on n'avait fait autre chose de sa vie. On n'hésite plus à dire : « Papa-la, porte-moi ce

» petit paquet; maman-la, donne-moi mes
» pantoufles ou mon chapeau. » On s'accoutume bien vite à ne faire œuvre de ses mains, à ne travailler que de l'esprit, auquel on ne donne pourtant pas trop d'activité : il y a dans cette inertie une certaine volupté dont les esclaves sentent le charme plus que personne : leur plus grand bonheur est dans l'oisiveté. Les noirs domestiques ont en général plus de temps que n'en ont les maîtres pour se reposer; la sieste qu'on fait d'une heure à trois n'est pas moins un besoin qu'un plaisir : l'imagination, en passant de la veille au repos, se berce de rêves qui ne sont point fatigants; c'est le moment des châteaux en Espagne. Tout ce qui vous environne est aussi dans une sorte de langueur; les feuilles et les fleurs de certains arbres se ferment et retombent sur leurs tiges, pour ne se relever et ne se rouvrir qu'au retour de la fraîcheur du soir : mais alors, quand revient la brise de terre, quand par un beau clair de lune les cieux ont repris la pureté de leur azur, oh! comme la vie redevient active! comme on respire avec avidité! comme cet air est délicieux! comme il est enivrant! Oh que le sommeil de la nuit sera doux, si toutefois les moustiques permettent de s'endor-

mir! Ceux qui arrivent en sont cruellement tourmentés, mais on assure que l'on finit par s'y accoutumer.

Sortons du Port-Louis où vous pourriez croire qu'il est dangereux de s'arrêter. Je ne suis point entré, en vous le décrivant, dans des détails géographiques bien étendus, parce que les ouvrages de marine et les relations des autres voyageurs contiennent à cet égard tous les renseignements qu'on peut désirer. M. Lislet-Geoffroy, ingénieur distingué de la colonie, a fait paraître en Angleterre une carte de l'île de France bien supérieure à toutes celles que notre gouvernement aurait fait publier : je vous ai donné un petit plan du Port-Louis que j'en ai détaché.

Nous n'apercevions plus que les mâts des navires mouillés à l'entrée de la rade; la montagne des Signaux ou de la Découverte se plaçait entre nous et le Port-Louis auquel nous fîmes encore un adieu. Notre plaisir fut alors de parcourir des yeux la côte, dont on s'éloigne insensiblement jusqu'au morne Braban qui semble se détacher de la terre, et forme en se relevant un cap de reconnaissance pour les navigateurs. Lorsqu'en venant d'Europe nous nous étions approchés de l'île de France, ses montagnes, vues du nord-

PLAN
DU PORT LOUIS
DE L'ISLE DE FRANCE.

Toises Françaises.

est, s'étaient réunies en un groupe dont les sommités seules se détachaient les unes des autres. En côtoyant l'île dans la longueur de l'ouest, la base des montagnes qui entourent le Port-Louis n'est qu'un seul massif surmonté par les cimes du Pouce et du Pitherboth ; les autres, presque entièrement isolées, saillent brusquement d'une surface plane, là comme un rempart, ailleurs en pitons arrondis ; le sol de la plaine s'élève par une pente douce à une centaine de toises au-dessus du niveau de la mer. Le Pitherboth, qui est la plus haute montagne, a près de trois mille pieds d'élévation.

Nous avions pris deux passagers au Port-Louis : c'étaient deux jongleurs indiens qui allaient exercer leur industrie à Bourbon ; je crois que l'un d'eux s'appelait Zangamani. Le temps était beau : ils nous donnèrent, pendant la traversée, une séance sur le pont du bâtiment : nous fûmes effrayés de leur talent à escamoter. Nous apprîmes ensuite qu'il n'y avait pas à s'en défier : l'un d'eux, ceci n'est point un escamotage, s'introduisait dans la bouche un sabre de dix-huit pouces de longueur, dont il nous faisait avec la main sentir la pointe mousse au fond de son estomac.

La traversée de l'île de France à l'île de Bourbon est prompte et facile, parce qu'on est dans la région des vents généraux favorables pour cette navigation : il ne faut guère plus de vingt-quatre heures pour faire ce trajet. Par la même raison, le passage de Bourbon à l'île de France est beaucoup plus difficile : on éprouve ordinairement cinq ou six jours de contrariétés pour remonter jusqu'au Port-Louis.

Par un beau temps, on aperçoit, sans le secours de lunettes, l'île de Bourbon du cap ou du morne Braban : il y a cependant plus de trente lieues des deux points les plus rapprochés de chaque colonie. Étant partis le soir de Maurice, il ne nous fut pas possible de nous assurer par nous-mêmes de la vérité de cette observation. Au jour naissant nous n'étions qu'à dix lieues de Bourbon, dont la masse imposante se découvrait en entier devant nous ; le ciel était parfaitement pur du zénith à l'horizon : plus nous approchions de la terre, plus la vue s'agrandissait ; notre œil cherchait à mesurer l'île des bords du rivage aux sommets les plus élevés. Pris du nord-est par le milieu de sa longueur, Bourbon se montre dans son plus grand développement : sur la droite, la montagne du vieux volcan ou des Salazes s'élève, dit-on, à plus de 1700 toises au-dessus du niveau de la mer; tandis que l'autre volcan plus moderne, et n'étant pas encore à son dernier degré d'accroissement, se présente sur la gauche comme un mamelon assez bien arrondi, de quelques centaines de toises plus bas que la première montagne, dont il ne semblerait séparé que par une sinuosité peu profonde. Le pic de Ténériffe n'a que deux à trois cents toises de plus que les Salazes : le pic s'élance avec plus de rapidité; l'aspect en est sublime, en est affreux; à peine de sa cime à sa base aperçoit-on quelques traces de verdure, qui reposent plus agréablement la vue que ces torrents de lave, que ces rochers amoncelés en désordre ; ici le spectacle est bien différent, à quelques lieues en mer on croirait que les terres cultivées et les bois de l'île de Bourbon atteignent par des pentes douces jusqu'au sommet des montagnes; en approchant de la côte, ce n'est plus la même harmonie, la même uniformité; la lumière et l'ombre ne sont plus confondues; la vieille montagne est déchirée jusque dans ses fondements : du fond de cette vaste embrasure, qui des plus hauts sommets s'est ouverte jusqu'à la plaine, la rivière du Mât se précipite à la mer. On pénètre par cette crevasse au sein de l'abîme, qui fut autrefois la fournaise d'un volcan.

De belles cultures, des plantations vigoureuses, entrecoupées par de profondes ravines, des maisons agréablement situées, entourent l'île d'une ceinture qui s'élève inégalement jusqu'au tiers des plus hautes montagnes; des forêts forment une seconde ceinture dominée par les remparts de l'un et de l'autre volcan. Comme dit Flaccourt, le premier Français qui nous ait parlé de Bourbon, « il fait beau voir les eaux tomber le » long des ravines des montagnes de bassin en » bassin, en forme de cascades qui sont si » admirables, qu'il semble que la nature les » ait ainsi faites afin d'allécher les hommes » qui les voient à y demeurer. »

Ces belles cascades, qui sont quelquefois à sec, étaient dans toute leur force au moment où nous allions arriver à Bourbon, à cause des pluies abondantes qui étaient tombées les jours précédents : nous reconnûmes, d'après nos cartes, les quartiers de Saint-Benoît, de Saint-André, de Sainte-Suzanne et de Sainte-Marie, jolis villages construits au bord de la mer, entre des bouquets d'arbres parmi lesquels on distingue des palmistes et des cocotiers. C'est de ce côté vraiment admirable pour la perspective, et par la richesse de la végétation, que Bourbon se montre avec toute sa parure et dans toute sa beauté.

Nous doublâmes la pointe nord de l'île en passant devant Saint-Denis, à peu près à la portée du canon. La vue de cette ville est agréable de la mer; mais comme elle est sur un plateau, on n'en découvre qu'une partie : ce qu'on voit le mieux est l'hôtel du gouvernement, construit sur la plage; il produit un assez bon effet, sans avoir rien de bien remarquable par son architecture. Il n'y avait point de navires dans la rade ou dans la sinuosité peu profonde que forme le rivage en se retirant : nous poussâmes au large pour doubler la pointe des Galets; à deux heures nous nous trouvâmes en face de Saint-Paul, où nous devions débarquer.

De Saint-Denis à Saint-Paul la scène avait changé : le volcan moderne se cacha entièrement derrière les Salazes; l'île s'était couronnée de nuages argentés au-dessus desquels paraissait la cime rembrunie des montagnes. Pendant la première moitié de ce trajet, qui est d'environ sept lieues, le sol ne descend plus à la mer par une pente insensible. Saint-Denis est dominé par un cap qui se continue en un long rempart entièrement à pic, au pied duquel la vague vient expirer. Des ravins ont d'espace en espace emporté des pans de cette muraille, pour laisser un passage aux torrents; puis après, le rempart s'éloignant du rivage, se détruit graduellement dans une pente plus ou moins rude, couverte de cultures et d'habitations, jusqu'à ce qu'il se relève encore à pic pour former la baie de Saint-Paul et la défendre contre les vents du midi. Une langue de terre, qui est la pointe des Galets, s'avançant dans la mer entre les deux caps de l'amphithéâtre, mais se recourbant vers Saint-Denis, détermine deux baies dont la plus au nord est celle de la Possession; l'autre est l'anse de Saint-Paul, qui, s'enfonçant dans le nord-est, se trouve plus abritée par la montagne. Je m'étends sur ces détails, parce que nous arrivons aux lieux où se formèrent les premiers établissements des Français.

Une autre embrasure, comme celle de la rivière du Mât, s'ouvre vers le premier tiers du renfoncement de la montagne, et laisse entrevoir la cime du piton de Neige, qui est le plus élevé du morne Salaze : on voit les nuages entrer et sortir par cette embrasure au fond de laquelle coule le torrent ou la rivière des Galets : d'autres ravines moins profondes sillonnent encore la montagne à peu de distance les unes des autres ; on aperçoit les chemins en zigzag par où l'on gravit dans les rochers.

De nouvelles cascades plus rapprochées du rivage se précipitent du rempart au pied duquel on cherche à découvrir le quartier Saint-Paul : les maisons se cachent derrière un rideau d'arbres touffus ; quelques édifices plus apparents se montrent enfin au bord de la rade : le cadre qui l'entoure est trop grand pour ce tableau, qui ne manque ni de grâce ni de fraîcheur. On croit qu'on va débarquer sous l'ombrage des bois noirs et des cocotiers, mais ils sont encore à quelque distance du rivage ; l'on est jeté par une pirogue sur une plage aride, composée, pendant une lieue de longueur, d'un sable mobile et brûlant.

Le débarcadaire est commode à l'île de France : ainsi que dans nos ports, les chaloupes et les canots arrivent jusqu'au bord du quai ; mais à Saint-Paul il n'y a point de quai ; les vagues qui arrivent de la pleine mer

se déroulent sur le sable, où nos embarcations à quille ne sauraient aborder sans chavirer : nous nous confiâmes donc, notre capitaine et moi, à une étroite pirogue imitée de celle des Malgaches : il y avait quatre noirs rameurs, et un blanc pour gouverner; ce dernier était le capitaine de port, le brave et l'obligeant M. Desplanches, ancien lieutenant de vaisseau, qui, ayant eu la complaisance de nous servir de pilote, voulut bien nous mettre à terre, quoique le soleil vînt de se coucher. Des noirs empressés de recevoir les voyageurs se jetèrent à la mer jusqu'au cou pour haler et retenir la pirogue dans la barre que les lames formaient au rivage; s'approchant deux à deux du bord de l'embarcation, ils nous enlevèrent lestement sur leurs épaules en nous faisant accrocher les mains à leurs cheveux crépus; puis ils nous déposèrent à l'endroit où la lame cessait de courir après nous. Il n'y a pas d'autres moyens de débarquer, à moins de haler entièrement la pirogue à terre, si toutefois la mer le permet. Les noirs presque nus et dégouttants d'eau de mer, qui nous avaient débarqués, nous fermèrent le chemin en nous disant :
« Donne à moi trois sous, mon maître; donne
» à moi coup de sec. » Si on les contente, ce

qui n'est pas difficile et ce qui vous assure d'ailleurs leurs services pour une autre fois, vous les entendez se dire en baisant la pièce de monnaie ou en trépignant de joie : « Ça bon blanc, ça bon petit blanc qu'a donné coup de sec à nous. » Les trois sous sont la pièce de six liards de France, qui est la plus petite monnaie de la colonie; le coup de sec est le petit verre d'arack, que l'on n'a pas à moins de trois sous. Si l'on ne paie pas le coup de sec, et que l'on vienne ensuite se rembarquer, les malins noirs se laisseront envelopper d'une lame pour avoir le plaisir de vous y tremper tout entier.

Saint-Paul est au Port-Louis de l'île de France ce qu'un beau village est à une ville du second ou du troisième ordre : si quelque événement heureux pour moi vous amenait ici, je ne vous fatiguerais point d'abord à parcourir les rues sablonneuses du quartier Saint-Paul; je vous conduirais sur-le-champ du débarcadaire à notre jolie maison du Bernica (1) : quand vous vous seriez bien reposé, bien rafraîchi; quand vous auriez répondu à une multitude de questions sur

---

(1) Elle appartient maintenant au colonel de Parny, neveu du chevalier.

votre famille, sur nos amis, sur notre chère France; quand je vous aurais bien assuré que tout ce qui vous intéresse m'est aussi cher qu'à vous-même, je vous ferais monter par une rampe en zigzag à cent cinquante ou deux cents pieds de hauteur, jusqu'à l'endroit où la montagne, s'élevant par une pente plus douce, n'est plus qu'un plateau incliné. Après avoir repris haleine, car la rampe est un peu rude quoiqu'elle soit le commencement d'un grand chemin, je vous engagerais à redescendre au quartier; mais en retournant sur vos pas, vous êtes arrêté tout à coup par la beauté du paysage qui se montre devant vous.

En gravissant la rampe, vos yeux ont déjà plongé dans la ravine du Bernica, dont l'encaissement est si pittoresque qu'il serait à lui seul le sujet d'un tableau. Maintenant vous embrassez tout le paysage; vous parcourez toute la plaine de Saint-Paul entièrement ouverte du côté de la mer, cernée d'un autre côté par l'amphithéâtre des montagnes: sans vous troubler, je vous laisse contempler ce massif d'arbres touffus, de palmiers, de cases et d'élégants pavillons, au-dessus duquel vous planez vers la gauche. Cela ne ressemble-t-il pas à un vaste jardin anglais dans lequel on aurait multiplié les fabriques? Vous ne voyez au-delà qu'une mer sans bornes qui se confond avec l'azur des cieux; ces gros arbres dont le feuillage est plus épais, plus rembruni que celui des autres, sont des tamariniers plantés par les premiers habitants; c'est au pied de ces tamariniers que sont encore les plus anciennes cases que vous ne pouvez apercevoir. Ne vous tournez pas davantage vers la gauche; vous ne découvririez qu'un rivage aride où s'élèvent épars de vieux lataniers dont les longues tiges, à peine couronnées de quelques palmes déchirées par les vents, n'inspirent qu'un sentiment de tristesse et d'abandon. Revenez vers la droite, et reposez plus agréablement vos yeux sur ce grand tapis de verdure formé par des champs de cannes, des rizières et des jardins : c'est l'étang de Saint-Paul presque entièrement comblé; ce n'est plus à la vue qu'une prairie entrecoupée de canaux dont le principal, que vous suivez le long du quartier, est entretenu par la ravine du Bernica : les boucans des gardiens, quelques maisons, de nombreuses plantations de cocotiers et de dattiers, les troupeaux qui paissent dans le marécage, rompent l'uniformité de cette partie du tableau.

Quand on découvre Saint-Paul du côté de la mer, on croit qu'il touche à la montagne : il en est séparé dans toute sa longueur par l'étang qui fut autrefois le fond de la rade, avant qu'il se fût formé des attérissements sur lesquels le quartier s'est établi.

Vous auriez sans doute le projet de faire le tour de l'étang, en suivant le pied des remparts et en revenant par cette longue chaussée plantée d'arbres qui sert de promenade d'un bout à l'autre du quartier : quand on prend le chemin des roches, c'est celui qui est du côté de la montagne : on dit que ces cascades, ces ravines, ces groupes de verdure, rappellent les sites les plus variés, les plus pittoresques de la Suisse. Enfin les yeux ne se lassent point de parcourir ce gracieux paysage, soit qu'ils se portent sur la plaine sans aller jusqu'à la savane aride qui s'étend au-delà de Saint-Paul jusqu'à la Possession, soit qu'ils s'élèvent sur les côteaux de l'amphithéâtre couverts de belles cultures et de riantes habitations. Nous avons pris un matin du mois de mars pour faire notre promenade : c'est au moment où l'air, chargé d'une brume légère, commence à s'éclaircir; la fraîcheur de la végétation semble un vernis répandu sur le tableau presque jusqu'au sommet de ces montagnes bleuâtres qui sont les *hauts* de la rivière des Galets et de la ravine à Marquet.

Vous commencez à prendre une idée du quartier que j'habiterai pendant mon séjour dans la colonie. La maison que j'occupe, presque adossée à la montagne, est dans le site le plus favorable pour entretenir les rêveries d'un songe-creux, comme j'aime à l'être quelquefois. Nous avons une pirogue pour nous promener dans la ravine, dont j'ai encore à vous parler : figurez-vous une embrasure de la largeur d'environ soixante pieds, et dont les côtés, d'abord de quatre cents pieds d'élévation, parviennent jusqu'à plus de sept cents. Le soleil ne pénètre jamais qu'à midi jusqu'au fond de l'encaissement ; une fraîcheur délicieuse y est entretenue par les sources qui filtrent en pluie ou tombent en cascade des rochers suspendus sur vos têtes. Après avoir traversé deux ou trois bassins assez profonds, on parvient, par un chemin rocailleux et difficile, au bord d'une grande pièce d'eau qu'entoure le rempart, à l'exception du côté par où l'on est arrivé : à la moitié de la hauteur de ce rempart, la montagne s'ouvre encore pour laisser un passage au torrent, qui se précipite de plus de deux cents pieds sur l'autre bord du grand bassin. Qu'une imagination romanesque se plairait au fond du Bernica! Ces masses en désordre détachées de ces vieux murs noircis par les siècles, ces longues fougères, ces lianes qui descendent du haut des rochers humides, cette nappe d'eau si pure et si tranquille, ce beau ciel qui semble être la voûte du précipice, cette longue échappée de vue par l'entrée de la ravine, ces cascades dont le bruit est si plaisant à l'oreille, la solitude profonde, la paix dont vous jouissez; tout, jusqu'à ces ramiers qui volent en tournoyant au-dessus de l'abîme, tout vous inspire une sublime, une tendre mélancolie.

Ce n'est encore que le commencement de la ravine du Bérnica, qui, comme les autres ravines, s'élève d'étage en étage jusqu'aux sommets de l'île de Bourbon : ce sont, en remontant, et de nouvelles cascades et de nouveaux bassins : dans la saison des pluies, les bassins supérieurs se remplissent : alors si, comme ces jours passés, un nuage vient à crever dans les hauts de la ravine, le Bernica n'est plus un ruisseau qui s'échappe et murmure entre les rochers; c'est un torrent d'écume rougeâtre entraînant avec lui tout ce qui résiste à son passage : à peine en peut-on prévoir l'arrivée au quartier ; ce n'est d'abord qu'un bruit sourd qui à la dernière cascade retentit d'une manière effrayante pour ceux qui n'y seraient pas accoutumés : en un instant l'étang et la chaussée de Saint-Paul, dans la longueur d'une lieue, ne sont plus qu'un lac où l'on peut naviguer. Les autres ravines grossissent encore ce déluge qui est de peu de durée, et qui, loin de causer un dommage réel, apporte des engrais et de la terre aux cultivateurs des rizières et des jardins du quartier : cela explique comment l'étang de Saint-Paul, se comblant de jour en jour, finira par être dans toute son étendue un terrain solide et fertilisé aux dépens des habitations supérieures.

Les anciens ont appelé Jéricho la ville des Palmiers ; ce nom conviendrait à merveille à la ville de Saint-Paul, où l'on fait tous les jours de nouvelles plantations de cocotiers : on commence à détruire les dattiers, dont le produit n'est pas aussi avantageux; les uns et les autres sont en ce moment chargés de régimes de fruits : ceux du dattier sont rouges et dorés ; il n'a que cette saison pour produire : toute l'année le cocotier donne l'espoir d'une récolte prochaine, au moment où l'on cueille des noix en pleine maturité.

La ville ou le quartier Saint-Paul a trois quarts de lieue de longueur, sur une largeur de quelques centaines de toises ; mais il faut observer que les maisons n'y sont pas aussi rapprochées qu'au Port-Louis de l'île de France : la partie nord du quartier ne se compose que de quelques cases disséminées dans la savane ; ces cases sont en planches assez mal jointes ; une natte, une marmite, un mauvais coffre, une calebasse, quelques tasses de coco, tel est à peu près le mobilier d'une famille entière accroupie du matin au soir au-dehors de la case, du côté qui ne regarde point le soleil : un noir déguenillé, qui passe sa journée à la pêche, est le soutien de toute la famille, heureux de partager avec elle le sac de maïs qu'il a quelquefois dérobé. On ignore ici tous ces besoins impérieux que nous cause le froid dans nos climats du pôle : il n'y a pas d'inconvénient à ce que les enfants soient nus quand on n'a pas de quoi les habiller.

Le quartier s'embellit à mesure que l'on approche de l'église : il y a de fort jolies maisons qui ne le cèdent à celles du Port-Louis que pour le luxe de l'ameublement ; c'est le même goût d'architecture, c'est-à-dire, un mélange du style grec avec le style malabare; quelques maisons sont tout-à-fait dans ce dernier genre, ce qui donne à Saint-Paul une physionomie plus orientale que ne l'est celle du Port-Louis. L'église est le seul monument public qui vaille la peine d'être remarqué; elle est assez vaste, propre et bien tenue; les ouvriers qui l'ont bâtie étaient des Indiens guidés par quelque maçon européen, avec lequel on dirait qu'ils n'ont pas voulu s'accorder.

Les personnes qui habitent Saint-Paul depuis vingt-cinq ou trente ans ont vu s'élever toutes les jolies maisons qui sont aujourd'hui l'ornement du quartier. Les cases des anciens habitants sont devenues, avec quelques changements, plus agréables et plus commodes, à moins qu'on ne les ait abandonnées. Le quartier était autrefois plus au nord qu'il ne l'est à présent; la plupart des maisons ont été *apportées* vers le sud, sur le terrain qui se resserre entre la baie et la tête de l'étang : c'est là que se trouve l'église, à l'extrémité de la chaussée dont je vous ai déjà parlé.

De la varangue de notre maison, quoique séparée du reste de la ville par des rizières, nous voyons tout ce qui se passe sur la chaussée, le chemin le plus fréquenté du quartier. C'est à la sortie de la messe, où il va ordinairement beaucoup de monde, que le coup d'œil est le plus animé : il n'y a pas une femme en souliers, car les esclaves vont pieds nus, qui n'ait une ombrelle pour se garantir le teint, quoiqu'un grand nombre de la classe des *libres* n'aient pas besoin de prendre cette précaution. Cette multitude d'ombrelles de diverses couleurs produit un agréable effet : quelques dames sont en chaise à porteur; d'autres, qui sont plus éloignées de leur maison, se font porter en *manchil* et en palanquin : toutes sont vêtues de blanc, à l'exception de celles qui sont en deuil; à moins qu'elles n'aient un chapeau de paille, toutes les jeunes femmes sont ordinairement coiffées en cheveux; celles d'un certain âge se coiffent avec un mouchoir de soie, ou avec un paliacate, que nous appelons en France un madras. Les bonnes mamans qui n'ont point voulu changer leurs habitudes, ont conservé le costume des créoles d'autrefois; c'est encore le fourreau en étoffe rayée; le mouchoir leur fait un bandeau sur le front, et retombe en s'étendant sur les épaules, absolument comme aux statues égyptiennes que nous avons au Muséum; la ressemblance de la tête ainsi coiffée est parfaite avec ces monuments égyptiens chez les vieilles mulâtresses qui ont le nez écrasé, et la grosse lèvre des Africains. Ce n'est pas de la varangue du Bernica que j'ai pu recueillir ces dernières observations; j'ai fait comme les jeunes gens qui se mettent au bord du chemin pour voir passer les dames au sortir de l'église; elles ne sont pas moins jolies qu'à l'île de France, quoiqu'elles soient en général moins parées, et qu'elles n'aient pas toutes autant de grâce dans la tournure et dans le maintien; il y aurait beaucoup d'exceptions à vous citer.

Je suis, etc.

Saint-Paul, île de Bourbon,
le 19 mars 1817.

LETTRE IV.

Une journée à l'habitation.

Monsieur le Comte,

Quelques jours après mon arrivée, j'eus le désir de *monter* à l'habitation. Je pris la rampe en zigzag par laquelle je vous ai fait gravir pour voir le panorama de Saint-Paul, et je fus bientôt arrivé à notre habitation de l'Ermitage, qui n'est qu'à environ une lieue du quartier. Les campagnes de cette partie de la colonie sont presque toutes consacrées à la culture des vivres : elles étaient alors couvertes de maïs verts qui leur donnaient un air de fraîcheur qu'elles conservent seulement pendant trois ou quatre mois. Le flanc de la montagne où ces cultures sont répandues n'a pas beaucoup de variété dans ses aspects ; les habitations sont distribuées à la hauteur de cent à cent cinquante toises, sur une pente dont l'inclinaison est fort douce :

comme dans le reste de l'île, presque toutes regardent la mer, qui des bords des savanes inférieures s'étend comme un champ d'azur. Quelques maisons sont entourées d'un bouquet d'arbres : telle est celle qu'a bâtie M. de Villèle à l'Olivier; d'autres s'élèvent isolément dans les maïs : du reste, point de jardin, point de promenade; mais une température moins brûlante que celle du quartier, un air extrêmement pur dont les courants traversent et rafraîchissent continuellement la maison. Quelques parties de la route, et quelques-uns des chemins qui s'en détachent pour arriver aux habitations, sont bordés de rosiers du Bengale dont la floraison a lieu deux fois par an. Je passai deux mois à l'Ermitage, faisant quelques courses dans les montagnes, ou descendant parfois les sentiers rocailleux qui conduisent au rivage; j'allais chercher dans les rescifs qui découvrent à mer basse des coquillages que l'on y trouve en grande quantité.

Dans presque toute la longueur de la côte occidentale de l'île, les savanes forment entre les cultures et le rivage une lisière aride, qui a d'une demi-lieue à cinq quarts de lieue de largeur : il n'y croît qu'une herbe dure et piquante; dans quelques endroits pousse un chiendent coriace dont les bestiaux sont forcés de se contenter. Le rivage est un sable brûlant composé de débris volcaniques et de débris de madrépores; d'espace en espace la plage est interrompue par un cap de rochers, ou hérissée de laves dont les torrents refroidis semblent encore lutter contre les vagues de l'Océan : on ne découvre presque aucun objet dont l'œil puisse se récréer ; quelques benjoins dépouillés de leur écorce végètent isolément dans la savane ; sur la saillie d'un rocher on aperçoit parfois un latanier sans feuillage, semblable à une colonne dont le chapiteau est renversé, ou au bord de la mer le misérable boucan d'un pêcheur. Lorsque les herbes sont desséchées, les esclaves prennent plaisir à y mettre le feu : pendant la nuit, s'il fait de la brise, on voit les flammes courir sur la savane avec la rapidité d'un torrent ; l'aspect de la montagne noircie n'en devient que plus attristant. Après avoir fait une ou deux lieues dans ces décourageantes savanes, si l'on arrive au bord des *remparts* qui enclosent l'entrée de la petite rivière de Saint-Gilles, combien tout à coup l'œil est agréablement surpris en découvrant, au fond de l'encaissement qui s'élargit, un tapis de la plus riche verdure, des groupes de cocotiers qui s'élancent avec une vigueur étonnante, une onde limpide qui bouillonne entre les rochers, et se partage entre les rizières dont ce beau tapis de verdure est composé! Quelques petites cases paraissent à peine sous d'épais ombrages. En pénétrant plus avant entre les bords escarpés de la rivière, on trouve encore de plus charmants réduits : il y en a d'à peu près semblables dans l'encaissement de plusieurs des rivières qui partagent la montagne de Bourbon. On va à Saint-Gilles en partie de plaisir: la pêche y est fort agréable; on y mange au mois d'avril des dattes excellentes auxquelles celles de Saint-Paul sont les seules à comparer. Traverser avec beaucoup de fatigues un désert aride pour se trouver tout à coup dans un endroit délicieux, a quelque chose qui plaît à mon imagination : c'est comme une vie dont les plaisirs ont été d'autant plus vifs qu'ils ont été achetés par de plus grandes peines. On retrouve fréquemment à Bourbon ce passage subit de la stérilité la plus affreuse au luxe de la plus belle végétation.

De notre habitation, située près du grand chemin, j'étais allé pour la première fois me promener au bas de Saint-Gilles, qui en est distant de cinq grands quarts de lieues (c'était le 19 mars 1817); la chaleur était suffocante; j'attendis la fin du jour pour remonter à l'Ermitage : un habitant qui était tranquillement assis sous la varangue de sa petite case me dit, en secouant la tête, que je n'arriverais pas ce soir à la maison. Cependant je me remis en route avec le domestique blanc dont j'étais accompagné : la mer soutenait autour de l'horizon un nuage bleuâtre que de loin en loin des traits de feu pareils à ceux de la foudre commencèrent à déchirer; nous gravissions péniblement la montagne; il n'y avait pas un souffle d'air pour nous rafraîchir : en peu d'instants le nuage bleuâtre envahit le ciel tout entier; il appesantit encore sur nous la chaleur dont nous étions accablés ; bientôt nous fûmes enveloppés d'une profonde obscurité ; mais de toutes parts des éclairs plus rapides et plus brillants s'échappèrent de cette voûte effrayante qui s'abaissait continuellement sur nous; le tonnerre sans interruption retentissait dans les rochers; la pluie tombait par torrents. Ne reconnaissant plus notre sentier, nous commencions à perdre l'espoir d'arriver, lorsque la lueur d'un éclair qui embrasa l'horizon tout entier nous découvrit les cierges d'aloès plantés sur la limite de l'habitation. En continuant de monter, nous étions parvenus dans le nuage; nos vêtemens mouillés étincelaient d'électricité. Enfin, après trois heures de marche, de fatigue et d'orage, nous nous trouvâmes comme par hasard à l'habitation, entre des figures immobiles d'inquiétude et d'effroi. Cet orage enveloppa toute la colonie; de mémoire d'homme on n'en avait vu de pareil à l'île de Bourbon : la foudre parut se multiplier; elle brisa des arbres, fit éclater des rochers : cependant la perte d'aucune personne ne fut à déplorer. La pluie creusa de nouvelles ravines : quelques habitations, terres et arbres, furent entraînées par des torrents. Après ce déluge, il se passa neuf mois entiers sans pleuvoir.

C'est durant les pluies du mois de décembre, attendues souvent jusqu'en janvier, que les maïs sont ensemencés : on les récolte, il faut dire on les *casse*, dans le courant du mois de mai; ils s'élèvent communément à la hauteur de huit à neuf pieds : on a soin, pour conserver la fraîcheur du sol, de semer entre les rangs de maïs des citrouilles et des concombres; on y sème aussi des haricots connus les uns sous le nom de *pois du Cap*, les autres sous le nom de *pois amers*; les blancs et les noirs se nourrissent des premiers; les seconds sont un poison, mais en cuisant ils perdent leur qualité vénéneuse, et, préparés de cette manière, sont un fort bon engrais pour les animaux. Faites cuire ensemble des pois du Cap et du maïs, cela s'appellera en langue indienne ou malgache du *sambal*, excellente chose pour lester l'estomac de ceux qui ont un gros appétit. Ce n'est pas seulement pour les esclaves que le maïs est cultivé; beaucoup de maîtres le préfèrent au pain, quoi qu'en ait dit Bernardin de Saint-Pierre, que j'aurai plus d'une fois le chagrin de réfuter. Le manioc, l'un des plus grands bienfaits de M. de La Bourdonnaye, a eu plus de peine à se répandre dans la colonie, parce qu'on ne prend pas le soin nécessaire pour le conserver : les noirs en sont friands; tant que dure la récolte, on leur en distribue avec leurs autres aliments. Partout la nature, en mère attentive, nous a pourvus de ce qui convenait à nos besoins : les farineux de toute espèce abondent sous la zone torride, parce que les farineux sont la nourriture la plus saine pour l'habitant des pays chauds; le travail étant plus pénible dans ces climats, la nature toujours bienveillante n'a presque point exigé de soins pour la culture du manioc, des ignames, des patates, et d'autres encore qui se multiplient presque d'eux-mêmes, pour que l'homme puisse se les procurer sans effort.

N'étant pas chargé de la surveillance de l'habitation, l'ennui m'aurait gagné si je n'avais pas eu le voisinage de Mme Desbassayns, et à ma disposition sa bibliothèque, dans laquelle j'ai trouvé beaucoup de renseignemens sur l'établissement des Français à Bourbon et à Madagascar. La maison qu'habite M^{mo} Desbassayns est une espèce de château d'architecture malabare : elle en a deux autres à peu près pareilles, l'une au quartier Saint-Paul, la troisième à son habitation du Bernica. La maison de Saint-Gilles, la plus voisine de la nôtre, est depuis long-temps consacrée à l'hospitalité : vous entrez, vous trouvez une bonne maman entourée d'une demi-douzaine de ses enfants et petits-enfants ; elle a conservé l'habillement des anciennes créoles, la robe de soie noire, le corsage de perkale blanche, et le mouchoir de l'Inde qui forme le bandeau sur le front : un peu courbée et par l'âge, et par suite d'une chute qu'elle fit il y a quelques années ; elle n'en est pas moins remplie de courage et d'activité ; l'expression de sa physionomie est tout-à-fait bienveillante ; elle sourit pourtant avec malice : toutefois son œil est tendre ; quand on lui parle des malheureux ou des vieux amis qu'elle a perdus, il se mouille d'une larme à travers laquelle perce beaucoup de vivacité. En se promenant les bras croisés, la bonne maman est attentive à toute chose : ses ordres se distribuent chaque soir dans ses vastes propriétés ; il n'y a point de ministre qui sache mieux embrasser tous les détails d'une grande administration. Elle n'a presque point de besoins personnels, mais elle sait prévoir ceux de toutes les personnes qui lui sont chères ou qui ont des droits à son intérêt. Faut-il ajouter que Mme Desbassayns est une de mes bonnes amies de l'île de Bourbon? Je suis cependant loin de vous dire tout le bien que j'aurais à vous en raconter.

A peu de distance de l'Ermitage, sur l'autre bord du ravin de la Saline, du côté le plus élevé du grand chemin, sont groupées quelques petites cases qui ont été autrefois la principale habitation de la famille de Parny : le pavillon que le chantre d'Éléonore occupait est encore meublé du fauteuil et du secrétaire antiques qui lui ont appartenu ;

il n'y a plus d'orangers, plus de palmistes, et dans le lieu même où des vers si heureux ont été inspirés, presque plus de souvenir de celui qui les a faits. Un sentier tortueux qui part des petites cases traverse la ravine, et remonte sur l'autre côté jusqu'au pied de l'un des plus vieux manguiers de la colonie, d'où l'on a un point de vue assez étendu. Je crois que plus d'une élégie a été soupirée au pied de ce vieux manguier; si le chevalier de Parny vivait encore, je ne manquerais pas de le lui demander. On voit à Saint-Paul la petite maison où il est né; on montre aussi la maison d'Éléonore, qui ne portait pas un aussi beau nom; j'en ai un dessin que j'aurais fait graver, s'il n'y avait pas quelque indiscrétion à le publier.

Voulez-vous maintenant quitter l'habitation de l'Ermitage, dont les maïs sont récoltés? Nous irons coucher au quartier Saint-Paul, et demain de bonne heure nous serons à notre habitation de la ravine à Marquet, où vous trouverez plus de mouvement et de variété. Les noms des rivières ou ravines dont l'île est entrecoupée sont employés pour désigner ses différents cantons. Nous avons encore une savane à traverser; elle est égayée par trois ou quatre champs de cannes assez étendus dans lesquels on a fait parvenir un courant d'eau, et qui ressemblent à des *oasis* dans le désert. Au-delà du torrent ou de la rivière des Galets, ces coteaux pittoresques couverts d'un bois sombre de la hauteur d'un taillis sont les cafeteries de la ravine à Marquet; elles s'élèvent jusque dans les nuages, les habitations sont dispersées à une hauteur moyenne comme à l'Ermitage, mais sur une pente beaucoup plus rapide; on les aperçoit comme de petits hameaux, dans lesquels la case principale se fait distinguer. Lorsque par une belle matinée j'arrivai au pied de ces fertiles coteaux, je crus entendre, j'entendis en effet, mais d'une assez grande distance, un chœur à deux parties dont les voix parfaitement d'accord tombaient et se relevaient tour à tour: les chants étaient interrompus par des sons prolongés presque pareils à ceux du cor. « Comment trouvez-vous cette musique? » me dit un habitant dont j'étais accompagné. Elle avait quelque ressemblance avec le ranz-des-vaches de la Suisse. « Le créole, ajouta-t-il, qui après un long voyage reviendrait dans sa patrie, ne pourrait, ce me semble, entendre sans émotion ce chant des noirs qui travaillent dans la montagne, ce bruit éloigné de l'*encive* qui résonne ainsi dans les rochers. » L'encive est une conque marine avec laquelle les noirs s'entr'appellent, ou dont ils se servent pour accompagner leurs chansons. A mesure que nous montions, les chants plus rapprochés perdaient le charme que le lointain leur avait donné : en arrivant au milieu des noirs, ce n'étaient plus que des cris sauvages, mais cependant en mesure et parfaitement d'accord. Il y avait un grand mouvement sur l'argamasse (1) de l'habitation; deux cents noirs et négresses étaient occupés à *piler* du café de l'année précédente; ils étaient rangés des deux côtés d'une longue pièce de bois dans laquelle de grands mortiers étaient creusés; avec de forts pilons qui marquaient le mouvement de leur chanson, ils brisaient la pulpe coriace et desséchée qui enveloppe la fève du caféier. Je me suis servi du terme de *mortier*, qui est tout-à-fait inconnu dans la colonie; ce que nous nommons en France *mortier* s'appelle ici *pilon*, et ce que nous nommons *pilon* s'appelle *acalou*. Les négresses n'étaient de la partie que pour encou-

---

(1) Cour en terrasse.

rager les noirs dans les premiers moments; elles se réunirent bientôt aux femmes enceintes, et aux enfants qui occupaient une autre partie de l'argamasse. A mesure qu'il y avait du café de pilé, des noirs le portaient au moulin à vanner, semblable à notre moulin à vanner le blé, ou, ce qui valait mieux, le montaient sur un échafaudage assez élevé, d'où ils le laissaient ensuite retomber : l'écorce brisée s'envole comme la paille de nos épis; les fèves, plus lourdes, demeurent au-dessous de l'échafaud; les négresses les reprenaient pour achever de les monder, en les débarrassant des grains défectueux ou de ceux que le *pilage* avait brisés. Les enfants aidaient quelque peu à ce travail. Les nourrices faisaient des sacs de vacoi, dans lesquels vous voyez nos cafés de Bourbon arriver en Europe, les nourrissons se roulaient auprès d'elles. Le *géreur* blanc avec son bâton ferré à la main, les commandeurs armés du *chabouc*, parcouraient les travaux, gourmandant les paresseux, et distribuant l'ouvrage de tous les côtés. L'argamasse est entourée par la grande case, le magasin à café, le magasin à maïs, le bâtiment des moulins à coton, tous séparés les uns des autres; dans un angle la cuisine *à monsieur*, dans un autre le pavillon des hôtes, dans un troisième la case de la négresse de confiance; sur une argamasse inférieure les écuries, la cuisine et l'hôpital des noirs, d'autres petits bâtiments nécessaires à l'exploitation; plus bas encore les basses-cours et le camp des noirs, composé d'une cinquantaine de cabanes en bois couché : on remarque celles des commandeurs et des esclaves les plus laborieux; elles ont un petit enclos pour élever des cochons; quelques pieds de tabac sont cultivés autour de la maisonnette.

Ne manquez pas, je vous prie, de me dire que nous avons une jolie bande de noirs, et que notre habitation est un bel établissement. C'est au mois de mars que j'y avais fait un premier voyage, c'est au mois de juin que je vous y ramène. L'argamasse se couvre des premiers fruits de la récolte de café : fussiez-vous venu déjà dix fois à l'habitation, il faut que vous fassiez une promenade dans la cafeterie et dans la cotonnerie, pour que vous me disiez comment vous les trouvez. On va nous seller des chevaux pour monter par ce petit chemin jusqu'au haut des cultures; ensuite nous redescendrons à pied jusque dans la savane, pour que vous me donniez aussi votre avis sur nos bœufs et sur nos cabris. Nous partons : à droite et à gauche ce sont des caféiers, et encore des caféiers; le terrain inégal dans lequel ils sont plantés est hérissé de rochers qui semblent écroulés du sommet de la montagne; mais ces rochers retiennent une terre fertile, et lui conservent son humidité. D'espace en espace vous remarquez de petits murs de soutènement que l'on n'a pas l'attention de construire sur toutes les habitations; quelques arbres à fruits s'entremêlent aux caféiers, car ici l'on n'a point fait usage des bois noirs ou grandes mimeuses pour les abriter; ces arbres sont des attiers, des bibaciers et des goyaviers, qui ont la hauteur de nos amandiers en plein vent. Ces fruits verts, de la grosseur de nos plus belles poires, sont des avocats, dont les plants nous sont venus d'Amérique; on les sert parmi les hors-d'œuvre comme les figues, ou bien on les offre au dessert; dans ce dernier cas, au lieu de les manger avec du sel, on fait une crème de leur pulpe pâteuse, en la mêlant avec du sucre et du jus de citron galet. Je ne sais encore ce que l'on doit préférer de la crème de l'atte ou de la crème de l'avocat, d'une datte de Saint-Paul ou d'une bonne mangue de la partie du vent: Les oranges de la ravine à Marquet sont les plus estimées de l'île : nous rencontrons aussi des buissons chargés de mandarines, de vangassayes, de limons, de citrons doux et de citrons galets. La mandarine de Chine est la plus délicate de toutes les oranges; elle se naturaliserait dans nos climats tempérés.

Les caféiers qui sont dans un sol trop sec sont presque dépourvus de feuilles et de grains : ceux des bas fonds sont beaucoup plus chargés. Voici de vieux pieds qui ont peut-être plus de soixante ans; ce sont des patriarches de la colonie, ils ne cessent pas de rapporter. Cette partie est presque toute entière renouvelée en jeunes plants; quoiqu'ils n'aient que cinq ans, ils nous donneront à cette récolte chacun plus d'une livre de café. N'est-ce pas une jolie chose que ces petites cerises groupées alentour de chaque nœud des branches du caféier? Il y en a de vertes, de roses, et de rouge foncé; ces dernières sont bonnes à récolter. A mesure que nous approchons des nuages, le terrain devient de plus en plus frais; c'est là que nous faisons nos semis de café : vous en voyez d'un an, de dix-huit mois, de deux ans; ceux-ci devraient être déjà transplantés. Les arbres d'Europe réussissent assez bien dans la région où nous arrivons : avec plus de soin, le pêcher nous donnerait des fruits aussi beaux que ceux des pays tempérés ; les pommes sont médiocres, les coings valent à peu près ceux de France. Je n'ai encore vu ni poires, ni cerises, ni prunes, ni abricots, quoique les arbres qui produisent ces fruits nous aient tous été apportés. Au reste, les fruits d'Europe ne sont pas d'un grand intérêt pour un pays qui est très-riche en espèces du tropique. On commence à donner aux arbres fruitiers un peu plus de soin qu'autrefois : on ne connaissait pas la greffe, on négligeait de les émonder.

Mais nous arrivons à l'extrémité des cultures : vingt habitations qui à leur base ont ensemble une lieue et demie de largeur, n'ont peut-être pas quarante pieds ; enfin ce n'est plus qu'un détroit de quelques pieds que l'on appelle *le serré*. De droite et de gauche, ce sont les précipices de la rivière des Galets et de la ravine à Marquet. Les habitations qui vont du bas en haut des montagnes ne sont pas toutes aussi rétrécies à leur extrémité. Au-delà du serré, la montagne s'élargit de nouveau. Les diverses ravines comprises entre la rivière du Mât et la rivière des Galets, qui ont leur embouchure à douze lieues l'une de l'autre, ainsi que ces rivières, se rapprochent toutes à leur naissance; ce sont partout d'horribles crevasses, des mornes, des pitons escarpés : de la cime des rochers jusqu'au fond des torrents, ce sont d'antiques forêts où il est presque impossible de pénétrer; leurs arbres, aussi variés par le port que par le feuillage, se pressent, se croisent, s'entre-soutiennent parmi les troncs énormes qu'ont renversés à leurs pieds la vieillesse et les ouragans : dans les embranchements, de magnifiques scolopendres s'épanouissent en larges bouquets; pareilles aux cordages qui correspondent de l'un à l'autre mât d'un navire, des lianes vigoureuses s'élancent d'arbre en arbre, ou redescendent jusqu'à terre pour y jeter de nouvelles racines, pareilles encore aux câbles des haubans et des vergues, qui se rattachent de l'un et de l'autre bord du bâtiment. De toutes les plantes qui croissent dans ces forêts, la plus remarquable peut-être est la grande fougère, que l'on prend de quelque distance pour un véritable palmier; sa tige élancée et parfaitement droite a de vingt-cinq à trente pieds d'élévation; ses feuilles, dont la découpure est très-délicate, retombent en se courbant comme celles du palmier : les noirs marrons, qui ont donné à cette plante le nom de *fanjan*, avaient découvert qu'elle renfermait à la naissance de ses feuilles une pulpe tendre et farineuse. Le fanjan fut, avec les palmistes, d'un grand secours contre la disette qui suivit l'ouragan de 1806.

Les naturalistes, quels que soient leur courage et leur constance, sont loin d'avoir complété la nomenclature botanique de nos colonies : les caractères des plantes peuvent d'ailleurs nous être connus, sans que nous soyons pour cela beaucoup plus avancés dans la recherche de leurs propriétés. Les noirs, particulièrement les Malgaches, connaissent les vertus d'un grand nombre de simples dont les pareilles se trouvent dans les montagnes de Madagascar. Il y a parmi eux des empiriques qui ont parfois tiré d'affaire des malades abandonnés par les docteurs; mais il est vrai qu'il y a toujours quelque peu de sorcellerie dans leur médecine: le malin esprit donne aux remèdes une vertu qu'ils n'ont pas sans doute lorsqu'on s'avise de les administrer sans lui.

Mais rentrons dans la cafeterie par un chemin qui longe l'habitation du voisin : nous avons quelque chagrin que ses caféiers soient aussi chargés que les nôtres; veuillez remarquer qu'il les a en partie déracinés; qu'il a penché jusqu'à terre leur tige, et qu'ayant eu soin de la recouvrir, il en est sorti un grand nombre de jets nouveaux, très-productifs à la vérité, mais dont le grain plus aqueux et plus épais n'est pas d'une aussi bonne qualité que celui des pieds qui n'ont point été renversés.

La Martinique a conservé le nom et honoré le dévouement de son de Clieux, par qui le caféier lui fut apporté. Vers l'an 1715, des voyageurs revenant de Moka, et relâchant à l'île de Bourbon, avaient à leur bord des plantes chargées de petits fruits rouges; les habitans de la colonie leur dirent que les mêmes fruits croissaient dans les montagnes de leur pays: les uns et les autres n'étaient autre chose que des pieds et des cerises de caféier. Cet arbre précieux, indigène à l'île de Bourbon, était un trésor dont on avait jusqu'alors ignoré la possession: il n'y avait entre l'une et l'autre plante de différence que celle qui existe entre un sauvageon et un arbre cultivé. Le fruit du café marron est plus long, il est moins aromatique et plus amer: on en trouve une assez grande quantité dans les bois que nous venons de parcourir. Cette découverte attira l'attention des gens éclairés de la colonie : le gouverneur, M. Parat, se fit déléguer par les habitants auprès des directeurs de la compagnie; il partit en 1715. La compagnie des Indes envoya à la côte d'Arabie M. Beauvollier de Courchant, successeur de M. Parat, secondé de M. Dufougeret-Gremer, capitaine de navire de Saint-Malo : ils en rapportèrent en 1717 quelques plantes de café Moka qui furent confiées à M. Desforges-Boucher, le premier de ce nom, celui-ci n'étant encore que lieutenant de roi à l'île de Bourbon, dont il fut ensuite gouverneur. La plupart des pieds, qui étaient déjà forts à l'époque de leur introduction, périrent à l'exception d'un seul qui, à son premier produit en 1718, donna trois à quatre cents grains de café; la récolte en fut beaucoup plus abondante en 1719; en 1720 il rapporta 7,500 grains, environ 15 livres, produit extraordinaire, et à peine croyable, si le fait n'était certifié par la correspondance de M. Desforges-Boucher. Les 7,500 grains furent mis en terre dans cette même année 1720. C'est à Saint-Paul, d'après le témoignage du père Ducros, missionnaire, que les plantations eurent lieu : en 1726 la colonie commença à livrer du café au commerce; dix ans après elle en fournissait de 15 à 1800 mille livres (1) (2). Tous ces détails sont positifs.

J'ajouterai avec regret que ces particularités sont presque entièrement ignorées à l'île de Bourbon. Le nom de M. Dufougeret-Gremer y est inconnu. M. Beauvollier, officier de marine très-distingué, et rempli des meilleures vues pour la colonie, d'après les ren-

---

(1) Le Gentil Labarbinais; *Mémoires manuscrits*; Buc'hoz; Poivre; *Lettres édifiantes; Encyclopédie méthothique; Nouveau Dictionnaire d'histoire naturelle.* Il y a quelques erreurs dans ces deux derniers ouvrages.

(2) M. le baron Milius, ancien gouverneur de Bourbon, dans une note publiée récemment, donne à croire que le caféier de cette colonie provient d'un pied qui était au Jardin du Roi à Paris. C'est une erreur accréditée sans examen. Le premier plant de caféier qu'on vit au Jardin du Roi avait été donné à cet établissement par M. de Ressons, qui l'avait fait venir de Hollande: M. de Jussieu en a publié la description. (*Mémoires de l'Académie des Sciences*, année 1713, page 299.) Ce pied de caféier étant mort, M. Pancras, bourguemestre d'Amsterdam, en envoya un autre à Louis XIV en 1714 : on le vit fleurir et donner la même année des fruits qui produisirent de nouveaux plants. M. d'Isemberg, médecin, fut chargé d'en porter aux Antilles; mais sa mort fit échouer son projet. En 1720, M. de Clieux obtint du Jardin du Roi un jeune plant qu'il porta à la Martinique, et qui fut le père de tous les caféiers des Antilles. Quant au café de Cayenne, il provient de la Guyane hollandaise. N'eussions-nous pas de renseignements certains sur l'origine du caféier de Bourbon, il serait impossible

seignements qu'il avait recueillis en Arabie, instruisit les habitants de Bourbon de la manière de cultiver le caféier; il fut secondé avec le zèle le plus constant par M. Desforges-Boucher : ces trois noms doivent être réunis à ceux des Poivre et des La Bourdonnaye, qui ont été les bienfaiteurs de nos colonies d'Orient.

Je suis fondé à croire qu'il vint encore d'autres plants de caféier d'Arabie : nous en possédons une variété bien distincte connue sous le nom de caféier d'Éden (1) : il ne se trouve guère qu'à la ravine à Marquet et dans la montagne Saint-Denis. La culture ne s'en est pas étendue, parce qu'il ne donne pas des produits aussi abondants que ceux de l'autre variété. L'arbre est moins élevé;

---

d'admettre qu'il vînt du Jardin du Roi, parce qu'en 1720, après la fatigue d'une longue traversée, le pied qu'on eût apporté de France aurait été trop faible pour fructifier avec l'abondance du caféier qui donna plus de quinze mille fèves ou sept mille cinq cents grains. Quoi qu'en ait dit M. le baron Milius, la plante du caféier de Bourbon n'a point dégénéré : si le grain livré au commerce est inférieur à celui de Moka, cela provient d'une autre cause que celle qu'il nous a expliquée.

(1) C'est peut-être le même nom qu'*Aden*, région d'Arabie.

il est plus délicat, ses feuilles d'un vert moins foncé sont, comme celles du giroflier, rougeâtres vers leur extrémité : les deux fèves du fruit, au lieu d'être oblongues, sont hémisphériques, de la force d'une grosse lentille. Ce café est très-recherché : il ne faut pas le confondre avec le *café rond* qui est de la forme des petites coquilles connues sous le nom de *pucelages* : celui-ci n'est autre chose qu'un triage de fèves de café ordinaire venues seules dans la coque, la graine jumelle ayant avorté. Nous avons une troisième variété de café connue dans la colonie sous le nom de *café Le Roi*, et dont je retrouverai l'occasion de vous parler.

En 1805, Bourbon pouvait livrer au commerce environ soixante mille balles de café : l'ouragan de 1806, le plus terrible que de mémoire d'homme on ait éprouvé dans cette colonie, détruisit une grande partie des caféteries. On n'eut pas le courage de les rétablir : dans plusieurs cantons, la terre, qui pendant longues années avait été chargée de caféiers, refusa d'en produire de nouveaux; dépouillée des grands arbres qui la couvraient autrefois, les jeunes plants de caféier n'étaient pas capables de lui conserver la fraîcheur ou d'attirer les pluies dont ils avaient besoin;

la terre fatiguée ne pouvait plus avoir la même fertilité. Il faut sept ans pour la croissance d'un caféier : depuis la révolution, quelle est la colonie qui peut se flatter de sept années d'avenir? Le caféier a résisté tant qu'il a pu à la sécheresse et aux ouragans : il ressemble aux gens qui ont plus de courage que de force ; il ne demande qu'un arrosement modéré, une terre constamment fraîche, sans être trop mouillée : quand il a trop de pluie, sa fève, au lieu d'être élastique et parfumée, est grossière, pesante, et presque dépourvue de son parfum : tel est le café de Java. Parmi les cafés de Bourbon, ceux de Saint-Leu, de Saint-Paul et de Saint-Denis, sont les plus estimés. Ceux de Saint-Benoît, à cause des pluies abondantes qui tombent dans cette partie de l'île, se rapprochent un peu du café de Java. Il est essentiel de faire sécher le café rouge sur des argamasses pavées, pour qu'il ne contracte pas d'humidité.

On fait ordinairement trois cueillettes de café rouge, du commencement de mars jusqu'au milieu du mois de juillet : les grains récoltés demeurent sur l'argamasse jusqu'en septembre, époque à laquelle on commence à faire piler. Le meilleur café est celui que l'on garde quelque temps en coque dans le magasin. Les habitants se pressent plus ou moins de le piler, à raison du prix et des demandes que le commerce peut leur adresser. Le café de Bourbon, qui de toutes les espèces est la plus ressemblante au café de Moka, n'est inférieur à ce dernier que parce que la plante et le grain ne reçoivent pas les mêmes soins, l'un pour sa culture, l'autre pour sa dessiccation. En Arabie, les grains que l'on fait sécher ne demeurent point, comme à Bourbon, exposés au soleil, et encore moins à l'humidité, qui leur enlèveraient une partie de leur parfum : ce n'est qu'après dix-huit mois d'exposition à l'ombre et dans un air très-sec que le café est mis sous le pilon. Nous ne pouvons dans nos colonies, telles qu'elles sont constituées, nous livrer aux mêmes soins que l'Arabe, soit pour la culture, soit pour la préparation du café : c'est ce que j'aurai plus tard l'occasion de vous expliquer (1).

Pour conserver la fraîcheur du sol, et pour garantir la floraison d'un soleil trop ardent, on avait jugé à propos, dans cer-

---

(1) Voyez la Lettre 10, *Vues sur les colonies à établir.*

tains quartiers, d'abriter les cafeteries au moyen des bois noirs ou grandes mimeuses que je vous ai déjà fait remarquer dans les rues du Port-Louis; mais avec le temps on s'est aperçu que la racine des bois noirs qui venaient à périr était un poison mortel pour le caféier : la guérison du mal a été difficile; heureux ceux qui n'avaient point eu recours à cet arbre funeste, quoique sous d'autres rapports il nous soit d'une très-grande utilité! Dans plusieurs habitations on a laissé les caféiers sans ombrage, ou bien, comme nous venons de le voir, on les a entremêlés de bananiers et d'arbres fruitiers : quelques-uns se trouvent placés sous la protection des vieux arbres que la flamme et la cognée ont respectés. En Arabie, pour abriter le caféier, on se sert d'une espèce de peuplier qui me semble avoir des rapports avec notre peuplier d'Italie : on n'a point songé à l'introduire à l'île de Bourbon : il en est de même de beaucoup d'autres objets d'utilité publique qu'il eût été facile au gouvernement de nous procurer.

Ces arbres bizarres qui sont sur la limite de plusieurs habitations, sont des vacois dont les feuilles ensiformes se placent en spirale alentour de leur tige : elles servent à faire les sacs nattés dans lesquels les sucres et les cafés de Bourbon sont expédiés. Vous ne pouvez vous défendre d'un sourire, et une femme ne peut s'empêcher de rougir en regardant ces jets vigoureux qui naissent à la partie inférieure de la tige du vacoi : ils tendent vers la terre pour y prendre racine; ils sont autour de l'arbre comme des étais qui lui rendent plus de force qu'ils n'en ont reçu; ils le soutiennent contre l'ouragan. Si les anciens avaient connu le vacoi entouré de ses appendices, ils l'auraient consacré au dieu de Lampsaque; comme ils auraient consacré à Cybèle ces nobles, ces gracieux papayers : voyez comme au-dessous du beau feuillage qui les couronne, ces melons nombreux sont étroitement groupés; ne sont-ils pas les uns au-dessous des autres comme les mamelles dont est couvert le sein de la déesse? si vous faites peindre Cybèle ou l'Abondance, vous la placerez à l'ombre d'un papayer. On les plante en allées; il y en a qui croissent çà et là près des cases de l'habitation; en voilà qui s'élèvent entre des rochers où les oiseaux auront porté des graines. On les distingue en mâles et en femelles : ce sont les mâles qui laissent retomber ces girandoles de fleurs; ce sont les femelles qui, sans courber sous le poids, semblent porter avec orgueil ces fruits que les mâles ont fécondés. Le palmier est le plus beau des arbres; le papayer est la plus belle des plantes; sa tige, d'une élégante proportion, a jusqu'à vingt pieds de hauteur; sa couronne, dont les larges feuilles sont artistement découpées, ne s'épanouit pas avec moins de grâce que la couronne du palmier : ses fruits sont sucrés et rafraîchissants; leur écorce distille un lait âcre et amer que l'on emploie comme le vermifuge le plus puissant. Le papayer est une sorte de providence pour les enfants des colonies; il les sauve presque tous : le lait de papaye n'est pourtant pas ce qu'ils aiment, mais sa pulpe, qui se confit à merveille, et dont les grandes personnes ne sont guère moins friandes. Il faut qu'une bonne habitante fasse sa provision de confitures de papayes (1), qu'elle y joigne de la pâte de pêches, des gelées de mangues, de bibaces et de goyaves, des sirops de limon, d'orange et d'ananas.

Au-dessous des cases de l'habitation, les caféiers sont beaucoup moins abondants; on les a entremêlés de maïs qui en achèvent la destruction. Ces plantes ou arbustes de trois

---

(1) Prononcez *papaille*, *vangassaille*, *sagaille*, *papangaille*, etc.

à quatre pieds de hauteur qui jettent des branches de tous les côtés, dont les feuilles sont pareilles à celles de la mauve, et les fleurs à celles des passe-roses, allant du blanc au rouge et du rouge au violet, sont des cotonniers, qui couvrent les restes du talus de la montagne jusqu'au bas de l'habitation : les cocons commencent à se former; plusieurs s'ouvrent, il faut dire *pètent* déjà ; il s'en échappe une bouffée d'un coton blanc comme la neige qui ne saurait plus y demeurer contenu.

Le cotonnier de Bourbon, originaire d'Amérique, se place pour la qualité immédiatement après le coton de Géorgie. La culture, comme celle du caféier, en était autrefois beaucoup plus étendue qu'elle ne l'est aujourd'hui. Les cotonneries ont été en partie détruites par un ver qui pendant les années pluvieuses s'introduit dans le cocon, et coupe les soies encore tendres avant le moment de la maturité. Ce ver ne se montre pas aussi fréquemment qu'autrefois ; quelques cultivateurs ont repris courage ; ce n'est cependant pas sans inquiétude pour l'avenir. Récemment on nous a envoyé de France des graines de coton du Sénégal et de Castellamare, dans l'espoir que leurs cocons pourraient être préservés. Ce bienfait n'a été reçu qu'avec indifférence : les nouvelles espèces sont de beaucoup inférieures à celles que nous possédons ; leurs produits ne suffiraient pas pour dédommager des frais de culture. Pourquoi n'a-t-on pas essayé d'introduire les cotons de Géorgie, qui dans le commerce sont les plus estimés?

Nous n'avons pour l'*égrenage* de nos cotons que des moulins grossiers composés de deux cylindres en bois qu'un noir met en mouvement avec une pédale. Au moyen de ce procédé, un homme ne peut pas égrener plus de cinquante livres de coton par jour : on sait qu'il y a des machines qui épargnent de beaucoup la main-d'œuvre, mais elles ne nous sont pas connues. Le coton se brûle entre des cylindres de métal : des négociants de France ont demandé qu'on l'égrenât à la main ; on n'en préparerait pas de cette manière plus d'une livre dans un jour : il est vrai que la soie ne perdrait rien ni de sa longueur, ni de son élasticité.

Mais c'est assez long-temps vous retenir entre les cotonniers et les caféiers : ne faut-il pas que vous visitiez aussi notre parc à bœufs, qu'à leur loupe sur le col vous reconnaîtrez pour originaires de Madagascar ; notre parc à cabris, dont l'espèce se rapproche du chevreuil; notre troupeau de moutons, qui n'est pas d'une grande beauté; et nos basses-cours, dans lesquelles vous remarquerez, parmi les différentes espèces d'Europe, des canards de Manille, des pintades, et des poules qui ont la chair des cuisses noire comme de l'encre? C'est de ces poules, qui valent bien les autres, que saint François-Xavier, patron des Indes, se nourrissait, dit-on, pour se mortifier. Nous ne vous ferons pas même grâce de nos cochons noirs à petites jambes de l'Inde, de la Chine et des archipels de la mer du Sud : leur chair est estimée; ils nous fournissent du sain-doux que nous employons au lieu de beurre dont le climat nous a privés. Enfin il faut que vous donniez un coup d'œil à nos écuries : vous y verrez d'assez belles juments, et vous y admirerez un bouriquet superbe nouvellement arrivé de Mascate; il nous coûte 250 piastres (1), qui se reproduiront en mules et en mulets : c'est à ses plaisirs que le sérail de nos cavales est destiné.

C'est ainsi, monsieur le comte, que tout bon habitant doit faire aux étrangers les honneurs de sa propriété. Celle que je viens de

---

(1) 1250 francs.

vous décrire ne nous appartient plus; nous l'avons vendue à M. Malherbe. Je vous ai parlé à peu près comme il l'aurait fait lui-même : il ne m'en voudra pas, parce qu'il m'a accoutumé à être dans sa maison comme dans la nôtre; aussi ai-je revu souvent son habitation avec autant d'intérêt que si elle eût continué de nous appartenir. Ses travaux l'ont embellie; ils en ont aussi considérablement augmenté la valeur.

Maintenant nous allons faire la sieste, et nous dînerons à quatre heures. La table est proprement servie, car on en change le linge à tous les repas. Tous les mets qui nous sont offerts sont du produit de l'habitation : ce sont des karis encore, et des fricassées de volailles accompagnées de petits hors-d'œuvre pimentés, tels que des rougails de bringelles (1) et d'autres fruits, des hachards de palmiste et de mangue, qui semblent être un objet de première nécessité. Les palmistes

---

(1) Bringelles ou aubergines. Les rougails sont un mélange de fruits verts hachés assaisonnés de piment et de jus de citron. Les hachards sont des fruits ou légumes au vinaigre préparés comme les cornichons, mais avec un assaisonnement de piment et de safran marron (*terra merita*). Les rougails de fruits verts sont les mets dont les femmes sont le plus friandes.

reparaissent en salade ou en entremets : on détruit un arbre de soixante pieds, le plus bel ornement de la forêt, pour en avoir le chou, qui est à la vérité un manger délicieux. Un chou palmiste ne coûte que trois ou quatre sous de notre monnaie : on n'en trouve plus à l'île de France; ils sont encore abondants à l'île de Bourbon. Aux légumes de France se réunissent des margoses amères (1), des aubergines, des ambreuvades qui rappellent un peu nos lentilles, et des papangayes qui ont le goût de nos petits pois en primeur : au dessert, ce sont les fruits que nous avons remarqués dans notre promenade d'habitation.

Après avoir pris le café presque à l'ombre des caféiers, nous nous asseyons sur l'argamasse pour causer, ou pour voir un navire qui double la pointe des Galets; il va entrer dans la baie de Saint-Paul : c'est un trois-mâts, il vient de France; nous faisons des conjectures; envoyons un noir au quartier afin de savoir quelles sont les nouvelles d'Eu-

---

(1) Margose (*balsamina momobdica*), Lin. *class.* 21, *monœcia triandria.* — Papangaye (*cucumis acutangulus*), Lin. *class. ordo ibid.* — Ambreuvades, pois de Guinée, de Saint-Domingue.

rope, s'il y a des journaux pour nous et quelques lettres de la part de nos amis.

A la nuit tombante les esclaves cessent leurs travaux; ils se rassemblent tous sur l'argamasse; le géreur (c'est le blanc qui a la surveillance de l'habitation) fait l'appel nominal. « Maintenant, vous autres, écoutez, leur dit-il; que les commandeurs viennent se placer autour de moi. Jean-Louis, demain matin de bonne heure tu te mettras à la tête de la petite bande (c'est celle des jeunes noirs de huit à quinze ans); vous irez dans la cotonnerie ramasser les cocons qui sont nouvellement ouverts. Comme nous aurons beaucoup de *bazar*, Cupidon aidera la négresse *bazardière* à porter ses paniers de légumes et de fruits. La grande bande se partagera en deux : une moitié ira casser le maïs qui nous reste à récolter dans les hauts; l'autre moitié ira à la cueillette du café rouge : les commandeurs veilleront bien à ce qu'on ménage les arbres, et à ce que les fruits ne soient cueillis qu'en parfaite maturité. Vous autres vieilles et vous autres nourrices, vous continuerez à faire des sacs pour notre café, parce qu'après demain les noirs feront un voyage pour porter au quartier ce que nous en avons de préparé. Les noirs charpentiers se mettront à travailler à notre nouvel hôpital. Zéphyr, tu donneras vingt-cinq coups de fouet à notre voleur de café, et autant au marron que l'on vient de nous ramener : Vulcain le forgeron les mettra tous les deux à la chaîne; ils ne feront autre chose que de moudre du maïs. Jupiter, tu iras avec la Fortune, Oscar et Narcisse, porter les deux cochons que nous avons vendus au boucher : comme il commence à faire froid, vous rapporterez une balle de toile bleue qu'on partagera entre vous tous; mais je préviens que je fais punir le premier qui vendra son *rechange* pour boire, ou qui donnera sa toile à des négresses. A présent vous n'avez qu'à vous en aller souper. » — Tous ces ordres sont donnés soit en langue française, soit en langue créole : un géreur exercé ne s'exprime que de cette dernière manière ; bien parler créole est un talent que les blancs n'ont pas tous l'avantage de posséder au même degré.

La bande se précipite vers la case enfumée, où le vieux cuisinier fait cuire dans deux grandes marmites, des pois du Cap et du maïs ; chaque noir se présente avec un débris de calebasse, un plat de bois, une moitié de coco de Praslin (1), ou seulement un lambeau de feuille de bananier, pour prendre part à la distribution. Tous s'en retournent au camp, ou aux postes qui leur sont assignés. Il n'est pas encore huit heures du soir; le plus profond silence règne bientôt sur toute l'habitation; il n'est troublé que par le cri des grillons, ou par le chant monotone d'un noir qui s'accompagne du *bobre* ou du *vali*. Le bobre est un arc dont la corde de pitte, autrement d'agave, résonne sur une petite calebasse placée à l'une des deux extrémités. Le vali ou voulou des Malgaches est une lyre cylindrique dont les cordes, au nombre de sept ou huit, sont distribuées autour d'un tronçon ou d'une petite colonne de bambou; elles sont formées de filets d'écorce, détachés du cylindre lui-même, et tendues par des chevalets placés près des nœuds qui sont à l'un et à l'autre bout. On pourrait, ce me semble, tirer parti de l'idée des Malgaches : une jolie colonne d'une élégante proportion, ayant des cordes aux filets des cannelures, et autour de laquelle un beau bras se promènerait, ne serait peut-

---

(1) Aux Seychelles.

être pas un instrument que les Grâces auraient à dédaigner. Combien de fois me suis-je endormi aux chants du noir, aux sons mélancoliques du vali et du bobre, qui se prolongent souvent jusqu'au milieu de la nuit ! Les noirs ne prennent que peu de sommeil : en nous promenant dans leur camp entre dix et onze heures, nous en trouverons encore un grand nombre qui ne sont pas endormis. Arrêtons-nous un instant près de cette cabane : le noir, sa commère qu'il appelle sa femme, leurs enfants, sont accroupis autour d'un petit foyer, car ils aiment à avoir du feu, même dans la saison la plus brûlante; auprès de ce feu est une petite marmite; un noir serait malheureux s'il n'était pas propriétaire d'une petite marmite pour y faire cuire ses brèdes assaisonnées de piment, ou préparer à sa manière ses pois du Cap et son maïs. Le chef de la case raconte des histoires merveilleuses; la famille attentive l'écoute parfois d'un air effrayé : il leur dit comment un noir jaloux, ayant assassiné sa maîtresse, alla *tuer son corps* qu'il jeta du haut des remparts de la ravine à Malheur, ou de la ravine des Lataniers. Depuis ce temps son *gniang*' et celui de sa maîtresse reviennent tous les soirs; ce n'est qu'en portant des *grisgris*, c'est-à-dire des amulettes, qu'il est possible de se préserver de leurs maléfices. Les gniang's sont les revenants et les malins esprits qui, dans la colonie comme en France, se plaisent à donner une part de leurs tribulations aux vivants.

Toutes les cases ne sont pas occupées. Voyez-vous ce noir qui, croyant ne pas être aperçu, enjambe lestement le mur de clôture dont le camp est entouré? C'est un coureur, et pourtant c'est un de nos plus *vaillants sujets* : il va partager le cadre de la négresse d'une habitation voisine. Il y en a qui font deux ou trois lieues pour aller trouver une femme, et qui reviennent avec exactitude à l'heure où les travaux doivent recommencer : la patrouille que fait la milice des habitations n'est pas trop rigoureuse à leur égard. C'est aussi le moment où les voleurs veillent; les noirs gardiens font leur ronde, si toutefois les noirs gardiens ne s'entendent pas eux-mêmes avec les voleurs.

Il y a des esclaves qui, s'attachant à leur maître, sont remarquables par leur grande fidélité; mais on peut généralement dire que le mot *esclave* est synonyme de *voleur*, de *paresseux* et de *menteur*. Montesquieu nous en a dit la raison; il y a parmi eux plus d'exemples de vices que d'exemples de crimes; le vol que commet l'esclave n'est pas réprimé comme un crime, mais comme une simple contravention à la police; il ne reçoit que vingt-cinq à trente coups de fouet pour le délit qui attirerait au blanc au moins cinq ans de prison ou de travaux forcés. Les lois sur cette matière sont aussi sages qu'il était possible de les faire pour concilier avec l'ordre et l'humanité l'esclavage, qui n'est intéressé qu'au désordre. Il n'est pas besoin de réfuter les homélies de Bernardin de Saint-Pierre sur les mauvais traitements que les blancs font éprouver aux noirs dans les colonies des îles de France et de Bourbon; on ne commence pas la journée par des distributions de coups de fouet; on ne frappe point ses esclaves pour une porcelaine cassée, ou pour une porte laissée ouverte; les vieillards ne sont point abandonnés: il y a des traits de barbarie comme on en voit dans le reste du monde; mais il ne fallait pas faire un éloquent mensonge pour charger une colonie entière de ce qui n'appartenait qu'à quelques particuliers.

A l'époque de la conquête de l'île, l'imprudence, j'oserais dire la méchanceté philauthropique, essaya de développer parmi les esclaves de l'île Bourbon, les germes de sédition qu'elle y avait répandus. Nous verrons plus tard que ces moyens ne sont pas ceux de la véritable humanité. Les Anglais furent eux-mêmes effrayés des suites de leur tentative. Il y eut à Saint-Leu une insurrection qui heureusement ne sortit pas des limites de ce quartier : l'ordre y fut promptement rétabli. Nos esclaves sont divisés en races ennemies les unes des autres : l'Indien et le Malgache se croient beaucoup au-dessus du Cafre, qui leur rend de la haine en revanche du mépris dont il est l'objet. Les Cafres eux-mêmes sont partagés en plusieurs castes : cette division peut, au moins pour un temps, prolonger notre sécurité.

Les noirs marrons ne sont pas à redouter : ils sont en petit nombre, les uns isolés dans les bois; les autres, plus à portée de voler, se cachent dans quelque réduit d'une habitation voisine. Le jour, la nuit, on peut parcourir les forêts et les chemins sans crainte d'être attaqué. Il y a des marrons qui vendent chèrement leur vie au chef de détachement qui oserait les débusquer, quoiqu'ils n'aient d'autres armes que des sagayes dont ils se servent avec une grande dextérité. Il fut un temps où les noirs marrons étaient plus nombreux et plus à craindre : au moment où les cafeteries commencèrent à prendre une certaine extension, l'on introduisit simultanément une grande quantité d'esclaves que l'on ne put astreindre tout à coup aux travaux et à la police de l'habitation. Les fugitifs trouvaient de vastes retraites dans les bois et dans les montagnes, alors moins accessibles qu'ils ne le sont aujourd'hui : ils poussaient leurs incursions nocturnes jusque dans l'enceinte des quartiers. On voit encore à d'anciennes cases les meurtrières par où se passait le bout du fusil pour effrayer les voleurs dont on était environné. La condition et la discipline des esclaves se sont améliorées : c'est à M. Poivre que l'on doit surtout cette amélioration. Les maîtres d'aujourd'hui sont d'ailleurs moins laborieux que ne l'étaient ceux d'autrefois : c'est à raison de notre énergie que nous exigeons de nos esclaves un travail plus opiniâtre et plus assidu (1).

---

(1) Que le spirituel M. de Pradt ne soit plus étonné : « Il est remarquable, dit-il, que l'Espagnol, qui a exterminé toute l'ancienne population des Antilles et d'une grande partie de l'Amérique, ait traité le nègre avec douceur, et

Cela ferait peine de voir un blanc n'ayant que le vêtement le plus strictement nécessaire à la pudeur : la couleur noire des Africains est un vêtement dont ils sont couverts; il est approprié au climat où la nature les a placés ; c'est pour être presque entièrement nus qu'ils ont été faits noirs : aussi le Cafre auquel on donne des habits se hâte presque toujours de s'en débarrasser ; et des Européens de dire que nous n'habillons point nos esclaves, parce qu'ils se trouvent plus à l'aise avec leur nudité! Les noirs créoles, les Malgaches et les Indiens, tiennent beaucoup plus au vêtement. Les servantes maîtresses ont quelquefois une certaine élégance : les étrangers observent cependant avec raison qu'en général les domestiques ne sont pas assez proprement habillés ; il est vrai que, par une loi nouvelle, tout objet de luxe leur est interdit ! !

Je n'ai pas vu d'exemple d'esclaves qui fussent unis par des liens légitimes ; vous ne tar-

---

que le moins avancé des Européens en civilisation ait été leur supérieur en humanité. Après les Espagnols venaient les Français : l'esclavage était plus rigoureux chez les Anglais. » La réflexion qui donne lieu à cette note contient la solution du problème.

derez pas à en connaître la raison ; un mariage, un divorce, sont bientôt faits. J'avais vendu à un habitant d'un quartier éloigné un jeune noir qui aimait avec passion une négresse avec laquelle j'ignorais qu'il se fût uni, car je n'eusse pas voulu les séparer : la négresse fut vendue d'un autre côté. Le pauvre Élie nous arrachait des larmes de pitié tant il était désespéré : ses nouveaux maîtres s'arrangèrent pour mettre un terme à sa peine ; il se passa près d'un mois dans les négociations nécessaires pour la conclusion du marché : quand il fut terminé, on donna au noir le plaisir d'aller annoncer cette bonne nouvelle à sa maîtresse, et de la ramener avec lui. Il courut le *cœur gonflé* de joie : quelque temps après il me vint raconter ce qui lui était arrivé : sa femme était une infidèle, une ..... ; je ne puis répéter l'expression bien connue dont il se servit ; une misérable enfin qui l'avait abandonné ! C'est faire une grande injure à un noir que de lui dire en d'autres termes qu'il n'est pas fils d'une honnête femme : j'en ai vu un *partir marron* parce qu'un autre l'avait apostrophé de la manière dont Jean Chandos apostropha le beau Dunois. Il y a des délicatesses de langue dont il faut être informé : on humilie l'esclave en l'appelant *nègre*; on ne le blesse point en l'appelant *noir*.

Il en est peu qui cherchent à s'embarquer pour se soustraire à l'esclavage. Je n'ai entendu parler que d'un seul enlèvement de pirogue depuis mon arrivée dans la colonie, encore les fugitifs ont-ils été surpris dans l'exécution de leur projet. Quand ils arriveraient à Madagascar, si la chose était possible, ce serait pour retomber esclaves plus malheureux qu'ils ne l'auraient été aux îles de France et de Bourbon. Ce n'est point par violence que l'on fait la traite soit à la côte de Mozambique, soit à la côte de Madagascar: nos deux colonies n'ont pas fait accroître le nombre des esclaves; elles ont peut-être diminué le nombre des victimes, car les peuples barbares de ces contrées sacrifient sans pitié les prisonniers qu'ils ne peuvent nourrir, ou dont ils ne peuvent se débarrasser. Ce serait une vaine déclamation de dire que nous les excitons à la guerre : le trafic des esclaves nécessaires aux colonies d'Orient est bien moins considérable que celui qui se fait ou se faisait de l'autre côté de l'Afrique pour les colonies d'Occident. Quoique ennemi de la traite, je n'en dois pas moins hommage à la vérité.

A Madagascar, dans la surprise d'un village, une jeune fille fut enlevée à sa mère, et quelque temps après vendue à un traitant de l'île de Bourbon : la prisonnière devint bonne d'enfant. Il s'écoula quatorze ou quinze ans depuis l'époque de sa vente aux Européens. Dernièrement une autre négresse, également bonne d'enfant, vint d'un quartier peu éloigné, afin d'accompagner jusqu'au port *le petit maître à li* qui allait bientôt s'embarquer pour faire son éducation en France. Les deux femmes se rencontrent au bazar de Saint-Paul : elles se regardent, s'observent encore plus attentivement. La plus âgée ouvre rapidement la robe de la plus jeune pour retrouver un signe qui lui était connu : elles se jettent dans les bras l'une de l'autre, elles s'embrassent, elles ne peuvent parler. « C'est ma mère ! — C'est ma fille ! » sont les premiers mots qu'elles commencent à articuler. Des sentiments plus doux, des larmes succèdent à ces transports trop violents. La mère avait, peu de temps après, éprouvé le même sort que sa fille : elles étaient toutes deux ivres de joie et de bonheur ; en pleurant, en riant, en s'embrassant, elles allèrent chez leurs différents maîtres qui en furent attendris : l'un est M. Prosper Hibon, riche habitant de Saint-Leu ; l'autre M. Malherbe dont je vous ai déjà parlé. Les dames des deux maisons pleurèrent aussi en écoutant le récit de leurs négresses : celles-ci racontaient les circonstances de leur séparation et de leur réunion avec une extrême vivacité. Témoin d'une partie de cette scène touchante, je ne puis moi-même me la rappeler sans émotion. Les deux maîtres donnèrent à la mère et à la fille la permission d'aller de Saint-Leu à Saint-Paul, et de Saint-Paul à Saint-Leu, aussi souvent que cela leur conviendrait.

Je suis, etc.

Ile de Bourbon, 30 juin 1818 (1).

---

(1) Cette date est éloignée de celle des autres Lettres, parce que j'ai attendu afin de mieux connaître les objets dont j'avais à parler.

ILE DE BOURBON
d'après
LA CARTE DE M. LISLET GEOFFROY
avec
quelques rectifications, les Div.ons Adm.ves
la Population, les Produits &c.
1821.

Population de l'Ile de Bourbon
d'après les recensements fournis à l'administration

	Blancs		Affranchis		Esclaves	
	Hom.	Fem.	Hom.	Fem.	Hom.	Fem.
St Denis	966	858	545	611	4348	2839
Ste Marie	208	175	115	161	1918	930
Ste Suzanne	164	107	168	164	245	1198
St André	634	600	125	133	1673	1314
St Benoit	1070	1088	260	321	3690	2332
St Rose	218	202	49	62	883	380
St Paul	1289	1096	380	379	7444	3493
St Leu	226	288	83	97	1760	2081
St Louis	1270	1026	135	91	1963	1396
St Pierre	1013	915	415	178	3639	2449
St Joseph	953	919	54	67	1630	714
	8,3u 7,474		2,258 2,450		30,685 19,077	
	15,788		4,714		50,858	
Total	71,333					

La Population portée ci-dessus n'est pas exactement déclarée on peut sans crainte d'erreur, la porter savoir:

Esclaves à 60,000
Affranchis à 6,000
Blancs à 17,000

Total 85,000

Produits
de l'Isle de Bourbon
en Denrées dites Coloniales.

Sucre .... 80,000 quintaux
Café .... 30,000 quint.
Coton .... 40,000 Livres
Girofle .... 220,000 Livres
Cacao .... 30,000 Lin.
Muscade .... 600 Lin.

N.a La teinte orange indique approximativement les terrains cultivés ou cultivables.

Echelle de 12000 Toises.

LETTRE V.

Voyages autour de l'île.

Monsieur le Comte,

De l'Ermitage où je vous avais conduit dans ma lettre précédente, nous continuons de suivre le grand chemin pour visiter les quartiers de *la partie sous le vent*. Nous avons déjà traversé plusieurs ravines que l'on descend et remonte par les rampes pratiquées de l'un et de l'autre côté; si le passage en est fatigant, on trouve un peu de fraîcheur au fond de leur encaissement : la ravine des Trois-Bassins est une de celles dont les côtés sont le plus ombragés; c'est le lieu du repos des voyageurs, et surtout des esclaves qui se rencontrent portant des fardeaux à Saint-Paul et à Saint-Leu. La première fois que j'allai à Saint-Leu, une traite de noirs débarquée pendant la nuit se reposait au fond de la ravine des Trois-Bassins; les blancs qui la conduisaient, par un signe m'engagèrent à la discrétion. La traite était composée d'un nombre à peu près égal de jeunes garçons et de jeunes filles : c'étaient des Malgaches presque tous destinés à être domestiques, car, pour la culture des terres, les Cafres sont préférés. Ils étaient assez gais, les négresses n'étaient pas mal, quoiqu'à peine vêtues d'une robe de pagne en lambeaux; leurs cheveux étaient ébouriffés à la mode de leur pays, ce qui leur faisait paraître la tête grosse comme un boisseau : elles souriaient quand on leur adressait dans leur langue quelques mots de badinage que les Européens ne tardent pas à apprendre aux colonies. Les jeunes noirs, dont plusieurs étaient drapés avec le reste de pièces de mouchoirs déchirées, paraissaient assez indifférents, n'ayant point l'air de croire, comme on s'est amusé à le dire, que les blancs eussent l'intention de les dévorer : ils n'étaient ni enchaînés, ni attachés d'aucune manière; un blanc et deux noirs commandeurs suffisaient pour les escorter. Quoique leur condition ne soit pas plus malheureuse ici que dans leur pays, je n'ai jamais pu voir une traite de noirs nouveaux sans éprouver un serrement de cœur : ce sentiment a encore été plus pénible quand j'ai vu la traite confisquée au profit du gouvernement, qui n'est pas pour les noirs le meilleur maître qu'on ait à leur désirer.

Après avoir gravi sur le bord opposé de la ravine des Trois-Bassins, on redescend par la montée à Panon, bien rude et bien longue pour les personnes que nous aurons à rencontrer : heureusement il y a quelques arbres sous lesquels on s'abrite contre les feux du jour; mais de la montée à Panon jusqu'au bourg de Saint-Leu, pas le moindre ombrage : de chaque côté du chemin une plaine hérissée de rochers d'une affreuse aridité; au fond de l'encaissement de la grande ravine, dont les remparts à pic sont de lave noirâtre, on ne voit sur le roc desséché que la trace encore récente du torrent; c'est la tristesse et le bouleversement du chaos; entendez-vous la mer, qui se brise en mugissant à l'entrée de la ravine? On franchit enfin le cap des Colimaçons, ainsi nommé à cause des sinuosités de la route autour de ses escarpements, et l'on se trouve tout à coup ébloui par la blancheur des sables sur lesquels le quartier de Saint-Leu est établi.

Saint-Leu, au bord d'une rade peu profonde, sur un attérissement en débris de madrépores, au pied d'un rempart escarpé, est composé d'une cinquantaine de jolies maisons qui ont cependant un air abandonné; elles forment une assez belle rue ombragée de bois noirs dont la verdure contraste avec la blancheur du sable; quelques beaux cocotiers paraissent au-dessus des maisons; d'autres ne sont pas sans effet sur le bord de la mer. Avec une légèreté qu'il n'aurait pas sans doute à présent, M. Bory de Saint-Vincent (1) a supposé que parce qu'ils sont riches, les habitants de Saint-Leu ne doivent pas être hospitaliers: J'adresserai un reproche tout différent aux habitants de ce quartier, c'est de trop bien traiter leurs hôtes, de sorte que ceux-ci sont souvent obligés de remettre au lendemain le voyage qu'ils auraient voulu continuer. Pour moi, qui en étais à peine connu, je fus on ne peut mieux accueilli par M. Dennemont-Duportail; j'en sais plusieurs autres qui se dédommagent comme lui de la tristesse du quartier par le plaisir de l'hospitalité.

À ne voir la partie sous le vent de l'île que du grand chemin, ce n'est, ainsi que vous l'aurez déjà remarqué, qu'un désert affligeant par l'aspect de son aridité; mais, en se don-

---

(1) Voyage dans quatre îles de l'Afrique.

nant la peine de s'élever quelque peu dans la montagne, on retrouve un sol d'une grande fertilité. Les cafeteries qui sont au-dessus du quartier Saint-Leu seraient les plus belles de la colonie, si les habitants donnaient un peu plus de soin à la culture de leurs terres ; quelques-uns des plus riches se sont établis à Saint-Paul ; c'est ce qui les empêche d'avoir l'œil sur leurs propriétés. Dans les hauts de Saint-Leu, la terre est aussi féconde qu'elle l'était à l'époque des premiers établissements ; la nature y conserve encore un air sauvage : j'ai entendu dire à d'anciens habitants qu'ils aimaient à se retrouver dans les cafeteries de ce quartier, parce qu'elles leur rappellent ce que l'île entière était il y a cinquante ou soixante ans.

M. Hoareau, médecin distingué, propriétaire à Saint-Leu, a propagé dans son habitation et dans la partie sous le vent une nouvelle variété de caféier, connue dans la colonie sous le nom de *café Le Roi*. C'est, je crois, la même que celle connue aux Antilles sous le nom de *café d'Éthiopie* ; elles sont l'une et l'autre originaires de la côte orientale de l'Afrique : il y a vingt-quatre ans environ que des grains de celle cultivée à Bourbon furent apportés par un capitaine de marine marchande, et remises à M. Bourdier, ingénieur, qui en fit un semis, et distribua ensuite les jeunes plants à quelques cultivateurs de la partie du vent. La nouvelle acquisition n'attira pas d'abord une grande attention. Il n'y a pas long-temps qu'un habitant appelé M. Le Roy, ayant acheté dans le quartier Sainte-Marie une habitation où la mortalité avait détruit une partie des caféiers, reconnut qu'elle avait épargné un carré d'une espèce particulière, qui n'était autre chose que le caféier d'Afrique : cela détermina plusieurs colons à en introduire la culture dans leurs propriétés : le succès répondit à leurs espérances. Le caféier d'Afrique a le port d'un arbre d'ornement; il s'élève en pyramide; ses branches se détachent toutes d'une tige commune; leurs nœuds sont beaucoup plus rapprochés que dans le caféier d'Arabie, ce qui en rend le produit beaucoup plus abondant; il se plaît dans les régions élevées et même un peu froides : cette variété serait peut-être, par cette dernière raison, susceptible de se naturaliser dans la partie méridionale de l'Europe. Le grain est plus allongé que celui de l'autre caféier; il est plus amer dans la nouveauté; la différence n'est pas sensible quand il a vieilli; il est également riche en parfum et en extrait. De tous les quartiers de la colonie, Saint-Leu est celui qui produit le plus de café, et peut-être le meilleur café.

En sortant de Saint-Leu, le chemin continue au bord de la mer jusqu'au ruisseau des Avirons, où l'on trouve un petit courant d'eau; c'est à peu près le seul que l'on rencontre depuis Saint-Paul. Les habitants de la partie sous le vent sont presque partout obligés d'aller chercher l'eau à une grande distance. Il serait aisé d'amener au quartier Saint-Leu une source assez abondante qu'on ferait descendre des habitations. Après avoir passé le ruisseau des Avirons, que je vous plaindrais d'avoir à franchir les dunes de l'étang salé! Ce sont des montagnes de sable qui semblent vouloir envahir les cultures des coteaux plus élevés; le chemin n'y est marqué que par de vigoureux pieds d'agave auxquels j'ai précédemment donné le nom d'aloès, et par des pignons d'Inde, qui les uns et les autres prospèrent dans les terrains les plus frappés de stérilité. De la cime de ces montagnes de sable mobile, qui sert de lisière à la terre ferme, on domine sur une plaine encore de sable, qui se confond bientôt avec la mer; c'est jusqu'au rivage une teinte uniforme et grisâtre dont les yeux sont fatigués; aucune végétation, à l'exception des troncs noircis de quelques vieux lataniers. Au bord d'une petite anse un magasin, quatre ou cinq maisons, paraissent comme un lieu inhabité, c'est ce qu'on appelle le *port de l'étang salé*. Il me semble que je suis transporté sur les rivages de la mer Rouge; il ne me manque qu'un bédouin arabe traversant les sables du désert; à une lieue plus loin, je me crois au milieu des plaines de la France; j'arrive au moment de la récolte du blé, qui couvre les campagnes de Saint-Louis du Gol; les épis sont moins élevés, mais la moisson est bien autrement abondante qu'elle ne l'est en France. A Bourbon on ne sème point le blé à la volée, mais on le dépose par quatre ou cinq grains dans de petits trous; s'il y a plus de peine, il y a aussi plus de produits. L'usage de la charrue est à peu près inconnu dans la colonie; on ne cultive la terre qu'avec *la gratte*, espèce de petite houe, et la pioche; on n'en effleure que la surface pour la préparer à recevoir les semences de blé et de maïs; les cannes à sucre demandent un labour plus profond. Dans le district sous le vent, où les pluies sont rares, il est prudent de ne pas trop défoncer la terre, qui perdrait toute son humidité. On ne pourrait guère employer la charrue sur les coteaux, parce qu'il faudrait enlever ces roches qui soutiennent le sol et lui conservent sa fraîcheur; mais je crois qu'on l'emploierait avec succès dans les plaines de la partie du vent, où un labour plus profond est sans inconvénient, et même dans les bas de Saint-Louis et de Saint-Pierre, pourvu qu'elle ne fît ici qu'ameublir la surface du terrain. Mais en recevant le bienfait de la charrue, les colons ont aussi besoin de recevoir des leçons de cultivateurs européens. Cela fait peine de voir les noirs couper le blé avec de mauvais couteaux, au lieu de le scier avec des faucilles; c'est encore un instrument dont ils ne sont pas exercés à se servir.

La plaine de Saint-Louis du Gol est possédée en partie par quelques riches propriétaires qui commencent à y propager la culture des cannes à sucre; il n'y a que deux ou trois habitations considérables dans la montagne, qui s'élève assez brusquement sur la gauche. Le reste de la montagne et de la plaine appartient à une peuplade d'un caractère particulier chez qui les distinctions du tien et du mien ne sont pas encore parfaitement connues. Le quartier Saint-Louis est celui où, proportion gardée avec son étendue, la population soi-disant blanche est la plus nombreuse : distraction faite des quatre ou cinq grandes propriétés dont je parlais tout à l'heure, les esclaves y sont en moins grand nombre que les maîtres; ils travaillent ensemble à la culture des terres, s'habillant et se nourrissant de la même manière les uns que les autres; mais, ainsi qu'au siècle d'or, les champs n'ayant point de limites, la terre appartient au premier occupant, ce qui fait que les voisins s'entre-tirent parfois des coups de fusil qui retentissent rarement jusqu'aux oreilles de la justice.

Le commerce d'*arack* (eau-de-vie de canne) est le plus avantageux que l'on puisse faire à Saint-Louis du Gol; le luxe y est tout-à-fait inconnu. La plupart des habitants ne portent guère de souliers que les dimanches, encore beaucoup d'entre eux n'en ont jamais eu les pieds embarrassés; ils n'en sont pour cela ni les moins fiers ni les moins braves de la colonie.

Ce quartier fut fondé, il y a un siècle, par le premier Desforges-Boucher qui vint à Bourbon, et qui fut plusieurs années commandant de la partie sous le vent : il avait établi au Gol, pour la compagnie des Indes, une habitation dont il finit par obtenir la concession. Un autre Desforges-Boucher, fils ou neveu du précédent, et qui fut gouverneur des deux colonies, bâtit sur cette habitation un château qui, pour le peu de goût et le genre de construction, ne ressemble pas mal à ceux de la Basse-Bretagne. Le chevalier de Bertin, à qui les souvenirs de son enfance le faisaient paraître magnifique, l'a célébré dans les vers les moins heureux qu'il ait peut-être jamais composés. L'établissement du quartier Saint-Leu, comme paroisse de la colonie, est, je crois, postérieur à celui de Saint-Louis du Gol; il s'appelait dans le principe le boucan de Laleu, du nom de l'un des plus anciens habitants de Saint-Paul qui s'y était retiré : le nom de boucan fut changé en celui de repos de Laleu, auquel celui de quartier Saint-Leu a succédé. C'est ainsi que le boucan de Romulus s'appela par la suite la ville de Mars et de Jupiter.

La rivière Saint-Étienne sépare le quartier Saint-Louis de celui de Saint-Pierre; elle sort d'un profond encaissement pareil à ceux de la rivière du Mât et de la rivière des Galets : on la passe à gué dans la saison de la sécheresse; dans les avalaisons, elle entraînerait à la mer, broyé par les rochers, le téméraire qui tenterait de la franchir. Le lit de cette rivière est d'une grande étendue ; elle se partage en plusieurs bras qui coulent à leur gré dans la plaine ; les roches roulées dont cette plaine est couverte donnent une idée de la force et de la fureur de ces torrents.

Du bord de la route, un peu avant d'arriver à la ravine des Cabris, l'aspect des montagnes est admirable : le gros Morne et le Bénard, séparés par les abîmes de la rivière Saint-Étienne, s'élèvent en face l'un de l'autre comme deux géants qui ont l'air de s'entre-mesurer. Je les vois encore le matin dans toute la pureté de l'atmosphère, me montrant leurs flancs sillonnés de ravines profondes, et leurs têtes blanchies par les frimas. Les montagnes, dont l'âpreté semble s'accorder avec le caractère des habitants du Gol, s'abaissent en pente très-douce jusqu'à la plage de la rivière d'Abord : c'est sous ce dernier nom que le quartier Saint-Pierre est généralement désigné. La plaine, comme dans les bas de Saint-Louis, y est couverte de blés, car la rivière d'Abord, réunie au Gol, est le grenier de l'île de France, où la plus grande partie de leurs grains sont exportés. Cette culture était plus importante autrefois qu'elle ne l'est aujourd'hui.

L'île de Bourbon approvisionnait alors nos escadres et nos établisssements de l'Inde ; le café ne se vendant que cinq sous la livre à la compagnie des Indes, on trouva plus d'avantage à cultiver le blé que le caféier. Mais l'administration, qui avait promis de prendre à un prix déterminé, favorable à l'agriculture, les blés qu'on apporterait aux magasins de l'état, ne tint point à ses engagements ; elle refusa souvent de payer le prix pour lequel elle avait contracté ; de là des querelles entre les administrateurs et les administrés; l'exemple de l'immoralité, donné par le gouvernement, ne fit heureusement que décourager les colons de la rivière d'Abord : ils se sont toujours fait remarquer par leur bonne foi et par leur probité.

Je fus accueilli de la manière la plus cordiale par M. Robin, l'un des plus riches propriétaires du canton : je passai huit jours au milieu de sa famille. Tout le monde est parent dans ce pays-là, du moins il faut le croire, car c'est le quartier de la colonie où il paraît y avoir le plus d'harmonie et le plus d'union entre les habitants ; il n'en est point où les autorités soient en meilleure intelligence : le maire, le juge de paix et le commandant des milices, sont moins des magistrats désignés par l'autorité que des arbitres volontairement choisis par les parties pour juger la plupart des différents : le juge de paix M. Lebidan, et le commandant M. Dehaulme, défèrent à leur tour aux conseils du maire, le digne, le respectable M. Merlo-Tignomont, le modèle de la droiture, du zèle et de l'humanité. Ce qu'il y a d'étonnant à Saint-Pierre, c'est de trouver à l'extrémité de l'île une réunion assez nombreuse qui joint à l'air de franchise et de bienveillance le ton et les manières de la meilleure société. Séparés des autres quartiers par des montagnes et des torrents, les habitants de Saint-Pierre se dédommagent entre eux du mieux qu'ils peuvent de l'isolement de leur position. Le quartier n'est pas beau; c'est une ville en projet dont toutes les rues sont tracées, et où sont éparses quatre-vingts ou cent maisons qui eussent bien mieux fait de se rapprocher. Le terrain des enclos, à peine fermé de petits murs en pierre sèche, n'est couvert que d'un chiendent desséché. On a planté dans les rues quelques bois noirs auxquels la bonne et la mauvaise terre sont également indifférentes : on voit encore quatre ou cinq dattiers dont les fruits sont âcres, et dont les palmes sont brisées par les vents;

quelques maisons sont égayées par un bosquet ou par des allées de grenadiers qui, quoique dans le sable et dans les pierres, poussent avec une vigueur surprenante ; ils s'élèvent à quinze ou vingt pieds ; leur verdure et les belles fleurs dont ils sont chargés contrastent avec l'aridité dont ils sont entourés.

A l'époque de nos succès dans l'Inde, on avait voulu faire de la rivière d'Abord une place de quelque importance, où nos escadres se seraient approvisionnées avec une plus grande facilité ; le gouvernement y avait construit des casernes et de vastes magasins : M. de Tromelin, célèbre ingénieur de la marine, y avait été envoyé pour aviser aux moyens d'y faire un port dont l'exécution serait beaucoup plus difficile aujourd'hui ; le grand et le petit *Barachois* se sont en partie comblés par les sables et les galets : la rade de la rivière d'Abord est ouverte aux brises du sud-est qui soufflent une partie de l'année, et par lesquelles le rivage est desséché. Le mouillage ne vaut rien dans cette rade ; les navires y sont au milieu de la lutte de la brise et des courants ; le port serait en même temps une grande facilité pour leur chargement et pour les réparations dont ils auraient besoin, mais l'établissement de ce port est un projet auquel on paraît avoir définitivement renoncé.

Malgré toutes les difficultés qu'il y avait à vaincre, c'est de Saint-Pierre qu'est sorti le premier et jusqu'à présent le seul grand bâtiment de commerce qui ait été construit à l'île de Bourbon; l'honneur de cette entreprise est dû à M. Robin; le bel exemple qu'il a donné est malheureusement trop coûteux à imiter.

Les bâtiments qui viennent prendre du blé à Saint-Pierre sont obligés, en remontant à l'île de France, de s'arrêter à Saint-Denis, pour y avoir leurs expéditions de la douane: ainsi l'a voulu le démon des écritures, sans que cela fût de la moindre nécessité.

La culture de la canne à sucre commence à s'étendre à la rivière d'Abord; elle accroîtra les richesses de ce quartier. On favoriserait le développement de cette culture en ouvrant un canal pour amener à Saint-Pierre les eaux de la rivière Saint-Étienne; ce canal fertiliserait la plaine qu'il aurait à traverser, et pourrait même servir au mouvement des usines qui s'établiraient sur ses bords. L'exécution d'un tel projet est facile, elle serait peu coûteuse; la dépense serait

couverte par le revenu des premières années:
le gouvernement paraît s'en occuper, mais il
n'a pas assez de confiance dans les habitants :
voulant tout faire par lui-même, il s'éloigne
des administrés les plus intéressés à l'entreprise, et dont il aurait besoin de s'entourer.

Le canton de Saint-Pierre, comme tous
les autres de la partie sous le vent, n'est aride
qu'au bord de la mer : la lisière de savanes
n'y est pas très-étendue; en sortant du quartier on voit commencer les cultures, qui
s'embellissent à mesure qu'on s'élève dans
la montagne, dont la pente est très-douce,
ainsi que je vous l'ai déjà fait observer. On
peut extraire, au moyen de charrois, les produits de la plupart des habitations, pour les
amener à l'embarcadère. Nous pouvons remonter sans fatigue extraordinaire jusqu'à
la hauteur de quatre à cinq cents toises par
un chemin qui coupe l'île en entier, et qui
de Saint-Pierre conduit presque en droite
ligne à Saint-Benoît. Il n'eût pas été possible,
pour traverser la colonie, de frayer une route
dans une autre direction; on eût été arrêté
par des précipices d'une effrayante profondeur. On a nommé cette route le chemin de
la Plaine, parce qu'elle passe sur le plateau

qui sépare les deux mamelons principaux dont, à une certaine distance, Bourbon semble être formé.

J'aurais voulu traverser l'île par le chemin de la Plaine; mes promenades ne me conduisirent que jusqu'au pied de la grande montée, où l'on est à peu près à égale distance de Saint-Pierre et de Saint-Benoît. Les forêts qui couronnent les habitations ne laissent apercevoir que peu de traces de l'homme; elles semblent encore vierges. En suivant le chemin de la Plaine, la beauté, le charme de ces vieilles forêts, me faisaient aller au-delà du but que je m'étais d'abord proposé. La terre y était alors jonchée de fraisiers et de fraises; je n'en ai jamais vu en si grande quantité. Les fraisiers, qui se plaisent dans les montagnes de Bourbon, y ont été apportés au temps de La Bourdonnaye, par M. de la Gourgue, dont la famille perpétuée par les femmes est très-connue dans la colonie.

La Plaine n'est point une surface unie, comme son nom pourrait le faire supposer: elle est chargée de pitons qui s'élèvent isolément comme les *tumulus* des anciens; ils sont couverts d'arbres chétifs qui ne dépassent point les arbrisseaux. Revenu sur mes pas, je gravis à peu près jusqu'à la cime du piton de Villers, ainsi nommé d'un ancien gouverneur : on y jouit de l'un des plus beaux points de vue de la colonie. Quoique éloigné de deux ou trois lieues du cratère du volcan, je distinguais parfaitement et les remparts de son enclos, et ceux de Saint-Joseph et de Sainte-Rose, qui forment ensemble un cirque immense dont le couronnement tombe en ruines. Sur ma gauche, je pouvais compter les chaînes de rochers qui montent jusqu'à la cime du piton de Neige, semblables aux grands ossements d'un corps presque entièrement décharné. Si j'avais eu un compagnon, j'eusse voulu aller jusqu'au cratère ; mais je ne trouvai à Saint-Pierre personne qui fût alors disposé à entreprendre ce voyage : j'ai remis à le faire d'année en année ; il est peu de créoles qui se donnent ce fatigant plaisir : j'ai fini comme eux par ne plus le désirer avec autant de vivacité ; puis il fallait une occasion qui ne s'est point représentée ; j'avais compté, pour faire cette expédition, sur une éruption du volcan, mais il n'y en a point eu depuis que je suis à Bourbon. Je me suis dédommagé avec la relation de M. Bory de Saint-Vincent ; il a fait deux voyages au cratère principal, le premier par les chemins les plus pénibles et les plus dangereux : M. Bory avait toute l'ardeur de la jeunesse et de la curiosité; on m'a assuré que sous le rapport géologique, sa relation ne laissait rien à désirer; il a fait aussi en botanique de nombreuses récoltes dans la colonie, même après les du Petit-Thouars, les Petit-Radel et les Commerson. Presque toujours dans les montagnes pendant la durée de son séjour à Bourbon, il n'a pas été à même d'observer les mœurs et les institutions coloniales; c'est un champ que je n'ai pas moi-même la prétention d'avoir entièrement moissonné.

J'étais allé seul à la Plaine; au milieu de ce désert, éloigné des sentiers frayés, ne voyant plus aucune marque du passage des hommes, mais entouré des monuments les plus hardis de la nature, je me laissais aller à des sentiments confus de plaisir et d'inquiétude. Je ne tardai pas à me retrouver parmi les aimables et bons habitants de la rivière d'Abord. La solitude et le monde me plaisent tour à tour; dans les montagnes de Bourbon, on passe en peu d'instants des frivoles intrigues d'un village ou d'une petite ville à l'isolement le plus absolu.

Le dernier quartier de la partie sous le vent est Saint-Joseph, qui est aussi le plus nouvellement établi; c'est une petite colonie formée par M. Joseph Hubert, avec lequel vous ferez bientôt connaissance : il a doté les nouveaux colons de la culture du giroflier. A Saint-Joseph la nature est encore toute sauvage; les terres y sont fertiles, mais elles passent pour n'avoir pas assez de fond : ce n'est en plusieurs endroits qu'une couche végétale qu'on a peut-être trop tôt dépouillée de ses arbres. La partie du sud de l'île est la plus moderne; les cultivateurs dorment en paix sur les flancs du volcan : si une éruption allait tout à coup les réveiller! De tous les habitants de l'île, ceux de Saint-Joseph sont les plus rapprochés de ce que nous sommes convenus d'appeler l'état de nature; les missionnaires qui les vont visiter, car il y a long-temps qu'ils n'ont eu de curé, les missionnaires se scandalisent de l'innocence de ces bonnes gens, à qui les formalités civiles et religieuses ne semblent pas d'une grande nécessité; ils vivent en paix entre eux, grâce à l'administration qui a fait limiter les terres de leurs concessions.

Saint-Joseph est le quartier le moins commerçant de la colonie; les besoins du luxe n'y sont pas encore connus, quoique certains habitants se distinguent par leur fortune et leurs manières du reste de la population. A Saint-Joseph, les blancs et les blanches dansent encore pieds nus sur la pelouse verte, comme dans les autres quartiers au temps passé. Le girofle et le café sont les principaux produits du canton; l'industrie agricole est susceptible d'y recevoir un plus grand développement : je ne puis vous en parler comme je le souhaiterais, n'ayant point visité cette extrémité de l'île, remarquable, dit-on, par la grandeur et la beauté de ses paysages. Je n'ai point achevé le tour de la colonie par le chemin du grand pays brûlé : vous y auriez vu l'Océan conquis et repoussé par les dernières éruptions. On m'a assuré que rien n'était plus affreux, plus sublime que ces torrents de lave à peine refroidie qui, comme les eaux d'une cascade, semblent couler encore des cimes du volcan dans les abîmes de la mer. On marche pendant plusieurs lieues sur un sol que l'on dirait de fer. Nous serions ainsi arrivés à Saint-Benoît, tandis que nous revenons sur nos pas jusqu'à Saint-Paul, d'où nous repartirons pour visiter les quartiers de *la partie du vent*.

Mais je m'aperçois que je vous fais parcourir la colonie sans vous avoir encore informé de la manière d'y voyager. Les hommes vont ordinairement à cheval; les dames se font porter en palanquin. On ne ferre point les chevaux, pour qu'ils puissent plus aisément gravir dans les rochers : ils sont de race arabe et européenne mélangée, dégénérés par le peu de soin qu'on prend à les élever, et en général très-vicieux : quelques personnes pourtant s'attachent plus particulièrement à leur éducation. Un mauvais cheval coûte cent piastres (500 francs) ; un bon coûte de deux à quatre cents piastres.

Quand on voyage à cheval, on est ordinairement escorté ou précédé de deux noirs domestiques, pour avoir soin de la monture et pour porter dans une petite malle de fer-blanc le linge dont le maître aura besoin ; quant au cavalier, il est en escarpins, en gilet et en pantalon blanc, comme dans sa maison. Il se munit même d'un parasol, dont un esclave est toujours prêt à le débarrasser. De quelque manière qu'on les fasse, les voyages par terre sont très-fatigants à Bourbon, autant à cause de l'inégalité du terrain, que par la chaleur dont on est accablé. C'est en palanquin qu'il est le plus agréable de voyager; il y en a de deux espèces : ceux qui viennent de l'Inde ou de l'île de France sont une longue caisse ayant de chaque côté une portière que des rideaux de soie ou des persiennes ferment à volonté; vernis comme nos voitures, ils ne sont pas moins élégamment décorés dans l'intérieur et à l'extérieur. Les *manchils*, autre espèce de palanquins, sont beaucoup plus simples : ce n'est qu'un petit lit suspendu sous un *tendelet* mobile, avec lequel on se garantit de l'ardeur du soleil. Il n'est guère de femme blanche un peu à son aise qui n'ait son manchil pour monter à l'habitation; un grand nombre ont le véritable palanquin. Quand on a six ou sept lieues, ou un plus grand voyage à faire, il faut avoir de douze à vingt-quatre porteurs qui se relaient tour à tour. Les noirs prennent plaisir à porter le palanquin; ceux qu'on rencontre sur la route aiment à se joindre à la bande voyageuse pour donner un coup d'épaule; ils s'entre-animent par des chansons et par le *tomtam* dont le cortége doit toujours être accompagné. Leur ardeur se ralentit du moment qu'on interrompt leur chanson; le voyageur en est étourdi; je ne sais comment leur poitrine peut y résister. En entrant en ville, c'est un bien autre vacarme; il est impossible de les faire taire, on n'entendrait pas Dieu tonner. Leur chant a le plus souvent pour motif *le coup de sec* qui leur sera distribué, ou ce sont des plaisanteries sur les blancs qui ne paient pas le coup de sec avec assez de générosité. Quelquefois c'est une négresse qui est l'objet d'un chant dans lequel Anacréon n'aurait rien à revendiquer. Chaque bande de noirs a son improvisateur ou son bouffon, comme il y a des *loustigs* parmi les Suisses, ou dans nos troupes, des chanteurs qui animent la marche du régiment.

On fait aussi en pirogue une partie du trajet d'entre Saint-Paul et Saint-Denis, en s'embarquant ou en débarquant à la Possession. C'est pour l'ordinaire de trois à quatre heures du matin qu'on part de la Possession. Cette navigation en pirogue, au pied d'un rempart escarpé, a toujours produit une impression singulière sur mon imagination, surtout pendant un beau clair de lune qui, par l'effet de la lumière et des ombres, fait voir les rochers sous les formes les plus hardies et les plus fantastiques : l'œil pénètre avec une agréable frayeur dans le profond encaissement des ravines. La pirogue court au-devant du soleil, prêt à se lever au moment où l'on débarque à Saint-Denis. A Saint-Paul, il brille déjà de tous ses feux quand il apparaît au-dessus des montagnes ; vu des rivages de la partie du vent, l'éclat de ses premiers rayons est tempéré par les vapeurs de l'horizon. L'instant où le soleil se lève est, sous les tropiques, le plus beau de la journée : il y a dans l'atmosphère une teinte voluptueuse en harmonie avec les arbres à grand feuillage, avec la paix des flots, avec les montagnes dont la cime se perd au firmament : c'est comme au soir le moment où la vie a le plus d'activité.

Qu'on aille à Saint-Denis par terre, ou par mer, on a coutume de s'arrêter à la Possession. Les voyageurs indiscrets font leur station à la sucrerie de M. Rivière, qui a introduit à Bourbon la meilleure espèce de canne, connue sous le nom de canne de Batavia. Ceux qui sentent combien il serait à charge à M. Rivière, ou au bon M. Bausse son gendre, de recevoir tous les passants sur un chemin aussi fréquenté, trouvent un autre asile où il est moins indiscret de demander l'hospitalité : M. Courjon, chez lequel on descend, est un fort honnête homme qui, pour un prix raisonnable, vous donne à souper et à coucher; malgré cela, c'est lui faire une injure, que de le prendre pour un aubergiste; il n'admet à sa table que les gens de bonne compagnie, uniquement pour les obliger. Quand il faut délier les cordons de la bourse, ce n'est pas avec un pareil hôte, qu'on peut se permettre de chicaner. M. Courjon, avec lequel je suis d'ailleurs fort bien, aurait tort de m'en vouloir, si quelqu'un allait lui dire ce que je m'amuse à vous raconter.

La route par terre de Saint-Paul à Saint-Denis court sur la plaine jusqu'au cap de la Possession : alors on gravit une rampe beaucoup plus rude que celle du Bernica. Après avoir franchi quelques ravines qui entrecoupent le plateau de la montagne, nous arrivons au bord de la plus profonde, celle de la grande chaloupe, qui se creuse de trois à quatre cents toises à son embouchure à la mer. On frémit la première fois qu'on descend à cheval les rampes de cette ravine, car il y a des plis où la ligne du chemin forme avec l'horizon, un angle de plus de 55 degrés; mais les chevaux non ferrés ont le pied sûr; on peut dire qu'ils grimpent réellement en remontant de l'autre côté. Quelle route triste et fatigante, que celle de la Possession à Saint-Denis ! De loin en loin, à peine aperçoit-on dans la montagne quelques carreaux en culture ; pourtant le fond de la ravine à Jacques est un agréable réduit ; une petite habitation qu'on y voit placée au bord d'un ruisseau, rappellerait assez une jolie ferme de France, s'il n'y avait pas des girofliers sur le penchant du coteau. On se retrouve bientôt après dans des savanes montueuses où il n'y a guère d'autre végétation que des cierges d'aloès (1) ; elles vont en s'élevant jusqu'au moment où l'on n'est plus qu'à un quart de lieue de la ville de Saint-Denis. L'espace de trois à quatre lieues que nous venons de parcourir est une croupe de montagne qui forme une barrière naturelle entre la partie du vent et la partie sous le vent. Bourbon se partage ainsi en deux colonies adossées l'une à l'autre, qui diffèrent entre elles non moins par le climat, par l'aspect du pays, que par le caractère de leurs habitants.

Fatigués de la montagne, nous nous demandons : Quand verrons-nous cette ville de Saint-Denis dont nous parlons depuis si long-

---

(1) Agaves.

temps? Encore quelques pas, elle paraît tout à coup à nos pieds. Du bord de la montagne où nous arrivons, Saint-Denis se montre à nos regards, aussi étendu qu'une jolie ville de France de sept à huit mille habitants : les maisons sont beaucoup plus rapprochées qu'à Saint-Paul; elles ne sont point entremêlées de dattiers et de cocotiers; cependant les bouquets d'arbres qui en égaient la perspective sont en assez grand nombre, excepté vers le bord de la mer, où les bâtiments semblent être contigus. On n'aperçoit aucun édifice remarquable ; en général les maisons sont d'une élégante construction ; à l'est et au nord, la mer paraît arriver jusqu'à l'entrée des rues de la ville ; on la voit blanchir tout le long du rivage ; les navires à l'ancre ne cessent point de se balancer dans la rade : à Saint-Denis comme à Saint-Paul, le premier regret qu'on éprouve est de n'y point trouver un port.

La rivière, ou le torrent de Saint-Denis, roule à nos pieds entre la ville et la montagne ; le rivage qui nous est opposé est un rempart de peu d'élévation. Un bras de la rivière, amené au bas de ce rempart, arrose de jolis jardins établis sur les fonds que le torrent a abandonnés. Avant de se partager, le courant sort du profond encaissement d'une ravine obscure qui, vers la droite et à peu de distance de nous, coupe dans toute sa hauteur l'escarpement où nous sommes placés. Toutes ces entrées de montagne sont admirables par la hauteur de leurs remparts, et par la constance du temps qui sans doute a voulu qu'aucun monument des hommes ne parvînt à égaler la grandeur de ses ouvrages.

Au-delà de Saint-Denis, la chaîne de montagnes se recule en vaste amphithéâtre jusqu'à Sainte-Rose, le quartier le plus éloigné de la partie du vent. Le bord de la mer est une plaine qui se confond avec des pentes adoucies que dominent les forêts et les cimes sourcilleuses des volcans. Ce point de vue est encore un des plus beaux et des plus étendus de l'île de Bourbon : je ne suis jamais allé à Saint-Denis sans m'arrêter un instant pour reposer mes yeux sur la ville, sur l'amphithéâtre et les riches campagnes de la partie du vent.

Ceux qui comptent leurs pas m'ont dit qu'il y avait dix-huit ou dix-neuf replis à la rampe par laquelle on descend à Saint-Denis; les voyageurs prudents mettent pied à terre ou vont au pas de leur monture : le colonel Keating, gouverneur anglais de Bourbon, descendait la rampe au grand trot de son cheval : c'est un tour de force que je ne conseille à personne d'imiter.

Les avalaisons ont renversé le pont de la rivière Saint-Denis ; on en a rendu le gué plus facile au moyen d'une chaussée qui traverse le fond de son lit ; sur l'un des bords de la chaussée, est un pont de bois pour les piétons, soutenu par des chandeliers de fer qui n'opposent pas trop d'obstacle à la force du courant.

A l'exception de la population indienne, qui n'y est pas dans une aussi forte proportion, la capitale de l'île Bourbon ressemble en diminutif au Port-Louis de l'île de France : les maisons, qui ont l'air moins grand, sont bâties de la même manière, les rues tirées au cordeau. Ce sont les mêmes mœurs, les mêmes vices plus ou moins aimables, les mêmes usages, la même espèce d'habitants ; les esprits y ont des vues plus courtes, parce que le commerce n'y a pas des rapports aussi fréquents et aussi étendus. La ville est assez animée dans les rues voisines de la mer, où sont les établissements de l'état et des négociants. Quoiqu'il y ait de la lenteur dans l'exécution des engagements, les principaux commerçants sont dignes de la confiance des Européens; j'ai coutume de descendre chez leur doyen, le respectable et bon M. Jullienne, dont j'aimerais à vous faire connaître la maison. L'hospitalité que j'en reçois depuis long-temps ne m'empêchera pas de vous dire qu'il n'est pas de négociant plus estimé, plus considéré; ma reconnaissance n'est point flatteuse, elle est même timide, parce que M. Jullienne m'a habitué à me regarder comme de sa famille. Il n'est pas en très-grande faveur auprès de l'administration, que la franchise paraît désobliger: ses concitoyens s'empressent de l'en dédommager.

Depuis quelques années le luxe a fait de grands progrès dans la colonie, particulièrement au chef-lieu. Je n'ose pas assurer qu'il soit ici, comme en d'autres pays, une preuve de travail et de prospérité; c'est surtout dans les colonies qu'il y a beaucoup de riches malaisés; le dérangement des fortunes ne provient pas moins des événements naturels que des institutions politiques qui nuisent à la sécurité des engagements. Le pays de l'esclavage est nécessairement le pays de la vanité. Nos villes de France d'une même étendue que Saint-Denis n'ont en général ni autant de goût dans les constructions, ni autant de recherche dans les ameublements : cependant, comme nous l'avons déjà pu voir du haut de la montagne, il n'est aucun bâtiment public, pas même l'hôtel du gouvernement, qui vaille l'honneur d'être cité : l'église est au-dessous de nos moindres églises de village. Les casernes suffisent à la garnison actuelle; elles servaient autrefois de collége, établissement qui n'a point encore réussi.

Le gouvernement a rétabli le collége dans un local peu convenable à sa destination. Le ministre de la marine avait envoyé dans la colonie des professeurs très-distingués; mais le talent des maîtres ne suffit pas pour former une maison d'éducation, si celui qui la dirige est inhabile au maintien de la discipline, et à coordonner un système d'études approprié aux besoins du pays. Il faut le dire : ceux qui se sont chargés de l'institution du collége sont tout-à-fait étrangers à ce genre d'administration; j'ai ouï dire qu'ils en voulaient à la colonie du peu de succès qu'ils avaient obtenu.

Le climat, les institutions politiques, ne permettent pas ici de prendre en toutes choses la France pour modèle. Pour l'éducation primaire, on avait envoyé à la colonie quelques frères de la doctrine chrétienne : ils se sont chassés eux-mêmes, ne pouvant vivre d'accord entre eux dans un pays où la stricte observation du célibat exaspère les passions haineuses au plus haut degré. Les colonies sont toutes nouvelles; il n'y a point de traditions antiques, presque point d'usages superstitieux; les momeries, les pratiques minutieuses de la dévotion, n'y sont point en crédit; car on ne peut enter les superstitions que sur les superstitions, les préjugés que sur les préjugés : les bons frères rappetissaient l'esprit de leurs élèves, pareils à ces Chinois qui, par un art singulier, arrêtent à la taille d'un nain l'arbre qui serait devenu le mât d'un navire.

Le latin n'est pas d'une grande nécessité dans les colonies; il suffit d'en avoir quelques éléments pour faciliter l'étude du français : les connaissances les plus nécessaires sont celles des langues étrangères. A Bourbon, l'anglais est indispensable pour les rapports avec l'Inde et l'île de France; l'arabe ne serait pas inutile à ceux qui fréquentent Madagascar, et la côte orientale depuis l'équateur jusqu'à Bombay; les mathématiques appliquées à l'hydrographie acheveraient de former les marins; de toutes les sciences, la chimie est la plus essentielle à la colonie pour la meilleure exploitation de ses produits.

L'ordonnateur en chef M. Desbassayns de Richemont, et depuis lui M. Milius, gouverneur de l'île, ont donné une attention particulière au jardin du Roi, qui fait une promenade agréable à l'extrémité de la ville de Saint-Denis. Cet établissement, négligé pendant la durée de l'occupation étrangère, dirigé maintenant par un jardinier élève du jardin des plantes de Paris, a fait depuis quelque temps de nombreuses acquisitions; il est à peu près aussi riche en végétaux d'entre les tropiques que le célèbre jardin des Pamplemousses, fondé à l'île de France par M. Poivre sous la direction de M. Céré; on y voit même quelques espèces que ne possède point le jardin des Pamplemousses, tel est entre autres le vanillier que le ministre de la marine, M. Portal, vient de faire apporter de Cayenne à Bourbon par le capitaine de vaisseau Philibert. L'arbre à thé, déjà connu à l'île de France, sans qu'on en ait encore retiré aucun produit, a été introduit à Bourbon à peu près à la même époque que le vanillier; on le doit à M. Roquefeuille, capitaine d'un vaisseau de commerce, auquel M. Balguerie junior, de Bordeaux, a fait faire le tour du monde. Quelque intéressants qu'ils puissent être, le vanillier et l'arbre à thé ne promettent pas, à moins d'un renversement du système colonial, de donner un jour de grands revenus, parce que leur culture et la préparation de leurs produits demandent des soins minutieux qu'on ne peut attendre des esclaves.

Toutes les expéditions pour nos colonies ne sont pas faites avec un égal discernement; cela est malheureux, parce que la nation à laquelle on a fait payer beaucoup d'écoles, se refuse ensuite à faire des avances pour des objets d'une utilité plus positive. Il y a beaucoup de choses que le gouvernement ne doit point entreprendre; il suffit qu'il les encourage, ou qu'il ne ferme point les chemins dans lesquels on serait tenté de s'aventurer.

Lorsque les îles de France et de Bourbon étaient des fiefs de la compagnie des Indes, chaque colonie, chaque habitation avait ses cultures déterminées par des réglements. Les droits de l'île de France étaient moins limités que ceux de Bourbon, à qui il était défendu de cultiver la canne à sucre, parce que son sol, plus propre à la culture du caféier, semblait devoir y être spécialement consacré; en effet, jusqu'à l'époque de l'ouragan de 1806, Bourbon n'eut point à se plaindre de la restriction mise à son industrie agricole. Les anciennes prohibitions tacitement maintenues ne furent abolies de fait que sous le gouvernement britannique. En sortant de Saint-Denis, nous apercevons les carreaux de cannes, qui couvrent aujourd'hui les plaines de la partie du vent; nous arrivons bientôt aux sucreries de la rivière des Pluies, qui sépare Saint-Denis de Sainte-Marie; quoique j'y aie déjà fait plusieurs voyages, j'ai mes raisons pour vous y ramener au mois d'octobre 1818, au moment où les travaux sont dans leur plus grande activité; nous sommes au milieu d'un champ de cannes : une trentaine de noirs se hâtent de les couper près de la racine avec une espèce de sabre dont ils sont armés; ils émondent chaque tige de ses feuilles dont le terrain reste jonché; les sommités de la canne sont mises de côté pour fournir de nouveaux plants. Ainsi préparées, les cannes sont jetées dans des charrettes attelées de bœufs, qui les transportent au moulin. Nous suivons les charrettes; dans plusieurs sucreries le moulin se montre comme une rotonde couverte d'un toit de joncs et de feuilles de latanier. Trois cylindres verticaux placés à côté les uns des autres y sont mis en mouvement par un manége de mulets : ailleurs, c'est un courant d'eau, lorsqu'on est assez heureux pour en avoir un qui, au moyen d'une roue, communique le mouvement aux cylindres. La sucrerie que nous visitons n'a ni courant, ni manége ; le moulin marche au moyen d'une machine à vapeur ; les trois cylindres avec lesquels la machine s'engrène, au lieu d'être verticaux, sont horizontalement placés ; ils ont un peu plus de longueur que n'en ont les autres. Les cannes, à l'arrivée, sont jetées en tas au pied des négresses chargées d'alimenter le moulin ; les négresses en les étalant présentent les cannes à l'entre-deux des cylindres, qui, tournant en sens inverse, attirent rapidement ces cannes et les rendent broyées de l'autre côté. Pour achever d'en exprimer le suc, une négresse ressaisit les débris de cannes et les fait repasser entre le dernier cylindre et celui du milieu. La canne sort de cette seconde épreuve sous le nom de bagasse ; on la fait sécher au soleil, puis on la met à l'abri sous un hangar, d'où elle va chauffer les fourneaux.

Le jus de la canne tombe sur une table de pressoir, d'où il se rend par un conduit dans un autre bâtiment. Les cylindres horizontaux que vous venez de voir employer n'ont pas plus de force que les cylindres verticaux; le frottement des deux axes de chaque cylindre sur leur point d'appui affaiblit la puissance, même un peu plus que le cylindre vertical, qui tourne sur un pivot. Dans le premier mécanisme, la négresse qui *sert le moulin* distribue les cannes sur la longueur du cylindre; elles retombent toujours en bas par paquet, quand on les présente aux cylindres verticaux, ce qui oblige la puissance motrice à un plus grand effort; les avantages des deux moyens, quant à la force, paraissent à peu près se balancer. Vous aurez entendu dire que les noirs qui passent les cannes au moulin, surtout à la seconde fois, courent le risque, en voulant faire ressaisir tous les débris par les cylindres, d'avoir le bras entraîné, broyé comme la canne elle-même. Cet horrible accident est rare à la vérité; toutefois il est arrivé, d'un instant à l'autre il peut se renouveler; il n'est plus à craindre avec les cylindres horizontaux, parce qu'il est toujours facile d'étendre les cannes sur leur longueur; les mains sont d'ailleurs retenues par une pièce de bois appelée *servante*, qui les empêche d'aller plus loin; ces détails vous sembleront moins arides, en songeant qu'ils vous informent d'un progrès des arts en faveur de l'humanité.

Du moulin nous passons dans la sucrerie proprement dite. Dans celle-ci la *batterie*, c'est-à-dire la réunion des chaudières où le suc de la canne subit ses différents degrés de cuisson, au lieu d'être placée le long du mur intérieur, occupe le milieu de l'atelier, se rapprochant vers l'une des extrémités. Le vesou, qui vient du moulin, est reçu dans un réservoir dont les robinets s'ouvrent sur une première chaudière; de celle-ci, qui est en tête et au-dessus de la batterie, on le décante dans une autre appelée *la grande* ou la *propre*, et qui est ordinairement la première dans la plupart des batteries, la précédente n'étant pas d'une grande utilité; de la grande à qui nous conservons la désignation de première, le vesou repasse dans la seconde appelée *le flambeau*, puis dans une troisième appelée *le sirop*, et enfin dans la quatrième nommée *la cuite*. Le fourneau sur lequel les chaudières sont disposées s'allume en dehors; la construction en est telle, que la plus grande chaleur est sous la cuite, et qu'elle va toujours en s'affaiblissant jusque sous la grande; la bagasse fait un feu très-ardent; la fumée s'échappe en tourbillons, par une cheminée pareille à celle que vous voyez aux pompes à vapeur de Chaillot et du Gros-Caillou.

Les chaudières à sucre employées a Bourbon sont généralement en fonte des fonderies de France, de forme hémisphérique; elles ont l'inconvénient d'être lentes à s'échauffer, et d'interrompre quelquefois les travaux, en éclatant tout à coup; les chaudières en cuivre sont beaucoup plus rapidement pénétrées par le calorique, mais elles ne tardent pas à être rongées par l'action du feu; celles qui sont formées de plusieurs pièces de fer battu se détruisent également au feu, mais elles y résistent beaucoup plus long-temps; elles sont préférables aux deux précédentes; elles ont d'ailleurs sur les chaudières en fonte l'avantage de pouvoir être raccommodées; au lieu d'être arrondi, le fond en est aplati, de manière qu'une plus grande surface recueille ou absorbe une plus grande quantité de chaleur. Ce genre de chaudières est celui qu'on emploie à la Jamaïque; ce n'est point la France qui en fournit de telles à l'île de Bourbon: il faut l'avouer, toutes les machines à sucre qui viennent d'Angleterre ont une supériorité incontestable sur celles qui sortent de nos ateliers; cette observation est vraie, surtout pour les machines à vapeur; celles qu'on applique aux sucreries de Bourbon sont toutes de fabrique anglaise; elles sont traitées avec le même soin, elles ont la même précision que le mouvement d'horloge le plus régulier. Les cylindres, les engrenages, les chaudières qui proviennent de nos fonderies, en comparaison de ceux que font nos voisins, ne sont que des instruments ébauchés ou dégrossis.

Les quatre chaudières de la batterie sont pleines; dans la première ou la grande, le vesou est à peine tiède; dans la seconde il commence à se couvrir d'écumes. La canne, ainsi que tous les végétaux, renferme un mucilage qui, s'il n'était enlevé, rendrait le sucre gras et visqueux; le talent du sucrier consiste à bien connaître la quantité de mucilage contenue dans les cannes de son exploitation; les sucriers n'étant pas tous bons chimistes, ne raisonnent pas également bien leur opération. Après avoir fait, si on le juge à propos, une épreuve séparée, on répand dans la seconde chaudière une certaine quantité de chaux en poudre, qu'on mêle avec le vesou; la chaux se combine avec le mucilage, comme la soude se combine avec l'huile; il en résulte un savon qui s'élève en écume, et que les noirs placés de chaque côté de la batterie enlèvent sans cesse avec de grandes écumoires. Vous voyez pourquoi la seconde chaudière s'appelle le flambeau, c'est celle où l'on s'éclaire sur la quantité de mucilage avec lequel les principes sucrés se trouvent mélangés; vous voyez aussi pourquoi le vesou prend le nom de sirop en passant dans la troisième chaudière; les écumes continuent de monter à la surface du liquide, d'où elles sont enlevées comme à la seconde chaudière. Il y a des personnes qui conservent les écumes pour les distiller, et qui en obtiennent un rhum de médiocre qualité. Le sirop qui commence à s'épaissir passe à la cuite, dans laquelle il bouillonne jusqu'à ce qu'il soit prêt à se grumeler, en l'exposant à un air plus froid. Aussitôt qu'on est arrivé au dernier degré de cuisson, on transvase en toute hâte le sirop épaissi dans une chaudière froide, placée à l'extrémité de la batterie; on le reprend avec plus de loisir, pour le répandre sur une grande table à rebords, où il se concrète, et d'où on le transportera dans les formes qui occupent un bâtiment voisin.

De tous les travaux de colonie celui de la sucrerie est le plus actif et le plus intéressant:

tout marche de concert avec une égale promptitude; un habile sucrier, tel que celui avec qui nous sommes, n'est point un homme ordinaire; toutes ses forces sont distribuées dans une juste proportion : tant de noirs à couper les cannes, tant d'autres à les charroyer; tel nombre au moulin, et tel nombre à la batterie; ces derniers sont les plus intelligents. Le blanc chargé de la confiance du maître, si ce n'est pas le maître qui dirige lui-même les travaux, a constamment les yeux sur la batterie, ses ordres sont sur-le-champ exécutés; le mouvement n'est point interrompu : voyez-vous les noirs avec des poêlons transvaser de chaudière en chaudière le vesou, le sirop et la cuite, ou, armés de spatules, agiter sans cesse le liquide, ou l'écumer avec leurs grandes écumoires? Une épaisse vapeur d'une odeur agréable s'élevant de la batterie, se tient suspendue au-dessus de nos têtes, et sort par les ouvertures horizontales pratiquées de chaque côté du toit. Il m'est arrivé plusieurs fois de passer ma journée dans une sucrerie, sans y trouver un instant d'ennui. Les noirs se relaient à des heures fixes, pour prendre du repos, lorsque les travaux se continuent durant la nuit. Dans quatorze à quinze heures de temps un sucrier actif, qui a de grandes forces, peut dans une seule usine faire de six à neuf mille livres de sucre : on est parvenu à ce dernier résultat dans la sucrerie où nous sommes ; je n'ai pas ouï dire qu'on ait jamais obtenu dans les Antilles françaises une aussi grande quantité de sucre dans un temps aussi limité.

Je n'entre point dans le détail des autres opérations qui achèvent la fabrication du sucre, parce que je ne ferais que copier les livres qui en ont parlé. Le beau sucre de Bourbon est celui qui est blond, s'approchant de la couleur nankin, brillant à l'œil, doux sans être gras au toucher. Le sucre qui a trop de chaux est rude et d'un blanc sale : la saveur sucrée ne se fait pas autant remarquer.

M. Charles Desbassayns, fils de la bonne madame Desbassayns que vous avez déjà le plaisir de connaître, est le créateur des sucreries à l'île de Bourbon : son établissement fut formé au lieu même où nous sommes, dans le courant de l'année 1813 : ce fut lui qui, à défaut de courant d'eau, se servit le premier de manéges de mulets, dont l'usage n'était pas connu à l'île de France. Ses ateliers, où il a progressivement amélioré les moyens de fabrication, sont peut-être les plus beaux de la colonie. Doué d'un esprit entreprenant, instruit aux arts chimiques par notre célèbre Vauquelin, après avoir fondé sa sucrerie, M. Charles Desbassayns se fit un plaisir d'initier les autres colons dans la connaissance de ses procédés : son moulin, sa batterie, servirent de modèles; les usines qui se sont multipliées depuis quelques années ont presque toutes été construites d'après ses conseils, et même sous sa direction. C'est à son frère Joseph que la colonie a dû en 1817 l'introduction des machines à vapeur. Les deux frères ont conquis à leur pays l'industrie de l'étranger : dans aucune autre colonie française l'exploitation de la canne à sucre ne s'opère par des moyens aussi parfaits que ceux de l'île de Bourbon.

Le quartier Sainte-Marie, où demeure M. Charles, sur une des plus belles habitations de la colonie, n'est qu'un village qui a quelques jolies maisons aux environs de son église; les autres sont répandues dans la campagne. A peu de distance au-delà du village, la route fait un peu le coude pour doubler une espèce de cap formé par l'extrémité d'un coteau; elle s'élève à quelques toises au-dessus de la plaine : Voilà la France! m'écriai-je involontairement en arrivant pour la première fois au sommet de la petite élévation;

en effet, j'apercevais une plaine et des coteaux présentant, avec une physionomie à peu près pareille, tout ce que la Touraine et la Normandie peuvent offrir de richesse et de beauté : je découvrais toute l'étendue de Sainte-Suzanne, et la partie de cette paroisse à qui ses habitants, à raison de la ressemblance, ont donné le nom de quartier Français. Je passai la première journée de mon voyage chez M. Charles ; la seconde chez M. Joseph Desbassayns : ce dernier, quoique un peu trop hardi dans ses entreprises, ce qu'il m'excusera sans doute de vous apprendre, est l'un des agriculteurs les plus habiles et les plus expérimentés de l'île de Bourbon : c'est à lui qu'on doit le meilleur système de culture pour la canne à sucre. Vous n'avez pas oublié qu'il avait introduit les pompes à vapeur (1).

Le lendemain j'allai à une lieue plus loin dans ce beau quartier Français demander à dîner à Mme Bellier-Villantroys, l'une des plus aimables femmes et des plus respectables

---

(1) Les machines à vapeur pour les sucreries se sont multipliées à Bourbon depuis mon départ; dernièrement, quatorze ont été expédiées par les soins de M. Puissant, ancien administrateur, devenu habitant de la colonie.

mères de famille de la colonie. Mme Villantroys s'occupait à établir une sucrerie ; d'autres habitants de son voisinage se hâtaient comme elle d'achever leurs ateliers pour l'exploitation des cannes dont la campagne se couvrait de tous côtés.

Il n'y a point de culture qui ait un air plus riche que celle de la canne à sucre ; plusieurs fois, du haut d'une colline ou d'un piton, je me suis arrêté à contempler les belles campagnes de la partie du vent, surtout au moment où les vapeurs du matin, se confondant à la fumée des sucreries, s'élèvent au-dessus de la plaine comme une émanation de son abondance et de sa fertilité. Ce n'est point ici comme au rivage de la partie sous le vent : les terres sont cultivées jusqu'au bord de la mer ; les habitations sont entourées de haies vives en jamrosa, en sapan épineux, et en citronnier combava ; les grands chemins s'ouvrent sous un berceau de verdure ; de jolies cases se montrent non loin les unes des autres au travers des bouquets d'arbres qui les environnent ; on croirait être au printemps des plus beaux pays de la France, si l'on n'apercevait d'un instant à l'autre le palmier, dont la tête s'épanouit et se balance dans les airs, si l'on ne rencontrait le noir d'Afrique, qui détruit tout à coup l'illusion à laquelle on aimerait à s'abandonner; les cafeteries s'entremêlent aux sucreries; les girofliers sont plantés en avenues ou distribués en quinconces sur le penchant des coteaux.

Les maisons de Sainte-Suzanne sont, comme celles de Sainte-Marie et de Saint-André, que nous verrons bientôt, dispersées dans la plaine et sur le penchant des montagnes; le chef-lieu de ces quartiers est Saint-Denis, où se dirigent tous leurs produits. Sainte-Suzanne et Sainte-Marie, en raison de leur étendue, sont les plus riches cantons de la colonie; dans toutes les habitations on trouve les mœurs et le ton de la meilleure société; la ville est répandue dans les campagnes; je ne sais si dans les autres colonies, il y a autant qu'à Bourbon et à l'île de France d'hommes remarquables par leurs connaissances et leur éducation. Sainte-Suzanne est la patrie du poète Bertin, fils d'un gouverneur de la colonie; du côté maternel, il reste encore dans le pays plusieurs de ses parents. C'est aussi à Sainte-Suzanne qu'est né M. de la Serve, auteur du livre de *la Royauté selon la Charte*.

Petit-Radel, faisant le tour de l'île, entra chez un habitant notable de Sainte-Suzanne, auquel il était particulièrement recommandé : l'habitant, occupé à se faire la barbe, fit signe à son hôte de l'excuser et d'attendre un moment. Petit-Radel aperçoit un pupitre sur lequel un cahier de musique était ouvert : il fredonne, tire un flageolet de sa poche, prélude et exécute le morceau qui était sous ses yeux. L'air était dansant, le joueur de flageolet reprend la ritournelle; l'habitant n'y tient pas : la serviette sous le menton, la barbe à moitié faite et le rasoir à la main, il marque d'abord le mouvement, puis se met tout à coup en danse : Petit-Radel, sans s'interrompre, joue avec plus de feu et d'expression; ils s'animent tous deux de plus en plus, reprenant de nouveau l'air et la danse, jusqu'à ce que n'en pouvant plus, l'habitant essoufflé demande au savant à quelle personne il avait l'honneur de parler. Petit-Radel se nomme. « On m'avait bien dit que vous étiez un original. — Et l'on ne m'a pas trompé, répond Petit-Radel, en m'apprenant que vous n'étiez pas moins original que moi. » Ils s'étaient parfaitement convenus avant de s'être adressés un seul mot.

C'est à Sainte-Suzanne et à Sainte-Marie

qu'on trouve les plus beaux fruits de la colonie; les arbres y sont généralement plus soignés que dans la partie sous le vent. Les fruits de Bourbon l'emportent sur ceux de l'île de France. On mange les meilleures mangues à Sainte-Marie; à Sainte-Suzanne furent plantés les premiers mangoustans, qui passent pour le fruit le plus délicieux de tous les pays d'Orient.

Après Sainte-Suzanne vient Saint-André, dont les terres, à l'exception de quelques grandes propriétés, se partagent entre un nombre considérable de petits habitants. Séparé de Saint-Louis du Gol par des montagnes inaccessibles, Saint-André lui ressemble pourtant assez sous le rapport de la grande division des terres, et du caractère de ses habitants. Dans le principe, il y eut beaucoup de prolétaires à Bourbon; comme ils surchargeaient les quartiers de Saint-Paul et de Saint-Denis, on s'en débarrassa en leur concédant les quartiers qu'ils occupent aujourd'hui, et où ils n'ont pas cessé de faire preuve de fécondité. Saint-Joseph se forma de même du superflu de la population de Saint-Pierre et de Saint-Benoît, qui sont comme deux autres petits chefs-lieux.

La rivière du Mât est la limite de Saint-

André et de Saint-Benoît : le passage en est, comme celui des rivières de Saint-Étienne et des Galets, impossible au temps des avalaisons ; son lit est resserré entre des rochers, ce qui donne la facilité d'établir des culées et d'y jeter un pont d'une seule arche de cent à cent trente pieds ; le projet en est conçu depuis long-temps ; le gouvernement actuel s'occupe de son exécution. Ce pont sera d'une grande utilité pour le transport des denrées, que l'on effectuera au moyen de charrettes, au lieu de se servir de noirs comme on l'a fait jusqu'à présent.

J'employai deux jours pour aller de la rivière du Mât à Saint-Benoît ; vous voyez que je voyage lentement, faisant d'une lieue à une lieue et demie par jour, parce que je parcours le pays dans tous les sens. J'avais été engagé par M. Langlois d'Ableville à séjourner à son habitation du Bras-Panon ; il eut la bonté de m'accompagner chez plusieurs de ses voisins, où je ne pouvais paraître avec une meilleure recommandation. M. d'Ableville est si bon, si obligeant, qu'il eût gravi avec moi dans les montagnes, si je n'avais eu quelque égard pour son embonpoint. Il fut mon introducteur auprès de M. Joseph Hubert, chez lequel nous arrivâmes le surlendemain. On continue de voyager dans un jardin, depuis la rivière du Mât jusqu'à la rivière des Marsouins, au bord de laquelle le quartier Saint-Benoît est établi ; les chemins sont bordés de haies de rosiers et d'orangines qui sont presque toujours en fleurs; l'air est rempli des parfums du giroflier. Du bord de la route nous ne cessons de voir la chaîne des montagnes qui se reculent vers la droite; les yeux pénètrent dans le profond encaissement de la rivière du Mât, et arrivent jusqu'aux cimes du piton de Neige; à l'entrée de la ravine, le morne du Bras-Panon tranche par ses âpres saillies sur les montagnes qui fuient derrière lui; élevons nos regards sur les pentes adoucies de Saint-Benoît, et redescendons dans la plaine qu'un rideau de palmiers semble fermer à l'horizon.

M. Joseph Hubert demeure un peu en-deçà du quartier; sa jolie maison du Boudoir est précédée d'une avenue que forme la séparation de deux quinconces, l'un de palmistes et l'autre de lataniers. Le derrière est un petit bois composé des arbres les plus précieux de la colonie : on les croirait rassemblés par la nature elle-même, autour de celui qui leur a donné presque à tous une nouvelle patrie.

Le lendemain nous passâmes la rivière des Marsouins, voulant voir le quartier, faire notre visite à M. Hubert Montfleuri, frère de M. Joseph, et monter à l'habitation de ce dernier, qu'il appelle le jardin du Bras-Mussard.

Le quartier, ou la petite ville de Saint-Benoît, est un peu plus étendu que Saint-Pierre; presque toutes les maisons, spacieuses, ont un étage au-dessus du rez-de-chaussée; leur ameublement est en général d'une grande simplicité; elles ne sont point éparses dans une savane aride, mais entourées de jardins qui semblent entre eux n'en former qu'un seul, ayant des allées bordées de haies vives, à peu près à hauteur d'appui. Des cocotiers et d'autres palmiers, des bananiers et des papayers, qui font toujours si bien partout où ils sont placés, s'entremêlent avec les bâtiments du quartier; cependant celui-ci, malgré la vie que lui donnent ces beaux arbres, paraît un peu abandonné. Il y a une anse non abritée, où l'on embarque pour Saint-Denis les différents produits du canton.

M. Hubert Montfleuri habite au-delà du quartier; il a près de six pieds, se tenant fort droit malgré ses soixante-douze ou soixante-quinze ans. Je n'ai vu personne qui, au milieu d'une nombreuse famille comme celle dont il est entouré, me représentât mieux les patriarches de l'antiquité. J'ai eu bien du regret de ne pas demeurer chez lui aussi long-temps que je l'aurais désiré. Parmi les enfants du beau vieillard, il y en avait un que la commune de Saint-Benoît avait chargé de la construction d'un pont sur la rivière des Marsouins, qui peut avoir deux cents pieds de largeur, et dont le gué est très-dangereux dans la mauvaise saison. M. Montfleuri fils mourut avant d'avoir mis ce projet à exécution : au lit de mort, il dit à son père combien il regrettait de ne pas vivre assez pour construire le pont de Saint-Benoît. Le père regarda les derniers vœux d'un fils tendrement aimé comme une volonté suprême ; il fit faire le pont, non avec les deniers de la commune, mais presque entièrement à ses frais. Ce pont est en bois; les piles sont en madriers étroits qui divisent le courant sans lui opposer d'obstacle, et qui paraissent devoir long-temps résister. Les ingénieurs n'auraient peut-être pas mieux fait. A l'une des extrémités du pont on lit ces mots : *Hubert Montfleuri à la piété filiale.* On lit à l'autre bout : *La commune de*

Saint-Benoît reconnaissante à Hubert Montfleuri.

Ayant remonté par une pente assez rude la rive droite de la rivière des Marsouins, nous ne tardâmes pas à nous trouver à l'habitation du Bras-Mussard : entrons avec un sentiment de reconnaissance sous l'ombrage de ces muscadiers et de ces girofliers; pénétrons sous ces hautes charmilles de jamrosa qui entourent des carrés où sont réunis les arbres les plus précieux de l'Asie et des îles du grand Océan : à presque tous ces arbres se rattache un souvenir; nous arrivons jusqu'à une petite case qu'on prendrait en France pour une jolie maison de jardinier; il y a sous la varangue un tronc d'arbre que l'on y a mis à l'abri des injures de l'air : c'est celui du premier giroflier que M. Poivre envoya à l'île de Bourbon; il en confia le jeune plant aux soins de M. Joseph Hubert : celui-ci m'a fait voir le panier dans lequel il lui fut apporté. Le premier giroflier, après avoir produit dans une année jusqu'à cent vingt-cinq livres de clous, mourut de vieillesse entre les enfants dont il était environné. Tous les autres arbres à épices qui croissent sur l'habitation, le muscadier, le cannelier de Ceylan, le ravend-sara de Madagascar, sont aussi des enfants des premiers plants qui furent également déposés entre les mains de M. Joseph Hubert soit par M. Poivre, soit par M. Céré, directeur du jardin de Monplaisir.

M. Joseph Hubert, correspondant de l'Institut, est un naturaliste agriculteur qui s'est formé lui-même; les arbres à épices ont été l'objet particulier de ses études et de son affection. Le muscadier ne réunit point les deux sexes; dans les semis que l'on fait, il naît beaucoup plus de mâles que de femelles; on ne peut reconnaître leur différence qu'à l'époque de la première floraison. Après une attente de plusieurs années, l'espoir du cultivateur est souvent trompé. On avait bien trouvé le moyen de greffer les femelles sur les mâles; M. Joseph Hubert essaya de faire des marcottes en abaissant autour du pied les jeunes branches du muscadier femelle : son essai réussit au gré de ses désirs; par ce moyen, il fit de chaque pied femelle une mère de famille entourée d'enfants qui devaient tous rapporter des fruits. Le procédé de M. Joseph Hubert a été adopté par tous ceux qui cultivent le muscadier.

Le giroflier est un arbre extrêmement délicat, qui redoute surtout les ouragans; à

Cayenne, on a, dit-on, coutume de l'étêter : cela ne suffirait pas à Bourbon pour le garantir contre l'action du vent. A trois ou quatre pieds de terre, sa tige se partage et fait la fourche. On a remarqué que dans les ouragans le vent faisait éclater le giroflier à la fourche : M. Joseph Hubert a pensé qu'il fallait dès l'enfance de l'arbre sacrifier un des bras de la tige, l'autre ne manquant pas de profiter de toute la sève qui se serait partagée entre les deux. Il a encore indiqué un autre moyen qui n'exclut pas le premier : c'est de planter trois girofliers aux trois extrémités d'un triangle, les rapprochant assez pour que leurs branches se confondent, et pour qu'ils se prêtent un mutuel appui. Les produits seront moindres, mais du moins les arbres seront assurés ; d'ailleurs trois jeunes plants ne coûtent pas beaucoup plus et n'occupent guère plus de place qu'un seul. Ces diverses expériences faites par M. Joseph Hubert ont dû nécessairement réussir.

L'île de Bourbon peut rapporter maintenant jusqu'à douze cent mille livres de girofle; mais le giroflier est l'arbre dont les produits sont le plus incertains; son rapport de plusieurs années est quelquefois presque nul; la colonie, année commune, n'en livre pas au commerce plus de deux cent vingt à deux cent trente milliers. Une bonne année en girofle suffit au propriétaire pour payer le prix de son habitation. Cette incertitude des revenus, jointe aux autres incertitudes de l'avenir, a empêché la culture du giroflier de s'étendre autant qu'on était en droit de l'espérer, à une époque plus favorable aux colonies que ne l'est celle d'aujourd'hui. La culture du muscadier est presque insignifiante à Bourbon; il y a dans le commerce un préjugé contre les muscades de cette colonie, parce qu'elles sont longues au lieu d'être rondes comme celles des Moluques. L'ignorance est la seule cause de ce préjugé.

Nous revînmes au boudoir de M. Joseph Hubert, avec lequel nous parlâmes longtemps de ses élèves du Bras-Mussard, ce qui nous fit passer la seconde journée plus agréablement encore que la première. Il nous raconta l'histoire de chacun des plants qui lui avaient été confiés; il a vieilli auprès d'eux, avec eux, comme la divinité tutélaire que les anciens attachaient à chaque arbre d'une forêt ou d'un verger. On voit chez lui le portrait de M. Poivre, qui fut son ami; il entretient une correspondance suivie avec sa veuve,

Mme Dupont de Nemours. Tout rappelle dans sa demeure ce bienfaiteur des colonies, qui lui a transmis ses vertus. M. Joseph Hubert est, ainsi que le célèbre intendant, une sorte de providence pour tous ceux dont il est entouré. C'est un vieillard d'une santé robuste; la gaîté de son imagination, jointe à la bonté de son cœur, rend sa conversation tout-à-fait aimable. Je crois qu'il a quelque amitié pour moi; je lui rends ce sentiment avec le respect que son grand âge doit inspirer.

Après avoir embrassé M. Joseph Hubert, et lui avoir bien promis de ne pas l'oublier, laissant la grande route, nous revînmes M. d'Ableville et moi à travers champs, c'est-à-dire, en parcourant les habitations du penchant de la montagne, jusqu'aux bords de la rivière des Roches, à la maison de M. Delcy-Fin. Il ne peut exister dans le monde de pays comparable à la partie du vent de l'île de Bourbon; les bords de la rivière des Roches l'emportent encore sur ce qu'il y a de plus remarquable par sa richesse et par sa beauté dans les campagnes de Sainte-Suzanne, dans les bosquets du Boudoir, et du Bras-Mussard. Je voudrais, monsieur le comte, que vous pussiez tout à coup vous trouver transporté sous le grand arbre à pain qui occupe à peu près le milieu de l'habitation de M. Delcy-Fin ; il n'en est point de plus beau dans toute la colonie (1) ; des groupes de muscadiers, chargés de leurs fruits entr'ouverts, s'inclinent alentour ; ils sont séparés par des girofliers, dont les pyramides ont trente et quarante pieds de hauteur ; le giroflier, avec ses feuilles luisantes qui se peignent d'une nuance rousse à leur extrémité, couvert de ses fleurs et de ses boutons parfumés, eût été par les anciens consacré au soleil, qui semble l'animer de tous ses feux ; des aréquiers placés aussi dans le cercle de l'arbre à pain, rivalisent de grâce avec les palmistes qui s'élancent d'un rempart peu éloigné : sur le reste du plateau, ce sont encore les mêmes arbres entremêlés d'ouatiers qui produisent une soie dont on fait les plus doux oreillers, de cacaoiers chargés de leurs longues cabosses vertes, jaunes ou pourprées. Le mangoustan, qui porte ces fruits exquis dont je vous ai parlé, a, comme

---

(1) L'arbre à pain a été apporté aux îles de France et de Bourbon par La Billardière.

l'arbre à pain, un cercle, une cour des plus beaux arbres du tropique. Si l'on descend jusqu'au rivage, c'est pour se trouver au pied d'une cascade, au bord d'une eau limpide qui murmure doucement sur un fond de sable et de petits cailloux; les remparts de la rivière, peu élevés de chaque côté, n'ont rien d'âpre ni d'aride; ils sont couverts de lianes en fleurs qui se détachent des arbres et des rochers. En remontant sur la rive opposée à l'habitation, on en voit les plateaux s'élever les uns au-dessus des autres pour offrir aux regards et les sites les plus gracieux, et la plus belle réunion de végétaux qu'il soit possible d'imaginer. On nous a raconté les merveilles de ce jardin délicieux, séjour de nos premiers parents; si un peintre nous en veut tracer le tableau fidèle, qu'il vienne sur ce rivage avec sa palette et ses pinceaux.

M. d'Ableville me reconduisit de chez lui jusqu'à la rivière du Mât, où nous ne nous fîmes pas nos derniers adieux. Je revins à Saint-Denis, charmé de mon voyage, et emportant avec moi une marcotte d'olivier de France; M. Joseph Hubert me l'avait remise pour l'un de nos amis communs, M. Philibert Chauvet, qui est aussi un des cultivateurs les plus zélés et les plus instruits de la colonie; je suis fâché de ne vous l'avoir pas déjà fait connaître, car j'aime à vous inspirer un sentiment de bienveillance pour les personnes qui, comme M. Chauvet, ont une des premières places dans mes affections.

L'olivier a été cultivé autrefois à l'île de Bourbon; il ne fut pas sans doute dans l'intérêt de la compagnie des Indes d'encourager cette culture, qui eût nui à son commerce d'importation. Aujourd'hui que le commerce et l'industrie sont libres, on ferait bien, ce me semble, de propager l'olivier dans la colonie; on en pourrait couvrir les savanes de la partie sous le vent; Bourbon approvisionnerait l'Inde et toute la côte de l'est, avec laquelle les Européens ont des rapports de commerce. Le sol serait propre à cette culture, puisque l'olivier est indigène à la colonie, où il ne croît à la vérité qu'en sauvageon.

L'esprit des habitants de la partie sous le vent est en général peu disposé aux nouvelles entreprises; ils sont encore tels que M. Desforges les dépeignait il y a cent ans :

« Les Bourbonnais, disait-il dans sa correspondance, sont des gens dont le génie est fort particulier; ils sont dociles, à la vérité, mais sans émulation; leur ambition se borne à la vie, à l'habit; toutes autres vues les étonnent, et l'on peut assurer que sans la constante fermeté des officiers à les aiguillonner sans cesse, tout resterait à faire. » Cette apathie, dont M. Desforges ne se rendait pas compte, ne provenait pas seulement de l'influence du climat, mais du système adopté par la compagnie des Indes, peu propre à exciter l'émulation parmi les habitants. Jusqu'à ce jour, l'administration, qui a négligé la partie sous le vent, n'a presque rien fait pour ranimer les esprits engourdis. Il suffirait d'imprimer un premier élan; cependant la paix fait reprendre courage à quelques colons de ce district sous le vent; ils commencent, ainsi que vous l'avez vu, à se livrer à la culture de la canne à sucre, qui n'est peut-être pas la meilleure spéculation que l'on puisse entreprendre pour l'avenir.

La partie du vent a toujours été la plus favorisée par l'administration; les Européens qui arrivent en plus grand nombre à Saint-

Denis qu'à Saint-Paul, apportant plus d'énergie, plus d'activité, retrempent le caractère des habitants : ceux-ci ont des routes commodes pour le transport de leurs denrées, pour les communications avec leur port. On ne remarque point dans le district du vent cette variété de mœurs qu'on observe en passant d'un quartier à l'autre de la partie sous le vent. Dans l'une, les relations avec le dehors sont plus fréquentes, les spéculations sont les mêmes, tout aboutit au chef-lieu ; dans l'autre, chacun se tient isolé, ce qui fait que de la nuance commune des mœurs il en sort une particulière pour chaque quartier. Les émigrations pour France sont plus nombreuses de la partie du vent ; la propriété y change plus souvent de maître ; c'est par cette raison que les arrivants de la métropole y trouvent plus d'emploi pour leur industrie ; mais il faut le dire, cette émulation des anciens et des nouveaux colons n'est pas toujours aussi louable, aussi honorable qu'on pourrait le désirer : il y a des spéculateurs trop pressés de faire fortune, trop peu inquiets de remplir les engagements qu'ils ont contractés. La bonne foi, la probité, ne sont pas des vertus aussi communes au vent de l'île que de l'autre côté des montagnes : plus on s'éloigne du chef-lieu, où il y a d'ailleurs un grand nombre de fort honnêtes gens, plus l'air s'épure; et quand on va jusqu'à la rivière d'Abord, le mot de *banqueroute,* qui a pu résonner sur le chemin, n'y a pas encore été entendu. Il existe entre les deux côtés de l'île une certaine rivalité : les plus pauvres sont envieux de ceux qui ont le plus de luxe et de richesse; il est naturel qu'ils en soient dédaignés. L'administrateur en chef, qui demeure à Saint-Denis, partage bientôt les sentiments des personnes dont il est entouré, et qui ne sont pas toujours l'élite de la population. J'ai connu un gouverneur qui avait rassemblé tant de préventions contre les habitants de Saint-Paul, qu'il ne regardait plus ces bonnes gens, si tranquilles et si obéissants, que comme des factieux et des rebelles; quand il vint les visiter, il fut tout étonné de ne point leur trouver cet air de conspirateurs farouches qu'il leur avait supposé. C'est ainsi que les hommes sont quelquefois jugés par ceux qui les gouvernent : je ne connais de mauvais esprit nulle part; mais il peut y avoir partout des intérêts froissés, des mécontentements qui n'ont que de trop justes motifs, tandis que l'administration fait rejaillir sur les administrés des torts qui ne sauraient jamais être que de son côté.

Je suis, etc.

Ile de Bourbon, octobre 1818.

LETTRE VI.

Détails géographiques.

Monsieur le Comte,

L'île de Bourbon est située à trente-six lieues ouest-sud-ouest de l'île de France, et à cent lieues est de Madagascar; sa position géographique a été déterminée astronomiquement en 1761, par le P. Pingré, qui a fixé la latitude de Saint-Denis, chef-lieu, à 20 degrés 50 minutes 43 secondes sud, et la longitude à l'est du méridien de Paris à 53 degrés 10 minutes; ce qui donne en temps, pour la différence des méridiens, 3 heures 32 minutes 40 secondes.

Dans son plus grand diamètre, qui va de la pointe des Galets à celle de la Table, l'île a environ quatorze lieues de deux mille huit cent cinquante-trois toises; le petit diamètre peut être de neuf lieues; et le contour, en suivant les sinuosités, d'environ quarante-huit lieues. Bourbon, comme je vous l'ai déjà fait observer, est composé de deux montagnes volcaniques, le Gros-Morne, et le piton de Fournaise qui continue d'être en activité.

Le point le plus élevé de l'île est le piton de Neige, qui surmonte le Gros-Morne; mais sa hauteur n'a encore été déterminée ni par des opérations géodésiques, ni à l'aide du baromètre; on peut cependant la porter à dix-huit cents toises, car on aperçoit cette montagne de la petite rivière de l'île de France, lorsque le ciel est parfaitement pur. Bourbon, de cette distance, paraît sous la forme d'un petit îlot accompagné de deux autres qui sont le volcan et le brûlé de Saint-Paul : la cime du brûlé est connue sous le nom du grand et du petit Bénard : elle n'est que de quelques toises moins élevée que le piton de Neige.

Il paraît qu'à des époques reculées, et à la suite de quelque convulsion volcanique, les deux montagnes qui forment l'île se seront affaissées; cette hypothèse résulte de la configuration générale de la colonie, dont les pentes s'élèvent graduellement et se terminent à des remparts presque droits qui reversent dans l'intérieur. Cet enclos, ou plutôt ces enclos circonscrivent plusieurs bassins où les principales rivières prennent leur source : ce sont celles de Saint-Étienne, des Galets, du Mât et des Marsouins : on peut les passer toutes à gué dans les temps ordinaires; le passage, comme vous pouvez vous le rappeler, en est dangereux et souvent impossible dans le temps des ouragans et des avalaisons. L'administration actuelle de la colonie est celle qui a le plus fait pour obvier à cet inconvénient et à ce danger : M. Milius, gouverneur, a entrepris la construction de plusieurs ponts sur les rivières où il était possible d'en établir; mais il y en a d'autres dont les bords et le fond sont de sables et de galets, et dont le cours est si impétueux dans la saison des pluies, que l'on ne peut garantir ni les piles ni les culées, qui seraient fouillées par le remous des torrents. Des hommes éclairés ont proposé de traverser le lit de ces rivières par une chaussée appelée *radier*, sur laquelle l'eau du torrent s'étend au lieu de se creuser une ravine : par ce moyen, l'effort des eaux, partagé sur un grand espace, n'est qu'un obstacle ordinaire qui n'intercepte plus les communications. Plusieurs radiers sont achevés, d'autres sont commencés : on en fait également aux petites rivières où un pont ne serait pas nécessaire, afin de faciliter le passage à gué. Si les travaux continuent, si la bienveillance de l'administration se répand également sur tous les points de la colonie, celle-ci gagnera beaucoup à ces travaux, surtout pour l'extraction de ses produits. Le grand chemin qui fait le tour de l'île n'est praticable pour les charrois que dans le district du vent, et dans quelques parties seulement du district sous le vent; il sera possible avec le temps d'adoucir toutes les rampes pour les rendre praticables aux voitures.

Saint-Denis, Sainte-Marie, Sainte-Suzanne, Saint-André, Saint-Benoît et Sainte-Rose, sont les six quartiers ou paroisses qui forment le district du vent; Saint-Paul, Saint-Leu, Saint-Louis du Gol, Saint-Pierre ou la rivière d'Abord, et Saint-Joseph, forment le district sous le vent. L'administration ne se partage point en deux sections pour chacun de ces districts; c'est la nature qui en a elle-même fait la distinction.

La population de l'île de Bourbon est de quatre-vingt-trois mille individus (1) : dix-sept mille blancs, six mille affranchis, et soixante

---

(1) Voyez le tableau qui est sur la carte.

mille esclaves. Quelques personnes pensent que le nombre des esclaves est plus élevé : les recensements de population n'en portent que cinquante-un mille, et les rôles de contributions de cinquante-six à cinquante-sept mille. Je ne suppose pas qu'il y en ait plus de trois mille soustraits par oubli ou par mauvaise foi à la capitation : cela serait plus d'un sur dix. Parmi les blancs, le nombre des femmes est un peu moins élevé que celui des hommes, non qu'il naisse moins de femmes, ce qui serait contraire aux lois de la reproduction dans les pays chauds, mais parce qu'il est arrivé beaucoup d'étrangers pendant les premières années qui ont suivi la reprise de possession : il n'en vient pas autant à présent. Dans la classe des affranchis, les femmes sont les plus nombreuses. Dans la classe des esclaves, les hommes sont aux femmes dans la proportion de cinq à trois : cela provient principalement de ce que l'importation des hommes est plus considérable que celle des femmes; en prenant dans les soixante mille esclaves de l'un et de l'autre sexe un nombre égal d'hommes et de femmes, on trouvera que dans ce nombre séparé du reste de la population, les naissances ne compensent pas les mortalités.

Si je ne craignais de me jeter dans les erreurs d'une évaluation approximative, j'établirais la différence qu'il peut y avoir à Bourbon entre l'étendue des terrains cultivés et l'étendue des terrains non cultivés ; les premiers forment autour de l'île une lisière d'une lieue et demie de largeur moyenne : cette lisière est interrompue par le grand pays brûlé et par les montagnes du cap Saint-Denis au cap de la Possession.

Les terres cultivées en denrées dites coloniales sont d'un rapport bien autrement considérable que ne le sont les terres de France : le produit net d'un arpent planté en cannes ou en caféiers, est communément de 6, 7 et 800 francs ; un arpent cultivé en coton ne donne pas un produit net de plus de 50 francs : les terres de la colonie ne peuvent toutes offrir les riches produits de la canne et du caféier ; il y a de vastes terrains qui, ne pouvant dédommager des frais de culture, sont presque entièrement en non-valeur.

Sur une belle habitation (1) qui m'est particulièrement connue, chaque esclave produit année commune environ 330 livres de

---

(1) Celle de M. Malherbe, à la ravine à Marquet. Les cotons convertis en valeur de cafés.

café; mais il y a dans la colonie, et surtout dans la partie sous le vent, une bonne moitié de la population esclave qui est loin d'être aussi productive; les noirs qui cultivent le maïs n'en font que 3000 livres, qui pour la valeur ne correspondent pas à plus de 180 livres de café. Ainsi, en prenant un terme moyen, on ne peut pas évaluer la production de chaque esclave à plus de 250 livres de café.

Les denrées dites coloniales peuvent être évaluées à la somme d'environ...... 1,215,000 (1) piastres.

---

(1) Sucre, 80,000 quintaux, à 6 piastres le quintal.................... 480,000 p. (a)
Café, 30,000 balles, à 20 piastres la balle........................... 600,000
Girofle, 220,000 livres, à 0,50ᶜ pi. la livre......................... 120,000
Cacao, 30,000 livres, à 0,10ᶜ pi. la livre............................ 3,000
Coton, 40,000 livres, à 0,30ᶜ pi. la livre............................ 12,000
Indigo, muscade, roucou, ravendsara, etc............................. *Mémoire.*

TOTAL..... 1,215,000

(*a*) A l'époque de mon départ de la colonie, elle ne produisait que 50,000 quintaux de sucre : j'en ai élevé la production au taux

AUX COLONIES ORIENTALES.

Report. . . . 1,215,000 p.
Les rhums et aracks à. . . 100,000
Les denrées céréales, tant exportées que consommées, à la somme de. 647,000 (1)
La reproduction des esclaves à. 432,000 (2)

A reporter. . . . 2,394,000

---

(1) Les denrées céréales sont ainsi évaluées :

Blé, 8,000 quintaux exportés, terme moyen de cinq années d'exportation.................... piastres. 20,000

Maïs, riz, manioc et blé non exportés, évalués en consommation, pour 83,000 habitants, à la somme de 657,000 piastres, dont il faut déduire environ 30,000 piastres pour riz et légumes secs importés; reste............................ 627,000

TOTAL..... 647,000

(2) Produit des esclaves. Dans les bonnes habitations, les noirs sont estimés 150 piastres, prix moyen. En général,

présumé de 1821. La quantité des cafés est estimée d'après les récoltes depuis 1806; les girofles d'après la production de 1815 à 1820; les cacaos et les cotons d'après les récoltes actuelles.

Pour le café, le prix de 20 piastres est au-dessus du prix moyen de dix années, mais il paraît devoir se maintenir communément à cette valeur.

Report. . . . . 2,394,000 p.

Il ne m'est pas possible d'établir le revenu provenant des animaux et du jardinage. . . *Mémoire.*

La quantité du numéraire en circulation ne serait pas aisée à déterminer, parce que les opérations du commerce n'ont pas un cours bien régulier, et qu'une partie de ce capital demeure en non-valeur. *Mémoire.*

La masse brute des produits agricoles est de. 2,394,000

Les frais d'exploitation de toute nature s'élèvent à peu près aux trois septièmes du produit brut : le produit net des travaux agricoles est donc d'environ 1,368,000 pias-

---

on ne peut guère les estimer plus de 120 piastres : ils ne s'élèvent pas au-delà de cette somme dans les inventaires de succession : 60,000 esclaves donnent un capital de 7,200,000 piastres. La reproduction par les naissances n'est guère que de la moitié de ce qu'elle devrait être. L'intérêt légal est de 12 pour 100; réduit de moitié, il n'y aura plus pour le produit des esclaves que 432,000 piastres.

tres, ou 6,840,000 francs (1); les autres branches de revenu ne sont pas aussi faciles à apprécier.

Les esclaves produisant, terme moyen, chacun 250 livres de café qui, réduites en produit net, ne donnent que 143 livres, la production des 60,000 esclaves de la colonie sera, le café estimé à vingt piastres, de 1,686,000 piastres. Je continue de prendre le café comme exemple général de la production par l'esclave. Un noir produit plus de sucre que de café, mais aussi les frais d'exploitation et de renouvellement de bras sont beaucoup plus considérables. La différence de 1,368,000 piastres à 1,686,000 provient des produits agricoles portés pour *mémoire*, et du produit des esclaves qui ne sont pas attachés à l'exploitation des terres (2). Ainsi on

---

(1) Dans une note présentée à M. le ministre de la marine, lors de mon arrivée à Paris, en octobre 1820, les revenus agricoles de Bourbon ne sont pas portés à une somme aussi considérable, parce que la production en sucre était moins forte qu'elle ne l'est aujourd'hui, et parce que le produit des esclaves n'avait pas été porté en ligne de compte; cette note n'était qu'un simple aperçu.

(2) A son retour de Bourbon, M. Milius, gouverneur de la colonie, a annoncé que sous son administration, les revenus de la colonie s'étaient élevés de cinq millions à treize millions; il m'est impossible, en recherchant tous les reve-

peut estimer les revenus de toute nature à l'île Bourbon à une somme ronde de huit millions de francs. J'ai plutôt forcé que je n'ai affaibli les évaluations.

Le revenu du capital employé en achat de terres n'est pas en ce moment le même dans toutes les parties de la colonie : terme moyen, les sucreries donnent environ 18 pour 100 du capital, les cafeteries 12, les terres à vivres 9. Il faut se défier de l'estimation que font les habitants de la valeur de leurs propriétés, parce qu'ayant toujours le désir de vendre, et ne voulant jamais paraître pauvres, ils ne tiennent aucun compte des frais d'exploitation. Je n'ai pas eu égard, dans ces rapports du revenu au capital, à la négligence d'un grand nombre d'habitants qui sont loin de retirer de leurs terres ce qu'ils pourraient en obtenir. Ces derniers ne recueillent pas cinq pour cent de leur capital.

Il n'y a point de fortunes colossales à l'île de Bourbon : on en cite quatre ou cinq dont

---

nus, de les porter à plus de 8,000,000 de francs : l'estimation de 13,000,000 de fr. donné par un administrateur qui n'a probablement pas porté les frais en ligne de compte, fait supposer la colonie plus riche qu'elle ne l'est réellement, et l'expose à être frappée de contributions hors de proportion avec ses forces. (*Lettre publiée dans les journaux.*)

le capital est d'un million de francs à un million et demi, à l'intérêt de 10 à 12 pour 100. La presque totalité de la population des libres ou affranchis vit à la manière des esclaves; parmi les blancs, il en est une grande quantité qui se contentent également de fort peu; le nombre des prolétaires commence à devenir trop considérable; dans le système actuel, la population blanche ou libre suffit à l'étendue de la colonie; celle des esclaves serait seule susceptible d'augmentation.

Où il n'y a que des bras libres, la fortune publique et la fortune particulière s'accroissent par la plus grande division des propriétés; il n'en est pas de même dans les colonies où l'esclavage est établi : le travail n'y étant pas honoré, les divers métiers ne sont exercés que par des esclaves dont il est plus économique d'être le propriétaire que d'avoir à payer leur industrie à leur maître, qui ne la concède pas sans bénéfice. Chaque propriété considérable est une petite colonie où se trouvent les ouvriers en divers genres nécessaires à son exploitation: le charpentier, le forgeron, quittent au besoin la hache et le marteau pour les travaux toujours pressés des plantations et des récoltes. On conçoit que le petit propriétaire ne réunissant pas les mêmes moyens, ne peut obtenir, dans la proportion, des revenus aussi considérables: cette observation s'applique surtout aux colons qui, comme les sucriers, sont à la fois cultivateurs et manufacturiers. Les propriétés coloniales perdent donc de leur valeur en arrivant à une trop grande subdivision.

Si la colonie n'était habitée que par des hommes libres, ils se donneraient sans intermédiaire les secours réciproques dont ils auraient besoin; le travail serait en honneur parmi eux, le système colonial serait tout-à-fait différent. L'administration de la métropole ne me paraît pas faire assez d'attention à la différence qui existe entre une société où règne l'esclavage, et une société qui jouit tout entière du bienfait de la liberté. Le libre qui n'a rien se croit moins déshonoré de voler que de travailler: l'amour du travail manuel est le sentiment le plus difficile à lui inspirer; ce n'est pourtant qu'avec l'amour du travail qu'on fera passer la colonie de l'esclavage à la liberté; ce sont des questions que nous aurons bientôt à examiner.

Dans notre colonie de Bourbon, la trop grande subdivision des héritages non-seulement diminue les produits par la séparation des forces, elle appauvrit encore le sol, comme il est aisé de le démontrer par les faits. Vous avez vu que l'île entière n'était qu'une montagne dont les pentes s'inclinaient plus ou moins vers la mer : dans le principe, les terrains furent concédés par espèces de triangles dont le sommet aigu se confondait avec celui de la montagne, et dont la base se formait par le rivage. En faisant les concessions de cette manière, le motif du gouvernement était de donner à chaque colon un droit ou une part dans les bois qui couronnent les habitations ; et au-dessous, des terrains propres à chaque espèce de culture, à raison de leur élévation. Les partages se sont opérés dans le même système, c'est-à-dire qu'une propriété encore assez large s'est subdivisée en une infinité de rubans qui ont quelquefois deux lieues de longueur, sans avoir plus de deux cents pieds de largeur moyenne. Les bois, partagés en trop petites portions, n'ont pu être régulièrement aménagés ; aussi les a-t-on dévastés. Le reste du terrain, destiné à la culture, a été découvert de haut en bas. La roche dépouillée de terre et de verdure accuse moins l'imprévoyance de l'agriculteur que celle de l'administration : la destruction des bois a fait retirer les pluies, que l'on désire autant qu'on les redoute. Tel a été l'effet d'un mauvais principe consacré par les règlements : il n'était pas nécessaire que chacun réunît les mêmes genres d'exploitation. Dans la plaine qui est au vent de l'île, les concessions ont été distribuées par carreaux ; on a fait de même dans quelques autres parties de la montagne, de cette manière on a été obligé de séparer les héritages par des clôtures transversales qui soutiennent le terrain. C'est un exemple qu'on ne suit point assez.

Le colon est pressé de jouir : il faut que le capital qu'il emploie à l'achat d'une habitation lui soit rendu en moins de dix années. La nature, qui se hâte de produire, lui fait comprendre qu'il ne faut pas se fier à l'avenir : en quelques heures tout peut être détruit ; l'ouragan menace au plus beau moment des espérances ; d'autres orages, que l'imprudence attire, ne seraient-ils pas également à redouter ? Aussi n'est-ce que séduit par de grands avantages qu'on s'est déterminé à former des établissements aux colonies, malgré l'incertitude et le danger.

Un droit sur les marchandises étrangères,

un autre plus modéré sur les cafés à leur sortie, formaient autrefois (1), avec quelques autres perceptions de peu d'importance, la masse des contributions imposées sur l'une et l'autre colonie de Bourbon et de l'île de France, pour leur part dans les frais d'administration générale. Une capitation de trente sous par tête d'esclave (2), à laquelle se joignait un droit pour la vente des boissons, suffisait pour les dépenses de police et d'administration municipale. Les temps sont bien changés : à Bourbon, dans l'inconstance de nos règlements en matière d'impôt, il serait difficile de reconnaître un système suivi et régulier : on reconnaît plus aisément que la plupart des administrateurs, sans qu'il y ait eu pour tous une égale nécessité, ont concouru, à l'envi l'un de l'autre, à l'accroissement des charges de la colonie. Il y a d'honorables exceptions à citer.

Les principales branches du revenu public sont : la capitation sur les esclaves, l'impôt sur les maisons de ville, les patentes, les droits à la sortie des denrées coloniales, ceux

---

(1) C'est-à-dire à l'époque de la reprise de possession par le roi, en 1667.

(2) Faisant de quinze à vingt sous de notre monnaie.

à l'entrée des marchandises françaises et étrangères, les droits d'enregistrement, les produits de la ferme des guildiveries (1), et de la ferme des tabacs.

Les dépenses communales ne sont plus aujourd'hui que le moindre motif de la capitation, qui tient lieu de la contribution foncière, presque impossible à établir dans nos colonies, à cause de l'incertitude de leurs produits. Cet impôt nuit à l'accroissement de la population esclave, non qu'il soit très-onéreux, mais parce qu'il saisit l'enfant qu'il devrait épargner (2).

L'agriculture, qui ne semble frappée que par la capitation, est atteinte par la douane, au moyen du droit sur les denrées qui sortent de la colonie. C'est le cultivateur qui paie ce droit, par le moindre prix qu'il obtient de ses sucres et de ses cafés : en sa qualité de consommateur, c'est encore lui qui supporte, mais d'une manière moins sensible pour lui que décourageante pour le commerce, les droits que paient à leur entrée les marchandises de la France et de l'étranger.

---

(1) Distilleries d'eaux-de-vie de cannes.
(2) La capitation vient d'être réduite à Bourbon.

Pendant la guerre on avait été obligé, pour les besoins du moment, d'accroître quelques branches du revenu public. La loi française sur les droits du timbre et de l'enregistrement, à peu près inconnus aux îles de France et de Bourbon, fut introduite et mise à exécution dans les deux colonies. D'après de nouveaux règlements, on a réduit les droits sur quelques articles. Cette réduction n'a pas été faite de bonne foi, car, en définitive, les perceptions de la régie s'élèvent aujourd'hui à une plus forte somme qu'auparavant. On a recherché tous les articles susceptibles d'être atteints par un droit : cela montre peut-être de l'habileté en matière de fisc, mais peu de jugement en matière de législation. En multipliant les devoirs à remplir, c'est donner lieu à un plus grand nombre de mécontentements et d'infractions, c'est mettre les administrés en lutte perpétuelle avec l'administration. A Bourbon, il semble que l'importance des petites choses fasse oublier les grands et vrais intérêts de la colonie et du commerce; car cette observation s'applique également à notre système de douanes. On n'imaginerait pas combien l'on est tracassé dans ce petit pays par de petites gênes, de petites querelles; cela vous resserre l'esprit, vous aigrit le caractère, et ne vaut pourtant pas qu'on se donne la peine de le raconter.

Si dans notre France il plaisait au gouvernement, pour se nantir de la matière imposable, de contraindre certains manufacturiers à faire dans un magasin commun le dépôt des produits de leur industrie; si la vente de ces produits s'opérait par les soins d'une régie chargée d'abord de s'assurer de l'impôt, et de distribuer ensuite aux manufacturiers le surplus de la vente, à raison des quantités que chacun aurait fournies au magasin : pour rendre l'exemple plus frappant, si les distillateurs de Cognac et d'Orléans étaient tenus de verser leurs eaux-de-vie entre les mains d'un dépositaire général qui en ferait la vente au profit des fabricants, ne serait-ce pas un double monopole, un double abus, un complot que l'administration et le fabricant (1) ourdiraient ensemble contre le consommateur? Tout ce que je viens de dire existe à l'île de Bourbon. La fabrication des eaux-de-vie de cannes connues sous le nom de rhum et d'arack, y est, ainsi que dans les autres colonies, un

---

(1) Cela ne veut pas dire que ce dernier soit volontairement engagé.

objet très-important sous le rapport de l'impôt, du commerce et de la morale publique. Il se fait une grande consommation d'arack par les noirs, qu'il faut soutenir et encourager dans leurs travaux, et par les blancs qui s'adonnent à cette boisson sans en avoir le même besoin. L'ivresse que produit cette eau-de-vie, quand elle est mal faite, est une espèce de fureur; son fréquent usage conduit au plus grossier abrutissement : c'est avec de l'arack qu'on excitera le désordre parmi les esclaves; et, comme on l'a fait observer, sa mauvaise qualité en rendra les effets plus dangereux. On pourrait empêcher cette fabrication si elle n'était qu'une source de revenu pour le gouvernement ; mais elle est indispensable pour les besoins des noirs, pour la provision des équipages, à défaut d'autres liqueurs spiritueuses qu'on ne serait pas toujours à même de se procurer.

C'est dans l'intérêt de la morale publique qu'on prétend avoir établi la ferme et la régie des aracks, afin d'en pouvoir limiter la consommation. Cela pourrait être si la caisse de l'impôt ne s'ouvrait sans cesse pour demander et pour recevoir.

Savez-vous maintenant pourquoi notre colonie de Bourbon ne livre pas au commerce des eaux-de-vie de cannes capables de rivaliser avec l'arack de Colombo (Ceylan) ou avec le rhum de la Jamaïque (1)?

Les tabacs sont aussi l'objet d'une ferme; elle s'alimente avec des tabacs de l'extérieur, et avec ceux de la colonie qui sont d'une bonne qualité lorsqu'on en soigne la préparation. Mais le cultivateur est à la merci du fermier. Ce cultivateur est en général l'esclave qui aurait pris goût au travail, et qui charmait ses soucis en cultivant quelques pieds de tabac autour de sa case : on le tourmente, on l'a découragé. Qui n'a vu, sans être ému de pitié, le gendarme européen maltraiter le petit propriétaire ou le pauvre noir cherchant à se soustraire à la ferme, à l'impôt sur les plus malheureux (2)?

Ces institutions sont nouvelles à l'île de Bourbon. Aurait-on pensé que les fermes, les régies, chassées de la métropole comme les plus grands ennemis de l'émulation et du commerce, se seraient réfugiées dans une

---

(1) L'auteur a soumis au ministère de la marine un moyen très-simple de percevoir l'impôt et beaucoup plus favorable à l'industrie.

(2) Les fermes, inconnues à l'île de France, ont été introduites à Bourbon sous le gouvernement, qui en a repris possession en 1815.

colonie où tous les genres d'industrie qui se rattachent immédiatement à l'agriculture ne sauraient être ni trop libres ni trop encouragés?

Les diverses contributions dont je viens de vous entretenir se sont élevées en 1819 à la somme de 1,400,000 francs, c'est-à-dire, du quart au cinquième des revenus que la colonie faisait alors. Cette charge est trop forte de moitié : la pesanteur du fardeau, jointe au manque de sécurité politique et à l'incertitude des produits, est un nouvel obstacle aux entreprises que l'on tenterait pour l'avenir.

Les bois de construction commencent à devenir rares : on a détruit avec imprévoyance. Les causes que je viens d'expliquer ont empêché de replanter en proportion des besoins. Les bois les plus utiles de la colonie sont le natte (1), avec lequel on construit presque toutes les maisons; le takamaka et le benjoin, qui servent à la marine; le bois puant (2), qu'on emploie pour les magasins et les hangars; il résiste long-temps,

---

(1) Bardottier. (*Nouveau Dictionnaire d'histoire naturelle.*)

(2) Fétidier.

mais il a une odeur infecte qui ne permet pas d'en faire usage pour les bâtiments d'habitation ; le bois rouge (1) et le tanrouge sont employés avec assez de succès pour les bordages et pour les cloisons. On doit à M. Grayll, habitant de Bourbon, et à M. Charpentier-Cossigny (de Palma), ingénieur à l'île de France au temps où M. Poivre en était administrateur, l'introduction dans l'une et l'autre colonie de la grande mimeuse ou bois noir, qui croît dans le sol le plus aride. Le gouvernement pourrait couvrir de bois noirs les savanes qui attristent une partie des rivages de l'île de Bourbon. Ces arbres ramèneraient la fraîcheur dans ces terrains desséchés : les benjoins détruits, et pourtant si utiles, reviendraient également ; on pourrait en encourager la plantation sur la lisière des habitations ; on ferait également bien de multiplier les filaos de Madagascar, qui croissent rapidement et dont la marine aurait à profiter. M. Charpentier-Cossigny, dans son ouvrage tout-à-fait recommandable sur les moyens d'améliorer les colonies, demande avec raison que l'on fasse jouir les pays de la zone torride des

---

(1) Olivetier.

avantages qu'ils peuvent réciproquement se procurer : ces essais auront plus de succès que ceux qu'on ferait avec des arbres de France. Il ne suffit pas à l'administration de faire venir des graines ou des plants des végétaux dont les diverses contrées peuvent nous enrichir; il faut encore que l'habitant des colonies soit intéressé à les conserver et à les multiplier. Peut-être indiquerai-je dans la suite de cette correspondance quelques-uns des moyens qui amèneraient à ce résultat.

Les défrichements, en remontant la montagne, se sont en général élevés à une assez grande hauteur : ce n'est pas sans inconvénient, surtout dans la partie sous le vent, qu'on leur donnerait une plus grande extension; d'ailleurs il ne faut pas dépouiller la terre sans être certain d'avoir assez de bras pour la cultiver : les nuages remontent eux-mêmes à mesure que le pays se découvre. Dans la partie du vent, les mêmes inconvénients ne sont pas autant à redouter : la différence de climat qui existe entre les deux districts de la colonie provient de la hauteur des montagnes et des vents qui ne soufflent que d'un côté.

Les vents généraux dans la région desquels

Bourbon se trouve placé soufflent toute l'année de l'est et du sud-est, excepté dans les révolutions qui ont lieu aux nouvelles et aux pleines lunes, particulièrement depuis le mois de novembre jusqu'à la fin de mars : quoique plus réguliers d'avril à la fin d'octobre, ils sont sujets à des variations que l'on croit maintenant plus fréquentes qu'elles ne l'étaient autrefois : elles ont toujours lieu de l'est vers le nord; la brise commence avec force du sud-est; elle se calme un peu à l'est; elle devient plus sensible au nord-est et au nord; elle augmente du nord-ouest à l'ouest; c'est du sud-ouest qu'elle souffle avec le plus de violence, jusqu'à ce qu'elle revienne en faiblissant au point où elle avait commencé. Dans les mois de mai, de juin et de juillet, cette révolution des vents autour de la boussole ne dure quelquefois pas plus de vingt-quatre heures : du reste, quoiqu'elle tourmente les navires en rade, il n'y a pas sujet de s'en inquiéter.

Cette saison est aussi celle des raz de marée : ce ne sont point alors des vagues multipliées qui se brisent au rivage; la masse des eaux, dont la surface n'est point agitée, semble y être poussée tout entière : la mer gronde sourdement en arrivant au bord de la plage ; elle s'élève, elle se gonfle en un long rouleau qui s'abaisse avec un bruit pareil à celui d'une montagne qui s'écroulerait tout à coup ; de nouveaux rouleaux se succèdent presque sans interruption ; les communications cessent entre les navires et la terre : c'est dans les raz de marée, qui durent ordinairement vingt-quatre heures, que la mer me semble avoir le plus de grandeur et de majesté.

Les vents généraux, ainsi que je viens de le dire, soufflant de l'est et du sud-est, donnent dans le flanc des montagnes qui leur sont opposées : celles-ci étant d'une très-grande hauteur, la brise se partage en deux colonnes dont l'une passe au nord et l'autre au sud : c'est pour cela que les deux extrémités de l'île sont battues par ce vent sec et désagréable dont on se plaint sans cesse à Saint-Denis et à la rivière d'Abord : la partie de Saint-Paul ou de l'ouest jouit au contraire d'un calme qui n'est presque jamais interrompu.

Dans la région des tropiques, les pluies proviennent ordinairement des grains qui sont poussés par les vents généraux ; à Bourbon, l'obstacle des montagnes, quand il ne les partage pas, arrête les grains qui arrosent abondamment la partie du vent, tandis que la partie sous le vent ne peut avoir de pluie que dans la saison des orages, c'est-à-dire de la fin de novembre au commencement d'avril.

La nature étant, sous ce rapport, plus favorable à la partie du vent qu'à la partie sous le vent, c'est dans ce dernier district que le gouvernement doit encourager les plantations qui retiennent les nuages ou conservent l'humidité. En général, les cafeteries de la partie sous le vent ne sont pas abritées; c'est pour elles un bien et un mal tout à la fois : un mal, parce que dans la floraison elles sont exposées à un soleil dévorant; un bien, parce que les grands arbres intercepteraient ou prendraient pour eux les rosées par qui elles sont dédommagées de la privation des pluies. C'est au bord de la mer et au-dessus des cultures que les plantations d'arbres devraient former un double rideau, en ayant soin encore de faire des clôtures en haies vives autour de chaque propriété.

Si la nature est plus belle dans la partie du vent, le climat est plus doux dans la partie sous le vent : de l'un et de l'autre côté de l'île, la chaleur est excessive depuis la fin du mois de novembre jusqu'au commencement du mois d'avril; l'air est pourtant rafraîchi le soir par la brise de terre, et le matin par la brise de mer. On trouve heureusement en montant aux habitations un refuge contre l'excès de la chaleur. M. Gibert-Desmolières, l'un des habitants les plus instruits de la colonie, y recueille chaque année des observations météorologiques; vous trouverez dans une note séparée le tableau résumé de celles qu'il a faites avec le thermomètre et le baromètre pendant l'année 1818 (1). Dans

---

(1) *Observations météorologiques faites à Saint-Denis pendant l'année 1818.*

Nota. L'observatoire est situé à une demi-lieue de la côte : il est élevé de 42,3 mètres, ou 21,7 toises, au-dessus du niveau de la mer.

Thermomètre centigrade.

	minimum.	maximum.	moyennes.
Janvier....	23,95.	28,64.	26,29.
Février....	24,61.	29,79.	27,20.
Mars.....	24,23.	28,44.	26,34.
Avril.....	23,17.	28,76.	25,97.
Mai......	21,53.	27,81.	24,67.
Juin.....	20,48.	26,30.	23,39.
Juillet....	18,22.	25,17.	21,69.
Août.....	18,98.	26,28.	22,63.
Septembre..	20,23.	27,73.	23,98.
Octobre....	21,65.	28,44.	25,05.
Novembre..	23,28.	29,44.	26,36.
Décembre..	24,28.	29,59.	26,93.
Moyennes..	22,05.	28,03.	25,04.

aucune saison je n'ai vu le thermomètre de Réaumur au-dessous de 14 degrés au pied de la montagne ; je ne l'ai pas vu non plus au-dessus de 30 degrés. Nous avons en France des jours aussi chauds qu'à l'île de Bourbon, mais ce n'est pas la même continuité de chaleur : à Saint-Paul, à Saint-Gilles, à Saint-Leu, à l'Étang-Salé, les sables du bord de la

La température moyenne pendant l'année 1818 a donc été de 25°,04 du thermomètre centigrade, ou 20°,03 du thermomètre de Réaumur.

Baromètre métrique en 1818, à la température de o.

	à 6 h. du matin.	à 9 h. ½.	à 3 h. ½.
Janvier	0,75740	0,75764	0,75628
Février	0,75527	0,75599	0,75432
Mars	0,75521	0,75613	0,75402
Avril	0,75857	0,75908	0,75722
Mai	0,75946	0,76099	0,75909
Juin	0,76223	0,76327	0,76150
Juillet	0,76349	0,76385	0,76195
Août	0,76320	0,76373	0,76199
Septembre	0,76154	0,76184	0,76006
Octobre	0,76104	0,76097	0,75953
Novembre	0,75886	0,75888	0,75706
Décembre	0,75759	0,75789	0,75655
Moyennes	0,75949	0,76003	0,75830

La hauteur moyenne du baromètre a donc été pendant l'année 1818 de 0 m. 759488, ou 28 po. 0 l. 68 à la température de la glace fondante ; ou bien 28 po. 4 l., 16 au bord de la mer, à la température moyenne de 20° Réaumur.

mer sont parfois si brûlants que les esclaves n'y peuvent marcher les pieds nus.

Quoique placé sous la zone torride, Bourbon est peut-être l'un des pays les plus sains qui soient dans le monde entier : la salubrité de Bourbon l'emporte de beaucoup sur celle de l'île de France; on ne connaît dans l'une et l'autre colonie aucune maladie qui soit endémique; aux changements de saison, les noirs sont plus que les blancs exposés aux flux de sang, aux affections catharrales; les fièvres tenaces et les fièvres intermittentes sont à peu près inconnues : presque toutes les maladies y sont plutôt l'effet d'imprévoyance que de la maligne influence du climat. On trouve surtout chez les femmes beaucoup d'estomacs délabrés par l'usage immodéré des acides et des aliments trop épicés; par sympathie, la poitrine partage la fatigue de l'estomac. On n'est pas assez attentif au passage d'un air chaud dans un air plus frais : j'ai vu beaucoup de personnes, s'exposant avec imprudence au courant de la brise du soir, être frappées tout à coup de fluxions de poitrine et de rhumatismes aigus. L'arack ou eau-de-vie de cannes dégrade et abrutit un assez grand nombre de blancs, qu'une mort prématurée punit ordinairement de leurs excès.

La bonne mine et la bonne santé que les Européens apportent aux îles de France et de Bourbon, ne sont point pour eux d'un funeste présage, comme aux colonies d'Amérique ; on peut manger de tous les fruits sans crainte d'en être incommodé : s'ils échauffent, ce n'est pas un grand inconvénient; s'ils rafraîchissent, ils tiennent lieu du léger purgatif dont on aurait besoin. Les couleurs des nouveaux arrivés disparaissent, leur sang s'appauvrit par degrés; les tempéraments sanguins sont ceux qui se font le mieux au climat; chez les hommes le tempérament bilieux, chez les femmes le nerveux semble prédominer; le tempérament lymphatique est le plus fâcheux, il charge le corps d'une mauvaise graisse; le mieux, comme partout ailleurs, est de n'avoir ni trop ni trop peu d'embonpoint. Quelle que soit la salubrité du climat, l'espèce des blancs dégénère dans les pays chauds; beaucoup d'hommes s'effilent en grandissant; l'espèce des noirs s'améliore au contraire à l'île de Bourbon; la race croisée des blancs et des nègres jouit d'une heureuse constitution.

La vieillesse n'arrive pas dans les deux colonies beaucoup plus rapidement que dans nos climats tempérés; en général, les femmes blanches se conservent fort bien; il y en a qui étonnent par la durée de leur beauté; elles vivent plus à l'ombre que les hommes : on peut les comparer à la plante d'Europe qui ne prospère sous la zone torride qu'au moyen d'un abri pour tempérer les feux du jour. Les vieillards de l'un et de l'autre sexe n'ont presque point de caducité; la goutte est chez eux beaucoup moins commune qu'en France; ils ont presque tous une aimable gaîté.

Au moment où je vous donne ces détails, les faits semblent en contradiction avec ce que je vous écris : une maladie affreuse vient d'exercer ses ravages sur les îles de France et de Bourbon; depuis le mois d'octobre, elle a enlevé à l'île de France dix à douze mille personnes, particulièrement de la population noire. A Bourbon, les mortalités, beaucoup moins nombreuses, n'ont guère eu lieu que dans Saint-Denis. Cette maladie s'annonce par des vertiges, une lassitude, une atonie générale, des sueurs froides, et des vomissements qui emportent le malade en moins de quarante-huit heures; il y en a qui ont succombé en trois heures de temps. Le corps flétri des mourants se couvre de taches livides. Est-ce un typhus, un choléra-morbus, une maladie épidémique ou contagieuse? les médecins des deux colonies sont partagés d'opinions. Presque tout le monde s'accorde à penser que c'est un typhus pestilentiel.

La frégate anglaise *la Topaze*, revenant de l'Inde au Port-Louis, avait à son bord des matelots attaqués de cette même maladie; dans le doute, les règlements de la police sanitaire n'ont pas été strictement observés: c'est depuis l'arrivée de *la Topaze* que le mal s'est déclaré; il s'est propagé sur tous les points où elle a communiqué; le gouverneur par *interim*, Darling, est accusé par la voix publique de n'avoir rien fait pour arrêter les progrès de la contagion; celui de Bourbon, à la prière des habitants, a fait entourer Saint-Denis d'un cordon de troupes; quant au commandant de l'île de France, il a répondu aux plaintes des plus respectables habitants que le ciel, par ce fléau, les punissait de l'infâme trafic des noirs, auquel ils continuaient de se livrer (1).

Enfin, après trois ou quatre mois, la maladie a cessé : à Saint-Denis un jeune officier

---

(1) Cette maladie ne me paraît pas différente de celle qui a dépeuplé Barcelonne.

de santé, M. Pommier, s'est dévoué au salut public, en s'enfermant dans l'hôpital des noirs, pour leur prodiguer ses soins. Le conseil municipal de ce quartier lui a décerné une médaille d'or et une épée pour récompense de son dévouement. Ce qui ferait croire que la maladie a une cause extérieure, c'est qu'elle s'est affaiblie avant la fin des chaleurs ; il paraît que le climat de Bourbon l'a combattue avec plus de force que celui de l'île de France ; ceux qui se sont élevés dans la montagne n'en ont pas été atteints. On craint que le germe ne se conserve et ne la reproduise à l'avenir.

A l'exception de la famine, la malheureuse île de France a éprouvé depuis quelques années tous les fléaux qu'il est possible de rassembler : au malheur de la conquête, et à la cession de cette belle colonie au gouvernement britannique, succéda l'incendie qui dévora la moitié des richesses de son port ; une maladie jusqu'alors inconnue vient de moissonner du quart au cinquième de sa population ; la rage, également ignorée, a répandu son poison parmi les animaux ; ces malheurs n'ont été interrompus que par d'autres malheurs : chaque année l'île a été ravagée par des ouragans ; il n'y en a pas eu de plus terrible que celui du 28 février au 1ᵉʳ mars 1818.

Les signes auxquels on reconnaît à l'île de France l'approche des grandes tempêtes n'avaient point annoncé l'ouragan ; dans les jours précédents, le mercure des baromètres de la ville était descendu deux fois au-dessous de 28 lignes ; mais le 28 février, il avait repris son niveau ordinaire ; seulement dans l'après-midi, le vent se prit à souffler par rafales ; la force des grains augmenta progressivement jusqu'à la nuit ; cependant peu de personnes conçurent des inquiétudes : souvent dans la même saison, des menaces plus alarmantes n'avaient eu aucun résultat fâcheux ; aussi les marins du port et les habitants des campagnes négligèrent-ils également les précautions que l'on prend d'ordinaire dans la crainte d'un coup de vent : peu de navires renforcèrent leurs amarres ; aucun habitant ne songea à couper les tiges des maniocs pour en sauver les racines. La nuit survint, et l'ouragan commença : le mercure des baromètres descendit tout à coup à 26 pouces 4 lignes ; on ne l'avait jamais vu aussi bas ; plusieurs personnes crurent un moment que leur baromètre était dérangé : ceux qui ne pouvaient s'y méprendre s'attendirent à une grande catastrophe. De quatre heures et demie à six heures du matin, le vent souffla avec une violence dont les effets surpassent tout ce qu'on pourrait imaginer. De soixante-quinze navires qui étaient dans le port, une partie s'échoua sur le rivage, ou se brisa contre les rochers; plusieurs furent démâtés; quelques-uns s'ouvrirent en se heurtant les uns contre les autres; il y en eut un qui sombra au milieu du port, engloutissant avec lui tout son équipage; toutes les petites embarcations furent perdues; on retrouva des pirogues dans les terres, à plus de cent toises de la laisse ordinaire de la mer; elle s'était élevée à douze pieds au-dessus des plus hautes marées. Dans cette confusion, dans ce désastre, qu'on songe à l'obscurité profonde de la nuit qui les rendait encore plus affreux?

Dans la ville, plusieurs maisons d'une grande solidité s'écroulèrent, frappées par les coups redoublés de l'ouragan; la salle de spectacle, bâtiment en bois de cent pieds de longueur, *chassa* de plus de cinq pieds sur le soubassement qui la soutenait; je ne le croirais pas si je ne m'en étais convaincu pas mes propres yeux. Sur une batterie, deux pièces de canon de gros calibre furent tournées en sens contraire de la direction qu'elles avaient la veille; il ne resta pas la moitié des plantations de girofliers; des arbres beaucoup plus forts, tels que les tamariniers qui résistent le plus à la tempête, furent brisés et déracinés; dans les vieilles forêts, des espaces de plusieurs arpents ne conservèrent pas un seul arbre sur pied; la pluie ne cessa de tomber en torrents pendant toute la durée de l'ouragan : elle avait un goût saumâtre; toutes les maisons en furent inondées. Ceux qui abandonnaient leurs demeures étaient entraînés par les rafales, assaillis par les branches des arbres et par les débris; ceux qui restaient dans leur maison éprouvaient de cruelles angoisses, craignant à chaque instant que le vent ne la fît écrouler; plusieurs familles furent ensevelies sous les ruines.

Un habitant, appelé M. Delaunay, occupait une maison construite en bois dont toutes les pièces étaient solidement assemblées : elle avait quarante-sept pieds de longueur; il lui sembla qu'elle était comme enlevée par la force du vent; il s'empressa d'en sortir avec sa femme et ses enfants; les plus forts et les plus courageux des noirs prirent les enfants dans leurs bras; mais à peine avaient-ils franchi le seuil de la porte, que la maison fut réellement enlevée par l'ouragan; M. Delaunay eut le bras droit brisé; son fils aîné et le noir qui le portait furent écrasés; les autres enfants et les autres noirs furent tous grièvement blessés; tous auraient péri si la maison eût été emportée dans la direction qu'ils avaient prise en sortant; elle alla retomber à cent pieds de son soubassement, et se brisa entièrement dans sa chute : le vent en dispersa les débris; les meubles, les effets, tout disparut; des matelas furent retrouvés à plus de six cents toises de distance. M. Delaunay ne fut pas le seul à voir ses enfants écrasés sous ses yeux; d'autres malheureux, surpris entre deux torrents, attendaient avec effroi le flot qui devait les emporter. Le jour éclaira enfin cette scène de désolation; le vent se calma par degrés; s'il eût continué quelques heures de plus avec la même violence, rien n'eût résisté à ses assauts multipliés : il n'y aurait plus eu d'asile ni dans la ville, ni dans les campagnes; le Port-Louis n'eût été qu'un monceau de débris.

Dans l'après-midi du 28 février, le vent varia de l'est-sud-est au sud-est et au sud-sud-est ; il souffla dans cette dernière direction jusqu'à minuit ; à une heure après-minuit il tourna vers l'est ; au point du jour il était au nord-nord-est et au nord ; il se calma en passant au nord-ouest (1).

L'île de France fut surprise par l'ouragan : il s'annonça à Bourbon plus de vingt-quatre heures d'avance par les signes les plus capables d'effrayer ; le calme le plus profond régnait sur la mer et sur l'île entière ; depuis plusieurs jours, l'azur du ciel avait pris une teinte grisâtre ; la chaleur était insupportable ; dès la veille du 28 février, on avait entendu les bois *ronfler* dans la montagne ; dans la journée du 28, l'horizon se rembrunit par degrés, jusqu'à ce qu'il devînt entièrement noir ; au coucher du soleil, dont le disque tout le jour avait été rougeâtre et sans éclat, les baromètres commencèrent à baisser ; on donna l'ordre dans les habitations de couper la tige des maniocs et le feuillage des bananiers et des papayers ; le

---

(1) Extrait des relations publiées par les journaux de la colonie.

lendemain matin à six heures, l'ouragan ne s'était pas encore déclaré; sans que l'air fût agité, les *barbes de chat* coururent bientôt du sud-ouest au-dessous de la voûte sombre qui enveloppait l'île en entier : on appelle *barbes de chat* de petits nuages légers qui annoncent la prochaine arrivée de l'ouragan; ce sont les courriers de la tempête : on ne les voit point paraître sans en être effrayé; bientôt après, des nuages plus épais sortirent du fond des ravines; un navire, le seul qui fût dans la colonie, immobile au milieu de la rade de Saint-Paul, attendait le premier souffle de vent pour appareiller; une légère brise effleura la surface des flots, une plus forte la suivit; vinrent immédiatement après des rafales dont la violence alla toujours croissant; le navire en partance pour l'Europe s'enfuit à sec de voiles devant l'ouragan; il arriva en France, non sans nous avoir long-temps inquiétés.

L'île de Bourbon n'eut pourtant que la *queue* de l'ouragan; sa violence se calma rapidement; le mal qu'il fit n'est point à comparer au désastre que l'île de France éprouva. Depuis plusieurs années, Bourbon a été plus favorisé par la nature que l'autre colonie : on croit que cela provient de la différence, quoique peu considérable, qu'il y a entre les latitudes; les montagnes de l'île de Bourbon sont encore un avantage pour elle, parce qu'elles préservent toujours une partie des cultures, en opposant une barrière à la fureur des vents. Dans l'ouragan de 1806, quelques points de la colonie eurent ainsi le bonheur d'être épargnés.

Le port de l'île de France lui est plus funeste qu'utile au moment des ouragans; les navires n'y sont point à l'abri de ces grandes tempêtes; ils n'ont pas toujours le temps ou la facilité d'appareiller. A Bourbon, les navires mettent à la voile aussitôt que l'ouragan devient inquiétant, sans crainte d'être jetés à la côte, parce que ce n'est jamais du large que le vent commence à souffler; ils fuient *devant le temps*, font le tour de l'île, et se retrouvent au point d'où ils étaient partis; cela ne veut pas dire qu'un port serait nuisible à l'île de Bourbon; c'est au contraire un des plus grands bienfaits qu'elle puisse désirer. Lorsque je vous parlerai du commerce de la colonie, nous verrons ce que l'on a fait ou ce qu'il est possible de faire pour suppléer à ce que la nature ne lui a point accordé.

Je suis, etc.

Ile de Bourbon, mars 1820 (1).

---

(1) J'ai cru devoir intervertir l'ordre chronologique de ma correspondance pour cette seule lettre, qui vient naturellement après les voyages autour de l'île.

LETTRE VII.

Voyage à Orère. — Les Ruines. — M. Lemarchant. — Le noir marron, etc.

Monsieur le Comte,

Nous allons visiter les ruines d'un ancien monument. A le voir du dehors, ce n'est qu'un tertre immense dont les plans inclinés se sont couverts d'arbres sauvages, de cultures et d'habitations. On pénètre dans l'intérieur par trois galeries principales : nous entrâmes par celle qui s'ouvre du côté de l'occident. Nous étions quatre compagnons de voyage, ayant en outre avec nous sept ou huit esclaves chargés du soin de nos chevaux et de quelques provisions pour la route. Un torrent s'est frayé parmi les débris le passage profond dans lequel nous étions engagés ; on suit ses bords désolés par un sentier commode pour les piétons, mais çà et là difficile pour les cavaliers, surtout dans les endroits où il faut passer l'eau pour retrouver la suite du chemin sur le rivage opposé. Dans la saison des pluies, il est imprudent de s'enfoncer dans cette route dangereuse; le torrent occupe son lit tout entier; alors il n'est aucune puissance capable de le franchir: des rochers, des pans de muraille s'ébranlent, se détachent et s'y précipitent, pour ajouter, s'il est possible, à son désordre et à sa fureur. Lorsque nous entreprîmes notre voyage, tous ces périls avaient cessé.

Les côtés de la galerie s'élèvent à mesure que nous avançons; d'espace en espace, des éboulements produits par des cascades ont formé comme des îles entre la muraille qui les soutient et la rivière qui coule à leur pied: dans un entourage d'aloès, au milieu d'un bouquet d'arbres, ou sous l'ombrage de quelques bananiers, on voit paître des chèvres, ou l'on aperçoit une petite case couverte avec des feuilles de palmier : une famille s'est retirée dans cette solitude; leur île, leur habitation ressemble au nid que l'hirondelle suspend dans l'angle d'un rocher.

Bientôt les palmistes qui se penchent sur les bords du rempart ne semblent que des arbustes. Les côtés de la route s'élèvent encore; ils se cachent dans les nuages; ces vieux murs à pic ont mille toises de hauteur. Nous avons fait près de deux lieues dans cette longue embrasure : nous cessons de nous parler, de nous communiquer nos réflexions, tant nous sommes étonnés de la grandeur des ruines qui se montrent à nos yeux. L'espace s'est élargi ; çà et là ce sont des piliers écroulés ; d'autres, encore debout, menacent de leur chute le voyageur qui passe à leur pied.

Il fallut bientôt abandonner nos chevaux pour nous élever au point de vue qu'on nous avait indiqué : on cherche par où l'on va monter ; on est au bas d'un escarpement qui paraît s'avancer au lieu de se reculer en talus ; nous découvrons une petite rampe en zigzag creusée dans l'épaisseur du rempart ; c'est par ce chemin qu'il faut gravir : il n'y a point de garde-fou, le précipice est à notre côté ; on se voit dans cette espèce d'escalier les uns au-dessus des autres, comme des personnages disposés avec art pour animer un tableau. Cette route est bien rude, mais on se délasse par la rencontre de quelques *ilettes* sur lesquelles le sentier s'adoucit ; on y trouve de l'ombrage, de la fraîcheur, un filet d'eau pour se désaltérer ; puis on gravit de nouveau dans le rempart ; puis on arrive au pont de bois suspendu à quatre cents toises au-dessus des abîmes : ce sont quelques madriers jetés d'un cap à l'autre, et retenus avec des scellements. On traverse le pont légèrement, dans la crainte de s'y appuyer. En écrivant cette relation, je le vois encore comme au moment où nous l'aperçûmes d'une certaine distance, presque au-dessus de nous, ne pouvant croire que ce fût par-là que nous eussions à passer. Après nous être élevés à cent cinquante toises plus haut, essoufflés, haletants, fatigués, nous parvînmes enfin au but de notre course, au lieu du repos, à l'endroit où nous devions passer la nuit.

Nous sommes sur un plateau beaucoup plus étendu que celui des autres îlettes : malgré l'obscurité qui descend rapidement des montagnes, nous apercevons plusieurs bâtiments qui ont l'apparence d'une ferme. Les premiers arbres qui s'offrent à nos regards sont des chênes, des arbres de notre pays, des compatriotes que nous revoyons avec un grand plaisir. Nous sommes attendus ; le maître de la maison vient au-devant de nous, il nous reçoit avec la plus obligeante hospitalité : « Entrez, venez vous asseoir, vous reposer au coin du feu. » — Au coin du feu ! En effet, le froid est assez piquant, nous sommes dans les nuages; le matin, nous étions dans un climat embrasé. Croyez-vous que ce ne soit rien pour des Européens, de sentir sous la zone torride le besoin, le plaisir de se chauffer; de se voir réunis dans une ferme, en demi-cercle devant une cheminée? C'est la France, c'est la patrie, c'est du moins son image; douce illusion qui nous émut et nous fit tressaillir! Notre bon hôte, qui est né en France, jouissait lui-même de notre émotion. Nous fûmes d'une gaîté folle en soupant le dos au feu et le ventre à table : mes compagnons étaient d'ailleurs de si aimables convives! C'était le comte de Béranger, frère du pair de France; le marquis de Parny et son fils, neveux du chevalier, qui, malgré son mérite, n'avait pas à lui seul tout l'esprit de la famille : Léon de Parny était dans l'enchantement. Après souper nous nous remîmes à babiller autour de notre cher foyer, jusqu'à ce que la fatigue et le sommeil nous obligeassent à nous coucher.

Nous nous levâmes avec le jour : tous les objets environnants étaient couverts d'un nuage épais dans lequel nous étions nous-mêmes enveloppés. Nos joues, ordinairement pâles, s'étaient animées à la fraîcheur du matin ; notre haleine s'exhalait en colonne de vapeur; la température était celle du centre de la France dans les premiers jours du mois d'avril. Nous attendions que le nuage vînt à se dissiper, ce qui arrive toujours au moment où le soleil paraît au-dessus des montagnes. Le voile enfin se déchira; le nuage en lambeaux se dispersa dans l'espace; la vue des ruines se développa graduellement à nos yeux. Quelle masse imposante! quelles proportions colossales! A droite, ce sont comme de vieilles tours groupées les unes à côté des autres; à gauche, c'est une muraille dont la hauteur prodigieuse s'accroît par la profondeur de ses fossés; elle semble se joindre à cette pyramide si régulière à laquelle on a donné le nom de Cimandef. Devant nous quelle confusion de voûtes enfoncées, de colonnes et de piliers brisés! A mesure que le nuage s'évanouit, de nouvelles ruines plus grandes, plus majestueuses, s'élèvent et se reculent par degrés : c'est quelque chose de fantastique et de bizarre que le mélange des nuages et des débris. Enfin la scène s'éclaire tout-à-fait; la cime des plus hautes pyramides nous apparaît un moment, se recouvre de vapeurs, s'abaisse et disparaît.

Dans une solitude profonde, nous ne pouvions nous lasser d'admirer ce tableau, dont quelques traits vous sont à peine ébauchés : des lianes, des fougères, des arbres de toute nature, d'une végétation extraordinaire, ont fait reparaître la vie au milieu des ravages de l'incendie, du temps et de la mort : sur la corniche des piliers, entre les créneaux de ces longues murailles, que ne voyez-vous ces palmistes si hardis, si poétiques, qui se balancent au-dessus des abîmes ! Que n'entendez-vous le torrent qui mugit à nos pieds, ou la cascade qui s'échappe avec fracas entre les rochers et les débris !

Quelles sont ces ruines ? quel fut ce monument ? quel en fut l'architecte ? C'est la nature elle-même qui l'a construit ; elle a fait fondre les rochers dans les entrailles de la terre, et après mille siècles d'efforts, elle a fait paraître au milieu de l'Océan ce monument qui semble atteindre à la voûte du firmament. Nous sommes sans doute au milieu d'un palais des Titans ; une fournaise fut au lieu même où nous sommes placés ; des colonnes de plus de mille toises y ont été coulées d'un seul jet ; ces piliers qu'on appelle le piton de Neige et le Benard, éloignés d'une demi-lieue l'un de l'autre, soutenaient à dix-huit cents toises de hauteur un dôme que les siècles ont fait écrouler.

Que sont, en comparaison des ouvrages de la nature, les fragiles monuments élevés par la main des hommes? Ceux-là sont seuls étonnants de grandeur et d'antiquité. Du jour où les premiers feux jaillirent du sein des flots, jusqu'au jour où le volcan montra sa tête au-dessus des nuages, que d'années, que de siècles écoulés! Du jour où la première source filtra de la cime des rochers, jusqu'au jour où le torrent acheva de se creuser cette route profonde, combien encore de siècles écoulés! Je suppute les époques, les travaux qui se sont succédés; je me perds dans mon calcul : l'origine d'un monument nouveau peut-être pour la nature se recule dans un lointain où mes regards ne sauraient atteindre; et cependant l'orgueilleuse faiblesse de l'homme a réduit aux moindres mesures du temps, à quelques dizaines de siècles, un espace que les ailes de l'imagination la plus audacieuse ne parviendront jamais à franchir.

Bourbon, comme vous le savez, n'est autre chose que la réunion de deux volcans principaux : le plus considérable s'est depuis long-temps éteint; la montagne du vieux volcan, qui couvre les deux tiers de l'île, ne s'élève que pour former l'enceinte d'un bassin irrégulier dont les parois intérieures, d'une hauteur prodigeuse, sont à pic de presque tous les côtés. Il est aisé de reconnaître que ces montagnes, entièrement séparées aujourd'hui, n'étaient autrefois qu'une seule masse dont le sommet s'est écroulé dans les abîmes : la pensée rétablit sans peine les lignes qui ont été rompues; les eaux de la pluie et des sources auront rempli les anciens cratères ; elles se seront ouvert des passages qui sont devenus les profonds encaissements des rivières du Mât, de Saint-Étienne et des Galets : toutes les trois ont leur source dans le même bassin. Cet intérieur de la montagne est d'une vaste étendue ; on ne peut se faire une idée du désordre des débris qui y sont dispersés ou amoncelés : c'est une image du chaos. M. de Béranger, qui a voyagé dans les Alpes et les Pyrénées, convint n'avoir rien vu dans ces montagnes de comparable à la scène que nous étions à contempler : Cimandef est bien une pyramide ; le morne des Deux-Bras a bien l'air d'être flanqué de tours; les bas de Malheur, le morne de Fourche et le piton de Neige, qui se détachent en s'élevant les uns derrière les autres, le Bénard qui en est tout-à-fait séparé, ces longs remparts qui entourent le bassin, ressemblent en effet à la masse des ruines d'un monument construit par des génies ou par des géants.

Il n'y avait point de chemin pour parvenir aux plateaux cultivables appuyés contre les remparts, et qui sont eux-mêmes à une grande élévation; cet intérieur, couvert de bois, entrecoupé de précipices, regardé enfin comme inaccessible, ne l'était pas cependant pour les noirs marrons qui s'y étaient réfugiés : la liberté franchit sans crainte les passages les plus périlleux. Un français d'un génie entreprenant, résolut de frayer dans les rochers une route praticable, et de fonder une habitation dans le cœur de l'ancien volcan: le lieu où il s'établit avait été appelé *Orère* par les noirs, mot qui signifie *bon* dans la langue des Africains, parce qu'en effet le terrain y semblait d'une assez bonne qualité. Orère est à près de six cents toises au-dessus du niveau de la mer : M. Lemarchant ayant fait un défriché, comme on dit dans le pays, y planta du café, des cannes et du maïs ; le café n'y a pas prospéré.

Il était occupé aux premières constructions, n'ayant pour abri qu'une case en feuilles de palmier : un soir qu'il était à souper, un noir d'une haute stature, entièrement nu et tenant une sagaie à la main, parut tout à coup devant lui sans s'être fait annoncer : « Je te salue, lui dit ce dernier dans la langue de son pays, je te salue, roi des blancs marrons; je viens t'offrir ou la guerre ou la paix. » Je ne sais si M. Lemarchant répondit à la noble confiance de l'Africain : on a prétendu qu'il l'avait fait arrêter. Les habitants de ces lieux sauvages ne pouvaient croire qu'un blanc se fût exilé entre les rochers et les précipices, sans y avoir été forcé par la rigueur d'un maître, ou par le besoin de la liberté.

L'établissement d'Orère a diminué de beaucoup le nombre des noirs marrons, dont l'asile a été envahi : c'est à cet égard un grand service que M. Lemarchant a rendu à la police de la colonie. Quand la route fut pratiquée, on fit le voyage d'Orère autant pour voir cette entreprise courageuse, que pour jouir du spectacle des hautes montagnes dont cette nouvelle Chartreuse est de toutes parts environnée : le respectable M. Farquhar, alors gouverneur anglais de Bourbon, vint avec sa femme visiter M. Lemarchant dans ses nuages : étonné de tant de difficultés vaincues, il dispensa d'impôt les esclaves attachés à l'exploitation d'Orère : à peine la France a-t-elle repris possession de la colonie, que la contribution a pesé de nouveau sur ces rochers où elle n'aurait jamais dû pénétrer : nous avons voulu qu'un étranger nous surpassât, dans notre propre patrie, en justice et en générosité.

L'extraction des produits étant très-coûteuse, il est à craindre qu'Orère ne soit bientôt abandonné. Le propriétaire actuel, fils du fondateur de l'établissement, est un jeune homme plein de mérite et de courage, qui s'est enseveli dans cette solitude pour acquitter, avec les fruits d'un travail opiniâtre, les engagements que son père avait contractés. Après nous avoir montré les diverses parties de son habitation, il nous proposa de descendre et de nous guider jusqu'au Bémal, qui est un bras de la rivière des Galets : ce voyage se fait de précipice en précipice, par d'étroits sentiers qui contournent les mornes et les pitons. Dans certains passages, on ne sait si l'on doit avoir confiance dans ses mains ou dans ses pieds. Nous voyez-vous comme des lézards, mais plus inquiets et moins agiles, collés sur un rempart qui semble se renverser ? Nous voyez-vous suspendus à des arbustes que le moindre effort peut déraciner? Nous ne roulerions qu'à deux ou trois cents toises si la main ou le pied venait à nous manquer : ce genre de promenade était un jeu auquel je m'étais accoutumé ; mes compagnons me dirent pourtant que j'avais pâli au passage du Chevron, pièce de bois étroite à laquelle on ne peut atteindre qu'en se laissant glisser le long d'un rocher. Cette légère frayeur s'évanouit à la vue d'une longue suite des plus belles colonnes basaltiques qui forment en cet endroit le bord escarpé du torrent. Le Bémal est resserré entre de hautes murailles de basalte qui se rapprochent au lieu de s'écarter : nous gagnâmes ensuite avec grande peine une grotte où notre déjeûner nous attendait. L'excellente chose qu'un gigot de cabri marron assaisonné d'un bon appétit! Nous étions à peindre, nous et nos esclaves, dans cette grotte sauvage, à l'entour du feu que l'on avait eu l'attentive précaution d'y allumer : nos chiens de chasse et nos fusils ne doivent pas être oubliés : de roche en roche je sautai à la rive opposée pour juger de l'effet que nous produisions sur l'autre bord : on ne peut pas mieux choisir les poses des personnages et les expressions des figures pour en composer un tableau. — « Es-tu content, Zéphyr ? — Oh oui, content, content *même*, » nous répondait avec son museau de Cafre un gros noir qui riait et qui dévorait tout à la fois. Notre vin se refroidissait dans une eau limpide qui s'échappait en bouillonnant ; la fumée, sans nous approcher, se courbait pour se relever au sortir de la caverne ; et de nobles palmiers s'élançaient avec grâce au-dessus de nos têtes, de l'un et de l'autre côté du torrent.

Notre journée se passa en courses sur tous les points d'où l'on découvrait un nouveau tableau : la description que je vous en ferais ne pourrait avoir les couleurs de cette riche végétation, de ce beau ciel d'azur, ou de ces nuages d'argent attachés à ces remparts que la main du temps a noircis. Loin des chemins frayés de l'habitation, notre hôte nous faisait remarquer des escarpements où il ne semblait pas possible de parvenir : ces lieux sont pourtant le refuge de quelques noirs marrons qui sacrifient tout à la liberté. La fumée qui s'élève entre les arbres a souvent trahi leur retraite : là, dans une caverne, ou bien sous un *ajoupa* de feuillage, un noir seul, quelquefois deux, vivent isolés de l'univers entier : ils se nourrissent de brèdes sauvages (1), de choux palmistes, ou de pommes de terre qui, une fois apportées, se sont d'elles-mêmes multipliées dans ces rochers : leur plus grand plaisir est de demeurer couchés auprès du feu; ils se grillent la peau du ventre et des cuisses, ainsi qu'on le voit chez les noirs qui depuis long-temps ont disparu : il y en a qui ont demeuré vingt-cinq et trente années dans les ruines du volcan, sans qu'il ait été possible de les atteindre ou de les découvrir.

Nous quittâmes Orère le lendemain. J'y avais précédemment fait avec beaucoup de plaisir deux autres voyages, cependant moins agréables que le dernier. J'aimerais à y retourner pour remercier M. Lemarchant de toutes les bontés qu'il eut pour nous; j'aimerais à y passer quelque temps pour jouir de tous les aspects de ces montagnes si pittoresques, pour méditer seul sur ces ruines de la nature : il n'y a point ici de traditions des hommes; elles ne font que rapprocher au lieu d'étendre l'horizon : ici le passé, dégagé de ses ténèbres, se développe et s'agrandit tout à coup; les âges du volcan, marqués sur les remparts de son enceinte, sont des tra-

---

(1) Brèdes morelles.

ditions bien autrement certaines; ce sont d'éloquentes archives qui parlent aux yeux et à la raison sans détour et sans obscurité : c'est ici qu'il faudrait écrire l'histoire du monde ; c'est dans cette solitude qu'il faudrait s'ensevelir pour se délivrer l'esprit des passions et des préjugés : dans la grotte du Bémal, nos esclaves eux-mêmes étaient presque nos égaux; à quelques lieues de là le vain amour-propre, la distinction des rangs, les frivoles intérêts, l'importance d'une multitude de riens qui ne valent pas la peine de s'en tourmenter !

Retournons à Orère ; mais y être seul comme le noir marron sur l'escarpement d'un rocher, il n'y a pas encore assez de constance dans ma philosophie, le noir marron l'emporte sur moi : mais être deux dans cette profonde retraite, quel plaisir de descendre ensemble au fond des abîmes, de gravir ensemble à la cime des rochers, de se communiquer ses émotions, de se rappeler dans quel danger deux cœurs ont à la fois palpité de frayeur et d'amour ! Que ces précipices, que ces mornes, que ces pitons seraient sublimes! que cet asile aurait de charmes ! qu'un philosophe s'y plairait ! que deux amants y seraient heureux !

Nous retournâmes au quartier Saint-Paul par le chemin que nous avions suivi en allant à Orère, c'est-à-dire par la rampe en zigzag, par l'îlette de Fougère où nous avions laissé nos chevaux, et par les sentiers frayés au fond de l'encaissement de la rivière ou du torrent des Galets.

Je suis, etc.

Ile de Bourbon, septembre 1819.

LETTRE VIII.

Histoire de la Colonie.

Monsieur le Comte,

L'île de Bourbon fut long-temps connue sous le nom de Mascareigne, de don Mascarenhas, gentilhomme portugais qui en fit la découverte en 1545; elle n'avait point d'habitants, elle ne commença à en avoir qu'à l'époque de l'établissement des Français à Madagascar. M. de Pronis, premier commandant du Fort-Dauphin (1), avait fait de Mascareigne un lieu d'exil : douze de ses compagnons y avaient été déportés en 1646; ils en furent rappelés en 1649 par M. de Flaccourt, qui fit prendre possession de l'île au nom de sa majesté : on attacha les armes du roi à un arbre de la partie du rivage qui en a

---

(1) A l'extrémité sud de Madagascar.

conservé le nom de Possession; quant au nom de Mascareigne, il fut changé en celui de Bourbon. En 1654, quelques Français tentèrent de s'y établir; mais, dépourvus de ressources et se croyant abandonnés, ils saisirent peu de temps après l'occasion de s'embarquer sur un bâtiment qui les conduisit dans l'Inde.

Vers 1663, deux autres Français, accompagnés de sept noirs et de trois négresses, passèrent de Madagascar à Bourbon; les esclaves, révoltés contre leurs maîtres, se retirèrent dans les montagnes : ce furent là les premiers noirs marrons qui probablement ont laissé de leur postérité. Un des deux Français se nommait Louis Payen, *homme bien fait et de bonne compagnie;* l'autre était sous ses ordres; leur case était au bord d'une rade à l'ouest de l'île, *près de la chute d'une fontaine qui tombait en nappe d'eau du milieu d'un grand rocher; elle était entourée de tabac, de racines et d'herbes potagères dont ils avaient porté les graines; ils tenaient dans un enclos quantité de cochons et de cabris, pour leur commodité et pour les vendre aux voyageurs.* D'après cette désignation, l'établissement des deux Français devait être dans le voisinage de la caverne, ou dans l'emplacement actuel de la boulangerie de l'état à Saint-Paul.

Louis XIV ayant concédé Madagascar et ses dépendances (1) à la compagnie des Indes orientales, M. de Bausse, président du conseil souverain, arriva au Fort-Dauphin le 9 juillet 1665; le même jour trois vaisseaux de l'expédition dont il faisait partie, ayant reconnu Bourbon, mouillèrent en rade de Saint-Paul, prirent possession de l'île au nom de la compagnie, et y laissèrent pour commandant M. Regnault, ayant sous ses ordres vingt ouvriers (2). Louis Payen retourna en France où il mourut ermite; il paraît que ce Louis Payen avait le goût de la solitude, et qu'il se fût cru entouré de trop de monde au milieu des vingt-un nouveaux habitants de la colonie.

Depuis cette époque de 1665, Bourbon devint une des échelles de l'Inde; tous les navires allant à Madagascar eurent ordre d'y

---

(1) Déclaration du mois de mai 1664.

(2) Les principaux d'entre eux étaient Ricquebourg, qui venait après le commandant; Pierre Hibon, Hoarault, Bélon, Fontaine, toutes familles existantes à Bourbon. (*Réclamation des habitants auprès des directeurs de la compagnie*, en 1667.) Les autres ne savaient pas signer.

toucher. La première expédition de la compagnie fut suivie d'une autre beaucoup plus considérable; une flotte de dix navires, escortée par quatre bâtiments du roi, faisait voile pour Madagascar.

Les vaisseaux de la compagnie étaient commandés par le marquis de Mondevergues, décoré des titres de lieutenant général et de vice-roi de la France orientale; y compris les équipages, l'expédition était d'environ deux mille personnes; il y avait trente-deux femmes et plusieurs enfants. Dans la première expédition faite par la compagnie, le nombre des passagers avait été de deux cent quatre-vingts. La flotte parut dans la rade de Saint-Paul le 24 février 1667; on y débarqua les malades et un cordelier portugais que demandèrent les colons pour se faire administrer les secours spirituels; il fut décidé que Bourbon serait à l'avenir l'hôpital de Madagascar : ce fut une nouvelle cause d'accroissement pour la petite colonie.

L'administration du marquis de Mondevergues fut très-malheureuse; en 1670, la compagnie des Indes rendit au roi son privilége de Madagascar. M. de Lahaye, commandant une escadre de dix bâtiments armés en guerre, fut chargé de reprendre possession du Fort-Dauphin au nom de sa majesté. M. de Lahaye avait des pouvoirs illimités; il n'éprouva de la part de ses administrés que de la résistance et des difficultés : une maladie qui se déclara au Fort-Dauphin acheva de le décourager, et le fit renoncer au projet de maintenir un établissement à Madagascar. Il partit pour Bourbon, ne laissant au fort que les anciens Français du premier établissement fondé par le maréchal de la Meilleraye. M. de Lahaye ne jugea point à propos de se fixer à Bourbon, dont il se borna à reprendre possession pour le roi. Il prit avec tout son monde le chemin de Surate, à qui l'habileté des agents envoyés par Colbert commençait à donner une grande importance.

L'établissement de Madagascar ne fit que décliner; des deux cent quatre-vingts Français laissés par M. de Lahaye, un grand nombre fut surpris par les naturels qu'avaient exaspérés des injustices de toute nature et le zèle imprudent des missionnaires. Le Fort-Dauphin fut détruit en 1673; il n'y eut qu'un petit nombre d'habitants qui parvinrent à échapper au massacre et à l'incendie : un navire partant pour Surate allait mettre à la voile; il reçut dans sa chaloupe quelques-uns des malheureux colons : il avait déjà recueilli à son bord des orphelines envoyées de France à l'île de Bourbon. Ce fut avec ces débris peu considérables que se repeupla le quartier Saint-Paul, qui n'avait presque plus d'habitants depuis la translation du gouvernement à Saint-Denis qu'on lui avait préféré.

Tous ceux qui ont donné des détails historiques sur Bourbon ont écrit que cette colonie avait eté fondée avec les débris de celle de Madagascar; il eût été plus exact de dire que Bourbon, déjà établi, augmenta sa population d'un tiers ou d'une moitié par le secours des orphelines envoyées de la métropole, et par celui des colons échappés au massacre du Fort-Dauphin. Bourbon, qui avait cent et quelques habitants, se trouva en avoir environ cent cinquante. Dans les premières années du dernier siècle, la population s'accrut encore d'un petit nombre de pirates qui renoncèrent à leur ancien métier. En 1717, on comptait dans la colonie deux mille habitants : neuf cents de condition libre, et onze cents de condition esclave. Les blancs embarrassés de leurs esclaves avaient, quelques années auparavant, demandé à les renvoyer à Madagascar : les idées changèrent à l'époque de l'introduction du caféier.

Tels furent les commencements de l'île de Bourbon. Au temps de la prise de possession par les Français, l'île était presque entièrement couverte de bois; cependant il n'y avait d'autres fruits que la vavangue, inférieure aux nèfles de France, qu'elle rappelle un peu par sa forme et par son goût. Les bois étaient remplis d'oiseaux qui ne s'effrayaient point à l'approche de l'homme; on remarquait le dronte ou solitaire, qu'on chassait à la course; on en voyait encore au temps de M. de La Bourdonnaye, qui en envoya un comme une chose rare et curieuse à l'un des directeurs de la compagnie. Il y avait une espèce de chauve-souris de la grosseur d'une poule, et que l'on regardait comme un manger assez délicat. Des tortues de trois à quatre cents livres couvraient les sables du rivage; les rivières étaient très-poissonneuses : ces faveurs d'une terre nouvelle n'existent plus aujourd'hui ; d'autres biens les ont remplacées. M. de Flaccourt, en faisant prendre possession de Bourbon, y avait envoyé un taureau et des génisses; les cochons furent introduits par des Anglais, qui avaient relâché dans l'île; à l'époque de la découverte, les Portugais, suivant leur coutume, y avaient débarqué des cabris. Tous ces animaux se multiplièrent avec une grande rapidité.

Les mouches à miel parurent de 1665 à 1666. Les Hollandais, établis à l'île Maurice depuis 1640, y avaient rassemblé une partie des fruits de l'Inde, qu'ils partagèrent sans doute avec leurs nouveaux voisins. En faisant des recherches dans les archives de la marine, on retrouverait probablement le nom de la plupart de ceux qui ont procuré tel arbre, tel fruit, telle racine nourrissante à la colonie. Je regrette de ne pouvoir vous nommer les auteurs de chaque bienfait; je fais du moins en sorte de n'oublier aucun de ceux qu'il m'a été possible de découvrir. Le premier Desforges-Boucher avait donné des soins particuliers à la culture de la vigne et de l'olivier; on faisait de son temps d'assez bon vin à Bourbon; les oliviers venus de France, et dont le souvenir existe à peine, avaient déjà donné des fleurs et des fruits (1).

Les Hollandais ayant renoncé à leur colonie de Maurice, dont ils furent chassés par les rats, quelques Français de Bourbon y

---

(1) *Lettres de M. Desforges*, de 1718 à 1720.

passèrent dès l'année 1712; M. Dufresne, capitaine de vaisseau, amenant avec lui quelques autres colons, arriva au port Nord-Ouest le 27 juin 1715, prit possession de l'île et la nomma l'île de France. MM. Durongay et Nyon en formèrent les premiers établissements militaires; M. Nyon, officier du génie d'un rare mérite, prévit tout de suite l'importance que l'île de France pourrait acquérir un jour. Elle resta toutefois sous la dépendance de Bourbon jusqu'en 1735, époque à laquelle M. de La Bourdonnaye fut chargé d'en faire le chef-lieu du gouvernement des deux colonies.

En obtenant le privilége du commerce des Indes, la compagnie reçut l'investiture de tous les droits attachés au titre de seigneur et de maître des terres comprises dans sa concession; il n'était point de gentilhomme plus jaloux de ses prérogatives : les colons ne possédaient guère que par emphytéose, obligés, à chaque mutation d'héritage, à des redevances seigneuriales connues sous le nom barbare de *lods et ventes*. La compagnie, qui déterminait les cultures, recevait, au prix qu'il lui convenait de fixer, les produits du sol, et vendait chèrement aux colons les marchandises qu'elle avait seule le droit de leur apporter en échange. Il était difficile, dans un pareil système, de concilier l'intérêt des colonies avec l'insatiable avidité de la compagnie : placé entre l'un et l'autre, M. de La Bourdonnaye ne s'attira que de la haine et des persécutions; cependant il avait conçu les plus beaux desseins pour la gloire et la prospérité de nos établissements. Revêtu d'un pouvoir sans bornes, il s'applaudit d'avoir rendu la justice entièrement indépendante de son autorité (1); du moins on lui en sut gré. Accusé par ses administrés, il soumit sa conduite aux enquêtes de la justice qu'il avait mise au-dessus de lui-même. En donnant à l'île de France la suprématie due aux avantages de son port, il s'était aliéné dès le principe l'affection des habitants de l'île de Bourbon; il visita cette dernière colonie un mois après son débarquement au Port-Louis; il en fit le tour, ordonnant partout des travaux qui furent rapidement exécutés. La Bourdonnaye ne connaissait point d'obstacles; la fermeté de son caractère avait quelque chose de la violence; il accabla les habitants de réquisitions : cependant il tempérait les instructions auxquelles il lui avait

---

(1) *Journaux de La Bourdonnaye.*

été prescrit de se conformer ; il réclama avec force des dédommagements pour ceux qu'il était obligé de persécuter : « Vous êtes convenus, écrivait-il aux directeurs, que les corvées étaient nécessaires; si elles font tort à l'habitant, la compagnie lui doit une indemnité. »

La compagnie s'était chargée d'approvisionner la colonie d'esclaves, comme elle l'approvisionnait de toute autre chose. Les habitants demandèrent la faculté d'introduire eux-mêmes des noirs, à charge d'une redevance envers la compagnie; celle-ci leur accorda cette faculté. Au retour des expéditions, elle augmenta tout à coup la redevance qu'elle avait d'abord exigée, afin de faire un plus grand bénéfice et sur la taxe et sur les esclaves qu'elle introduisait elle-même de son côté : alors on chercha par la fraude à se soustraire à l'impôt et au monopole. La Bourdonnaye fut assailli de toutes parts, et par les directeurs pour avoir favorisé la fraude, et par les habitants de Bourbon pour les avoir cruellement abusés; la compagnie était seule coupable du crime qui rejaillissait sur lui : « Vous êtes convenus en partant, écrivait-il encore aux directeurs, qu'on paierait deux cents livres pour l'entrée de chaque noir; aujourd'hui vous dites cent piastres (faisant alors cinq cents livres); est-ce là le désintéressement que vous prêchez? Si nous n'étions pas subordonnés, je pourrais vous dire qu'en fait d'intérêt, l'homme est toujours homme. Voilà l'exemple que vous me donnez. » Il écrivait une autre fois : « Vous nous vendez au plus haut prix ce que vous nous envoyez; vous nous laissez manquer des choses les plus nécessaires; il faut bien qu'on fasse la fraude; nécessité n'a point de loi. » Tout le monde connaît sa réponse aux directeurs, qui lui demandaient comment il avait fait sa fortune : « C'est parce que j'ai suivi vos instructions dans tout ce qui vous regardait, et que je n'ai consulté que moi-même dans ce qui concernait mes propres intérêts. »

Sans avoir de petitesse d'esprit, M. de La Bourdonnaye entrait dans tous les détails qui pouvaient intéresser les habitants : il fit venir de l'Inde, à ses frais, des ouvriers malabares pour la construction des maisons, et de ces argamasses sur lesquelles on fait sécher le café. Mme de La Bourdonnaye, qui avait beaucoup d'élévation dans l'âme, concourait à l'exécution des projets de son mari : « Ma femme, dit ce dernier dans sa correspondance, s'occupe à donner à l'île de France un air de retenue et de politesse jusqu'à présent inconnu ; elle a amené avec elle d'honnêtes filles de Mascarin (Bourbon); nous en avons deux de mariées, nous en marierons une à la mi-carême, une à Pâques, les autres à la Pentecôte et à l'Assomption. » Mais ce n'est point comme gouverneur de l'île de France, dont il fut le véritable fondateur, que j'ai le dessein de vous montrer M. de La Bourdonnaye; nous ne le suivrons point dans l'Inde : sa gloire et ses malheurs vous sont également connus. Doué du génie le plus entreprenant que secondait une activité incroyable, toujours grand dans ses projets, mais contrarié par des chefs incapables d'arriver à la hauteur de ses conceptions, mais forcé d'employer des moyens déplorables, il lui fallut toute sa force pour s'élever au-dessus des obstacles dont il fut constamment environné. Difficile à vivre, impatient, emporté, cet homme si dur, si intraitable, avait le cœur le plus compatissant et le plus généreux.

L'île de France s'étonna de sa force et de sa puissance au milieu d'un Océan où les Hollandais n'avaient pu la faire remarquer : cependant elle n'eut d'abord qu'une faible reconnaissance pour M. de La Bourdonnaye, tant le monopole de la compagnie des Indes était capable d'étouffer tout sentiment de gratitude! Cette avide compagnie ne recueillit que peu de fruit des travaux du grand homme; écrasée par les dépenses que lui occasionnait la mauvaise administration de ses colonies, et par des dilapidations de toute nature, elle se résolut à rétrocéder au roi son privilége des îles de France et de Bourbon; elle leur avait d'ailleurs rendu son joug si insupportable, que les plaintes de leurs habitants étaient enfin parvenues jusqu'au trône : il fut décidé qu'un nouvel ordre de choses serait établi.

Un voyageur qui avait passé les plus belles années de sa vie parmi les peuples d'Orient, étudiant leurs lois, leurs usages, leur agriculture, pour en retirer tout ce qui pouvait être utile à nos établissements d'entre les tropiques; un philosophe à qui la diversité des préjugés et des tyrannies n'avait que mieux appris à distinguer l'erreur de la justice et de la vérité; un citoyen éclairé sur les véritables intérêts de sa patrie, à la fois négociant habile et administrateur de l'esprit le plus étendu; un philanthrope qui cherchait dans son expérience le véritable remède aux maux de l'humanité; un homme de bien dont toutes les affections se rassemblaient sur les îles de France et de Bourbon, M. Poivre enfin, reçut l'honorable mission de les régénérer. Jamais emploi ne fut placé entre des mains plus capables de s'en acquitter. Agent de la compagnie des Indes, il connaissait tous les vices de son administration; « il trouva les deux colonies dans un anéantissement presque total; l'agriculture, le commerce, les fortifications, tout avait été également négligé : il parvint à tout rétablir (1). »

Les îles de France et de Bourbon avaient été rétrocédées au roi au mois d'août 1764; M. Poivre n'arriva au Port-Louis, comme intendant général, que le 14 juillet 1767. L'intervalle de la rétrocession à l'arrivée des nouveaux administrateurs fut consacré à régler les prétentions de la compagnie des Indes et à refondre la législation des deux îles. M. Poivre concourut à ce dernier travail; en appliquant le système de gouvernement de la France aux colonies, il le modifia de la manière la plus favorable à leurs intérêts; il restreignit le pouvoir de l'administration en faveur de la justice; les conseils supérieurs eu-

---

(1) *Vie de Poivre.*

rent la faculté de surseoir à l'exécution des ordres de la métropole. Les réglements de 1767 pour les îles de France et de Bourbon sont un chef-d'œuvre si l'on considère l'époque à laquelle ils furent faits; M. Poivre fut obligé de céder à quelques idées du temps où il vivait. Les prérogatives du sang, les distinctions de noblesse et de roture n'étaient rien à ses yeux (1). C'est avec de tels principes qui ont leur source dans un vrai sentiment d'humanité, qu'on parvient à relever ceux que le malheur de leur condition a dégradés. « Le seul moyen, disait-il aux habitants de l'île de France, de prévenir les malheurs dont l'introduction des esclaves menace cette colonie, est d'être juste et bienfaisant envers ces malheureux, de favoriser par des mariages la multiplication de ces ouvriers devenus nécessaires. Des esclaves bien traités serviront toujours bien leurs maîtres pendant la paix et pendant la guerre; ils ne chercheront ni à fuir dans les bois, ni à déserter chez l'ennemi; les enfants regarderont la maison de leur maître comme la maison paternelle, et l'île comme leur patrie. La nature, la raison,

---

(1) Voyages de Poivre.

la religion, votre intérêt et celui de la colonie, votre propre bonheur, tout vous parle plus fortement que la loi elle-même en faveur de ces infortunés. »

Il tempéra la rigueur des anciennes lois envers les esclaves ; ce fut lui qui ordonna de ne pas leur faire porter plus de soixante livres pour aller de l'habitation à la ville : ce règlement n'a pas cessé d'être observé.

Il fit aimer le pouvoir en renonçant à toute la portion dont il était possible de se dessaisir sans nuire à la force de l'autorité ; il fut parfaitement secondé par M. de Crémon, intendant sous ses ordres à l'île de Bourbon : celui-ci, d'après les instructions de son chef, s'entoura des habitants les plus notables, désignés par leurs concitoyens dans chaque quartier.

« L'autorité que je vais exercer, avait encore dit M. Poivre aux habitants de l'île de France, ne sera employée que pour favoriser vos travaux. Comme malgré la droiture de mes intentions, je pourrais me tromper dans les moyens, je compte trouver en vous les lumières dont j'aurai besoin pour vous être utile ; je vous demande avec instance vos conseils pour porter cette colonie au plus haut degré d'abondance et de prospérité ; ne craignez pas de me fatiguer, de m'importuner : tout mon temps est à vous ; je ne suis venu ici que pour servir notre commune patrie, en contribuant de toutes mes forces à votre bonheur. Instruisez-moi hardiment de mes erreurs ; soyez persuadés qu'elles seront involontaires ; faites-moi voir ce que mes seules lumières ne me feraient pas connaître. » Il ajoutait, en parlant des diverses branches du service public : « Nous examinerons avec MM. les syndics de chaque quartier, nous discuterons tous ces objets ; et comme l'intention de sa majesté est de vous favoriser en tout, et que le but de notre administration est de n'agir que pour le bonheur de ceux qui sont soumis, nous n'exigerons de vous que ce que la justice, la raison et votre intérêt bien connu, en exigeraient sans l'autorité. »

Quel homme ! Il n'est pas une de ses paroles qui ne parte de l'esprit le plus éclairé, et du cœur le plus magnanime ! Tels étaient les discours de M. Poivre en arrivant aux îles de France et de Bourbon ; il ne se départit point de ses principes ; il s'occupa sans relâche à réparer les fautes commises par les *seigneurs* de la compagnie des Indes : chaque habitant fut maître de la terre qu'il avait légitimement acquise; le nouveau législateur avait dit aux cultivateurs : « Loin de nos heureux climats cet axiome moderne, *point de terre sans seigneur*, axiome destructeur, ruineux pour l'agriculture, source inépuisable de troubles et de procès. Excusons néanmoins l'administration de la compagnie, qui, dans le contrat le plus usuraire que l'esprit humain dans son délire ait jamais imaginé, paraissait autorisée par des abus semblables malheureusement trop établis dans notre patrie, et sortis anciennement du chaos de nos lois féodales ; mais applaudissons à la fermeté généreuse du ministre qui, s'élevant au-dessus des préjugés de sa nation, a rendu hommage à la simplicité du droit naturel, en affranchissant de toute espèce de servitude les terres de ces colonies, qui désormais seront libres comme les braves colons qui les possèdent. »

Ce fut M. Poivre qui, pour rétablir les bois dont l'imprévoyance et le désordre avaient dépouillé la terre, fit répandre une telle quantité de graine de bois noirs dans les deux colonies, que ces arbres y paraissent indigènes aujourd'hui ; il croyait, dit l'auteur de sa vie, qu'on ne pouvait rien faire de plus agréable au ciel et de plus utile au monde que de planter un arbre et de labourer un champ. Avant lui, les deux colonies étaient continuellement exposées à manquer de vivres; il encouragea puissamment la culture des céréales, en accordant un prix favorable aux cultivateurs qui apportaient leurs blés dans les magasins de l'état; ce ne fut pas lui qui leur manqua de parole. En 1770, sur une apparence de guerre, le roi fit passer à l'île de France dix mille hommes, tant de terre que de mer : les vaisseaux qui les amenaient se trouvaient en arrivant dépourvus d'agrès, de vivres et d'argent : « Je sais bien qu'on manquera de tout, écrivait le duc de Choiseul à M. Poivre; mais vous êtes là, et nous comptons sur vous. » Il ne s'était pas trompé; Poivre pourvut à tout (1).

Sa prédilection était pour les arbres utiles: tout le monde sait comment il conquit le giroflier et le muscadier sur l'avarice des Hollandais; mais il faut associer à son nom ceux de MM. Provost, de Trémigon et Coativy, que ses instructions guidèrent comme un flambeau au milieu des dangers de toute nature dont ils étaient menacés. M. Poivre donna encore aux îles de France et de Bour-

---

(1) *Vie de Poivre.*

bon le cannellier de Ceylan, le poivrier noir, le riz en terre sèche, le letchis de Cochinchine, le mangoustan, et le rima ou faux arbre à pain. Il fut merveilleusement secondé par l'astronome Rochon, qui lui envoyait de Madagascar le ravend-sara, le filao, le badamier, le ravenal, et d'autres plantes précieuses; par le compagnon de Bougainville, Commerson, qui enrichit les deux colonies de la plus grande partie de ses acquisitions en botanique; par Céré, qui créa le beau jardin botanique des Pamplemousses; par Joseph Hubert, que vous connaissez, et qui multipliait à Bourbon les arbres à épices que Poivre lui envoyait (1).

---

(1) Voici un supplément à la liste des personnes qui ont apporté des plantes utiles aux îles de France et de Bourbon :

Le Juge, auquel on doit le manguier, l'avocatier, le corrossolier et l'attier.

L'abbé Gallois, qui a introduit le thé et le camphrier;

M. de Bellecombe, ancien gouverneur, nous a donné le chêne de France;

Nous devons encore à La Bourdonnaye l'indigotier franc, le blé d'hiver et la fataque; à Commerson, l'éviz ou fruit de Cythère.

La noix de bancoul, qui donne une huile pareille à celle de lin, est un bienfait du comte d'Estaing;

Récemment M. l'ordonnateur Richemont Desbassayns a apporté du Brésil l'herbe de Guinée, déjà connue aux An-

Charpentier-Cossigny, à la fois naturaliste et ingénieur, établissait lui-même un jardin botanique, pour rivaliser avec M. Céré son ami. Tromelin ouvrait au Port-Louis un bassin plus sûr pour les bâtiments; il eut la gloire d'achever les grands ouvrages que La Bourdonnaye avait commencés. Ce qui m'étonne, c'est que Bernardin de Saint-Pierre, qui se trouvait au milieu de ces hommes tous distingués, et presque tous illustres, tous concourant avec un zèle égal à la prospérité des colonies, n'en ait pas dit un seul mot dans la relation de son séjour à l'île de France. Que son langage est différent de celui de M. Poivre! L'envie est-elle un mal dont Bernardin de Saint-Pierre aurait été tourmenté?

Quand nous en serons au commerce des colonies, j'aurai encore à vous entretenir de M. Poivre : tout ce qu'il a été fait de bien dans les deux îles semble se rattacher à son nom ou à l'époque de son administration. Le gouverneur actuel de Bourbon a conçu le des-

---

tilles, et, comme fourrage, préférable à la fataque dont elle est une variété.

J'ai attribué à M. Poivre l'introduction du mangoustan; plusieurs personnes le revendiquent comme introduit par M. de Surville.

sein d'élever un monument en l'honneur de celui qui a enrichi la colonie des arbres à épices : quelque grand qu'il soit, ce n'est là que son moindre bienfait ; c'est au philosophe législateur que le monument doit être érigé. Quoique mutilées par ses successeurs, les lois 'qu'il a faites ou apportées sont le véritable code des deux colonies : elles avaient des défauts qu'il voyait lui-même, qui tenaient à l'époque, et qu'il cherchait à corriger par la confiance accordée à ses administrés.

Il fut contrarié par M. Dumas, commandant militaire des deux îles, homme d'un esprit borné, et ne s'occupant qu'à faire promptement ses affaires. M. Poivre s'en plaignit : il fallait qu'il eût de fortes raisons pour en venir à ce point. Le commandant fut remplacé par M. Steinauer, honnête homme qui, s'il ne fut pas utile, du moins ne fut pas contraire aux desseins de l'intendant. On pense généralement qu'il faut dans les colonies un militaire, et surtout un marin, pour les gouverner : s'il était raisonnable d'avoir des préventions contre l'esprit d'un état quelconque, je serais porté à en avoir contre les marins qui, accoutumés à leur bord au gouvernement despotique, ont de la peine à perdre à terre les habitudes que la mer leur a fait contracter (1). Si M. Poivre eût été revêtu de la double autorité d'intendant et de gouverneur, il n'eût pas moins fait pour la gloire du pavillon français que pour la prospérité des deux colonies.

Son successeur, M. Maillart-Dumesle, arrêta les progrès de l'ouvrage de M. Poivre; il semblait envieux du bien que d'autres faisaient auprès de lui, et même du bien qui s'était fait avant lui. Il fut défendu à l'intendant de Bourbon de réunir en conférence les syndics des différents quartiers (2). L'administration perdit la confiance qu'elle s'était acquise; on vit reparaître d'honnêtes gens, mais aucun n'eut la force ni la philosophie du célèbre intendant. Avec lui la constitution des colonies orientales fût bientôt arrivée à son plus haut degré de perfection.

Les changements survenus dans la législation des colonies depuis 1789 seront l'objet d'une lettre particulière dans laquelle nous ferons l'examen de leur constitution actuelle.

---

(1) Au moment où l'on imprime cette lettre, j'apprends avec plaisir que M. le capitaine de vaisseau Freycinet, nouveau gouverneur de Bourbon, me donne un démenti par la manière dont il administre la colonie.

(2) *Code des îles de France et de Bourbon*, tome second.

Je m'abstiendrai de vous nommer qui que ce soit pour les fautes que l'on a pu commettre ; je ne m'attacherai qu'aux actes dont je vous rendrai juge. Pour le moment, bornons-nous à l'histoire des faits indépendants de la constitution de nos établissements.

Les créoles de l'île de Bourbon fournirent un bataillon de volontaires dans la glorieuse campagne de l'Inde sous MM. de Suffren et de Bussy ; ils partagèrent, par leur bravoure et leur conduite, la brillante réputation qui fut acquise aux premiers régiments de la métropole. Pendant la dernière guerre, les milices des deux colonies, désignées alors sous le nom plus français de gardes nationales, ne se rendirent point indignes de leur ancienne réputation ; leur courage ne put l'emporter sur le nombre et les efforts multipliés des Anglais. La garnison des troupes régulières, ne s'élevant qu'à quelques centaines d'hommes, n'était pas elle-même un auxiliaire suffisant. Le 8 juillet 1810, la colonie de Bourbon, dépourvue de moyens de défense, fut attaquée par une force anglaise de plus de quatre mille hommes ; les ennemis parvinrent à effectuer deux débarquements, l'un au vent, l'autre sous le vent de Saint-Denis. Après quelques actions très-vives, dans lesquelles la troupe de ligne et la garde nationale se signalèrent également, le colonel de Sainte-Suzanne, gouverneur, obtint une honorable capitulation. La prise de l'île de France eut lieu le 3 décembre suivant. Si le brave général Decaen avait eu quinze cents hommes de plus dans les deux îles, je ne doute pas qu'il ne les eût conservées à la France. En exécution du traité de Paris, l'île de Bourbon nous fut rendue le 2 avril 1815; mais notre plus belle colonie dans les mers d'Orient, la plus importante par sa position et par son commerce, celle où le nom français avait tant de fois retenti d'une manière si glorieuse, ce rocher qui était l'écueil de la marine anglaise, l'île de France enfin, est demeurée aux mains de l'étranger. Deux ministres sont accusés, l'un de l'avoir perdue, l'autre de n'avoir point assez fait pour la recouvrer : ne troublons point leur cendre; il n'y a pas assez long-temps qu'ils sont dans la tombe pour qu'il nous soit permis de les juger.

Peut-être dans cet aperçu historique ne trouverez-vous pas assez de chronologie : les changements survenus dans leur gouvernement ne sont pas pour les colonies les seuls points auxquels les souvenirs puissent se rattacher; on y marque aussi les époques par les fléaux qui se sont succédés. A l'île de

France, on datera long-temps de l'incendie de 1816, de l'ouragan de 1818, et de la maladie de 1819. À Bourbon, les vieillards se rappellent l'ouragan de 1750 : en revenant vers nous, on cite ceux de 1772, 1773 et 1786. Les cultivateurs vous disent, en parlant de leur ancienne fortune : Il en était ainsi avant l'ouragan de 1806. Ces époques de la nature n'offrent-elles pas un champ aussi vaste à la réflexion que les révolutions politiques qui servent à l'homme pour indiquer les diverses périodes du temps passé ?

Dans une prochaine lettre, je vous entretiendrai du commerce des deux colonies, pour arriver ensuite à l'examen de leur constitution, à moins que je ne vous parle encore auparavant de nos relations avec Madagascar, des moyens d'y former un établissement durable : ces vues sur Madagascar se rattacheront au commerce et à la constitution des nouvelles colonies que la France aurait le dessein d'y fonder.

Je suis, etc.

A Bourbon, janvier 1820.

LETTRE IX.

Quelques réflexions sur le commerce des îles de France et de Bourbon.

Monsieur le Comte,

Ce fut sous Louis XIV un beau dessein que celui de créer une puissance capable de conquérir tout à coup l'Océan des Indes : de simples particuliers, isolés les uns des autres, n'eussent osé s'aventurer dans une mer inconnue avant qu'une route sûre leur eût été frayée. La compagnie, instituée par Colbert en 1664, fut chargée d'ouvrir cette route, de disposer d'espace en espace des postes destinés à la protéger, de nouer des relations de commerce avec tous les ports de l'Asie, d'y fonder des comptoirs et des colonies, en offrant à tous les princes des côtes orientales, en échange de leur bon accueil, l'amitié d'un grand roi d'Occident. Il était difficile que toutes les parties d'un aussi vaste projet fussent également bien conçues : malgré les fautes commises, la force qui imprima les premiers mouvements fut telle que nos revers n'en ont pu effacer le souvenir.

La compagnie, semblable à toutes celles qui se chargent d'une entreprise, n'aurait dû avoir d'existence que le temps nécessaire à la formation des établissements. Elle voulut se perpétuer, quoiqu'elle eût en elle-même la cause de sa destruction : Madagascar ne tarda pas à être renversé; l'île de France n'existait pas encore; Bourbon fut long-temps oublié, ce qui fut peut-être dans le principe une des causes de sa prospérité. Dans plusieurs établissements, on avait compté sur les produits spontanés du sol, sans considérer qu'il fallait d'abord créer l'agriculture, pour fournir ensuite un aliment au commerce. C'est pour cette raison qu'on ne réussit point à Madagascar, et que Bourbon ne s'attira l'attention de la compagnie qu'après l'introduction du caféier.

Vous avez vu, dans l'histoire de cette colonie, combien l'abus du droit de souveraineté et de propriété avait été contraire aux intérêts de la compagnie. Ce n'est pas l'immoralité des colonies qui m'étonne, c'est d'y trouver encore de l'honneur et de la probité. La compagnie approvisionnait fort mal ses établissements; elle recevait à trois et à cinq sous la livre de café en échange des marchandises qu'elle tarifait au double, au triple, et quelquefois au centuple de leur valeur. En rétrocédant au roi les îles de France et de Bourbon, la compagnie conserva son privilége pour l'approvisionnement des deux îles en denrées de la métropole; mais en même temps les habitants de l'une et de l'autre colonie obtinrent la faculté de commercer librement dans les mers d'Orient, d'extraire de l'Inde et de la Chine tous les articles qu'ils jugeraient à propos de faire entrer en concurrence avec ceux apportés par la compagnie. Celle-ci fut du moins obligée de modérer ses prétentions. Ce commerce, qui s'établit par-delà les îles de France et de Bourbon, fut ce qu'on appela le commerce d'Inde en Inde (1). Le bienfait en fut apporté par M. Poivre à son arrivée comme intendant général : quoique agent de la compagnie, ce grand homme n'avait jamais pu se familiariser aux idées de despotisme et de monopole. Le roi, par arrêt de son conseil du 13 août 1769, car il faut marquer cette époque

---

(1) 1766.

comme celle d'un grand progrès dans la civilisation, le roi suspendit l'exercice du privilége exclusif de la compagnie des Indes pour l'approvisionnement des deux îles : ce fut beaucoup de joie pour M. Poivre d'annoncer à ses administrés que cette fois la faveur était entière, qu'il n'y aurait plus de monopole, plus de tarif, plus de privilége, et que le commerce entre la France et ses deux colonies jouirait d'une liberté absolue. On vit tout à coup s'accroître la population de l'île de France, qui jusqu'alors ne s'était recrutée que de soldats ou de matelots fatigués du métier, que d'agents de la compagnie, empressés d'y faire fortune : ces derniers furent remplacés par d'honorables négociants. Le Port-Louis devint l'entrepôt général de l'Inde ; l'active concurrence s'établit de bord à bord, de magasin à magasin ; il ne fallut que quelques années pour voir s'élever là où étaient les barraques des premiers habitants une grande et belle ville qui, sans de nouvelles fautes, fût peut-être devenue la première place du commerce d'Orient.

Cependant une seconde compagnie des Indes fut créée par édit du 14 avril 1785. Il me peine d'avoir à vous rappeler quelques passages du considérant : il y est dit que les cargaisons d'Europe n'étant pas combinées entre elles, ni proportionnées aux besoins de leur destination, se vendaient à vil prix, tandis que le concours des sujets de sa majesté dans les marchés de l'Inde y surhaussait le prix des achats; que d'un autre côté, les marchandises apportées en retour ne suffisaient pas à l'approvisionnement du royaume; qu'en conséquence il était nécessaire qu'il y eût plus d'ensemble dans les opérations, et qu'une compagnie de capitalistes privilégiés fût seule chargée du commerce de l'Inde. Il y eut toutefois des restrictions en faveur des îles de France et de Bourbon : la faculté du commerce d'Inde en Inde leur fut accordée de nouveau. Le prince se réserva tous les droits de souveraineté, dont la première compagnie avait tant abusé.

La nouvelle association fut renversée par la révolution de 1789; elle n'avait exercé son privilége que pendant quelques années : grâce aux restrictions qui avaient été faites, les deux colonies n'en souffrirent qu'un médiocre dommage; on arrêta seulement les progrès du bien qui avait commencé. Comme je vous le disais tout à l'heure, en établissant la première compagnie, Colbert avait eu le dessein de donner tout à coup une grande puissance au commerce de la France. Dans le considérant de l'édit de 1785, il ne s'agit, sous un vain prétexte, que de favoriser quelques intérêts, que de créer un nouveau privilége. Si le droit de souveraineté accordé à l'ancienne compagnie n'eût pas porté atteinte au droit de propriété des terres concédées aux particuliers; si l'association des capitalistes, au lieu de faire avec l'habitant des colonies ce contrat absurde qui ressemblait au traité de Mongomery, se fût bornée à la perception d'un impôt modéré sur les produits de ses colonies à l'entrée dans la métropole; si la lèpre féodale n'eût point été le mal, le vice radical de l'institution, il est probable qu'à raison de la grandeur des moyens employés, l'entreprise du ministre eût été couronnée du plus heureux succès.

Les colonies, malgré la liberté rendue au commerce, n'ont point encore perdu toutes les habitudes qu'on leur avait fait prendre. Ayant trouvé de l'avantage dans l'extraction des produits de l'Inde, admis à concourir avec ceux apportés de France par les vaisseaux de la compagnie, elles ont continué à suivre le chemin qu'on leur avait ouvert. Les îles de France et de Bourbon reçoivent de l'Inde et de la Chine la majeure partie de leur approvisionnement en tissus de coton, papiers et porcelaines : le premier de ces articles est peut-être le plus considérable de leur commerce d'importation. Malgré le perfectionnement de notre industrie, les négociants français n'ont pas encore été tentés d'entrer à Bourbon, pour les tissus, en concurrence avec l'Inde : on s'en tient aux errements du temps passé, d'une époque à laquelle nous ne pouvions rivaliser avec les Indiens. Les Anglais, qui à la vérité peuvent l'emporter sur nous pour l'économie de la main-d'œuvre, ne concourent pas seulement dans leur île de France avec les manufactures de l'Inde, ils portent même leurs tissus de coton à Bombay, à Madras et à Calcutta. Cette rivalité ne s'étaie point d'un système de prohibition.

Notre gouvernement avait un moyen naturel d'accroître la puissance et la prospérité de l'île de France lorsque nous la possédions; c'était d'en faire un port franc pour toutes les nations : loin de nuire à ses droits de souveraineté, il les eût au contraire consolidés; mais il avait vu petitement les choses : il avait voulu d'abord assurer, par les charges de l'agriculture et du commerce, les dépenses de l'administration, sans considérer que la colonie eût dans sa prospérité bien autrement trouvé les moyens de se défrayer. La franchise du Port-Louis eût fait de ses habitants les courtiers du monde entier : avec les richesses que cette place eût acquises, il eût été facile, en cas de nécessité, de hérisser la côte de canons et de soldats; c'est du temps de Louis XIV que la franchise eût dû commencer : Madagascar eût été conquis et civilisé. L'île de France a jusqu'à un certain point prospéré pendant la guerre, parce qu'il lui a été permis d'user de ses propres forces, d'armer des corsaires qui, par des prises multipliées, ont produit dans son port l'effet d'un commerce libre qui fût arrivé de tous côtés.

L'Angleterre paraît incertaine sur le parti qu'elle doit adopter à l'île de France. Pendant un certain temps, elle a permis que son port demeurât ouvert aux navires et aux produits du commerce français; le malheur de l'incendie a prorogé les délais qui devaient expirer au commencement de l'année 1817. Cela vous démontre tout l'avantage de la franchise du Port-Louis, puisqu'on avait compté sur elle pour le rétablissement de la prospérité publique. Le gouvernement britannique a depuis interdit le port à tout autre commerce que celui fait par bâtiments anglais, afin de favoriser son pavillon. Par le fait de l'interdiction, l'Angleterre ne gagnait que le faible avantage d'approvisionner à elle seule une colonie peu importante sous le rapport de la consommation. La colonie, privée du commerce de commission qu'elle faisait avec les ports d'Orient pour le compte des peuples d'Occident, eût été bientôt anéantie.

Dans cet état de choses, les gouvernements de France et d'Angleterre, ne voulant pas et ne pouvant pas sans inconvénient rompre entièrement les rapports depuis long-temps établis entre l'île de France et l'île de Bourbon, convinrent, par l'intermédiaire de leurs agents dans l'une et l'autre colonie, de se donner réciproquement quelques facilités: il fut décidé que les bâtiments français ne pourraient apporter leurs cargaisons à l'île de France avant de les avoir préalablement et réellement entreposées dans les magasins de l'île de Bourbon, et que de leur côté les bâtiments anglais seraient soumis à l'exécution des mêmes formalités, c'est-à-dire à l'entrepôt au Port-Louis avant de réexpédier pour la colonie française. Ce traité bizarre semblait, si je puis m'exprimer ainsi, n'être qu'une taquinerie pour le commerce. Quoique toutes choses parussent égales de part et d'autre, il était beaucoup plus favorable à l'Angleterre qu'à la France, parce que son port lui procurait beaucoup plus de facilité et d'économie pour le débarquement et le rembarquement des cargaisons, que les rades foraines de Bourbon, où ces opérations se font lentement et à grands frais. Pour n'avoir pas ces embarras, plusieurs bâtiments français se déterminèrent à laisser leur chargement à Bourbon, sans le réexporter au Port-Louis; l'île de France fut obligée de venir acheter dans cette dernière colonie les articles qui lui étaient nécessaires, consistant particulièrement en vins et en eaux-de-vie de France. Bourbon fût devenu à son tour une sorte d'entrepôt pour l'île de France, si toutefois les Anglais, pour éviter des frais énormes, n'eussent pas fini par prendre le parti d'aller chercher eux-mêmes leurs vins à Bordeaux, et de les apporter directement au Port-Louis. Le commerce français, à raison du manque de port, n'avait d'ailleurs que peu de confiance dans l'entrepôt de Bourbon.

L'Angleterre, revenue à des idées moins rétrécies et plus favorables à sa colonie, s'est résolue à ouvrir de nouveau le port de l'île de France aux bâtiments du commerce français, sans les obliger à aller préalablement à Bourbon. On dit que le gouverneur actuel, M. Farquhar, a contribué à faire prendre cette résolution par son gouvernement, à la condition pour les bâtiments français de payer au Port-Louis les mêmes droits que ceux imposés sur les bâtiments anglais dans les ports de l'île de Bourbon. Cet état de choses me semble raisonnable, pourvu que les prétentions du fisc ne s'élèvent pas de part et d'autre au point de rendre cette liberté pire qu'une prohibition.

Il vient peu, ou plutôt il ne vient point de grands bâtiments anglais d'Europe à Bourbon; on n'y voit guère paraître que leurs caboteurs; il est plus commode aux grands navires de déposer leurs cargaisons au Port-Louis. Quant aux bâtiments français, ils font ordinairement une escale à l'île de France avant de se montrer à Bourbon, ou de filer vers l'Inde, où ils achèvent la vente de leur cargaison. Ils font à peu près la même route au retour, complétant leur chargement en sucres, cafés et cotons de Bourbon.

Si l'on considère isolément les intérêts de chaque colonie, la franchise du Port-Louis n'est pas favorable à l'île de Bourbon, qui, au lieu de recevoir directement les articles dont elle a besoin, et d'être elle-même un entrepôt, n'en reçoit une partie que de seconde main. Mais il est de l'intérêt général du commerce que cette franchise du Port-Louis ait lieu, même sans restriction, pour tous les pavillons. L'Angleterre donnera de cette manière à sa colonie la force que la France aurait pu lui acquérir par le même moyen. Français et Anglais, comme nous le disions tout à l'heure, se font payer réciproquement un droit sur les marchandises que les premiers portent à l'île de France, et que les seconds portent à l'île de Bourbon : ce droit est de huit pour cent en sus de celui prélevé sur les nationaux.

À Bourbon, les marchandises qui arrivent de France sont passibles d'un droit de six pour cent, qu'on p........
à raison des frais considérables de por.
m'a toujours paru étrange qu'une marchandise française, arrivant dans une colonie française, fût plutôt sujette à un droit que la marchandise qui va de Marseille à Bordeaux, ou de Bordeaux à Paris. Est-ce qu'à raison de la distance, des difficultés vaincues, des dangers et des frais plus considérables,

le commerce doit être frappé d'une plus forte contribution? C'est comme si l'on infligeait une peine à celui qui aurait le plus de courage ou l'esprit le plus étendu. On observera sans doute que ces droits ne sont perçus que pour subvenir aux dépenses de la colonie : cela est effectivement vrai, mais cette perception n'en est pas plus raisonnable ; elle isole la colonie, elle la rend étrangère à la France; d'ailleurs, si les marchandises françaises portées à Bourbon n'y payaient point de droits, les bâtiments de notre nation y seraient plus particulièrement attirés ; cet avantage contrebalancerait ceux du port de l'île de France. Il y a entre ne point payer et payer seulement le plus faible droit non-seulement une différence réelle, mais une différence morale, que comprennent ceux qui se livrent aux affaires.

Tantôt on modère, tantôt on élève les droits d'importation : ces variations, qui ne sont fondées sur aucun principe, et dont les négociants de France ne sont point préalablement informés, jettent le trouble dans leurs opérations. Je ne suppose pas que le gouvernement d'une colonie puisse avoir le droit d'imposer à son gré les marchandises de la métropole, pas plus que l'autorité de Marseille n'aurait le droit d'imposer de son chef les marchandises venant de Bordeaux. La contribution que l'on paie à l'entrée d'une colonie française équivaut pour le négociant à l'impôt à la sortie de France : il n'y a point à répondre que les colonies sont soumises à un régime particulier, il suffit de dire qu'elles sont françaises ; autrement, la colonie et la métropole agissent l'une envers l'autre comme d'étranger à étranger. Le principe que je demande à rétablir n'était pas méconnu autrefois.

Les colonies françaises voudraient être exclusivement chargées de l'approvisionnement de la métropole en denrées dites coloniales, particulièrement en sucres, dont elles fabriquent une assez grande quantité pour notre consommation ; mais la France fait observer aux colonies qu'en ne recevant que d'elles seules les sucres ou cafés dont elle a besoin, elle se ferme les ports des colonies ou des pays étrangers avec lesquels elle est intéressée à maintenir son commerce d'exportation. A cet égard, la France raisonne avec beaucoup de justesse, et dans son intérêt, et dans l'intérêt du commerce en général. Il suffit, dans notre système de douanes, d'accorder une faveur plus grande aux produits de nos établissements qu'aux produits provenant de l'étranger; c'est encore par cette raison qu'elle ne doit point imposer de contribution sur les marchandises qu'elle porte dans ses colonies.

Comme colonie agricole, Bourbon a beaucoup plus d'importance que l'île de France; l'avantage d'un port est ce qui donne une suprématie incontestable à cette dernière. A Saint-Denis, le gouvernement jette en ce moment à la mer une digue qui arrêtera l'effet des lames poussées par les vents généraux de la partie de l'est; mais on craint que le côté opposé au vent ne se comble de galets, et que ceux-ci ne rentrent par le bout de la digue dans le petit port appelé Barachoix, où les barques effectueraient plus facilement le débarquement et l'embarquement des articles de cargaison. Le succès de l'entreprise laisse encore des doutes; si elle réussit, l'honneur en appartiendra à la constance et au zèle de M. Milius, gouverneur actuel; si elle ne réussit pas, de grands capitaux auront été engloutis par la mer. Dans l'incertitude, il faut achever puisqu'on a commencé. Malgré ces travaux, Bourbon n'aura pas un port où un navire puisse se refugier, éventer sa quille et se faire caréner. Saint-Paul a une belle rade : si le rivage n'était pas uniquement composé de sables à une grande profondeur, si la passe que l'on ouvrirait n'était pas susceptible de se fermer avec ces mêmes sables, ou avec les galets dont ils sont remplis, on aurait un port naturel dans l'étang du quartier. En allant un peu plus sous le vent, on trouve dans les bas de la rivière Saint-Gilles, où je vous ai déjà conduit, le lieu de la colonie le mieux disposé par la nature pour l'établissement d'un port. Les récifs dont le rivage est bordé à quelque distance forment deux jetées entre lesquelles s'ouvre une passe suffisante pour les plus grands bâtiments; un vaste bassin qui n'est comblé que de sable et de terres amenées par les torrents vient à la suite de cette passe, abrité par un cercle de montagnes qui s'inclinent en amphithéâtre d'un côté. La petite rivière de Saint-Gilles, dont le bassin forme l'embouchure, a un volume d'eau assez fort pour nettoyer la passe par où sortent d'ailleurs les courants de mer qui entrent dans l'intérieur du récif. Les travaux de ce port n'exigeraient pas une dépense considérable; trois ou quatre millions suffiraient probablement, mais la position a quelques inconvénients.

Le calme profond qui règne presque toujours sous le vent de l'île ne permettrait pas aux navires d'entrer ou de sortir sans être remorqués : j'ai ouï dire qu'en Angleterre, à Plymouth, le manque de vent pour sortir ou pour entrer était insignifiant, et qu'au moyen de bateaux à vapeur on amenait les bâtiments jusqu'au quai, ou qu'à la mer on les conduisait jusqu'au vent. L'autre inconvénient de Saint-Gilles est de ne pas se trouver dans le lieu où afflueraient le plus de denrées du crû de la colonie, et que d'ailleurs le quartier Saint-Paul, qui n'en est qu'à deux lieues, est, quel qu'il soit, un établissement tout formé. Il faut encore ajouter que la position de Saint-Gilles est beaucoup moins favorable que celle de Saint-Denis, ou de tout autre point de la partie du vent, pour communiquer rapidement avec l'île de France.

Si cette dernière colonie nous appartenait encore, Bourbon, comme on l'a fort bien observé, au lieu de port n'aurait besoin que de moyens plus faciles pour embarquer et pour débarquer. Si la France, privée de son ancienne colonie, veut donner quelque importance à celle qui lui reste, si elle a besoin de Bourbon pour seconder ses desseins sur Madagascar, si elle veut enfin s'assurer un nouveau poste dans les mers de l'Inde, c'est à raison de l'étendue de ses projets qu'elle doit renoncer ou se livrer à l'entreprise d'un port. Il eût été facile de l'ouvrir avec une partie des capitaux employés à des entreprises qui, mal conçues ou mal exécutées, ont été en pure perte pour la métropole et pour ses colonies.

Mais on dit que l'Angleterre s'emparera de Bourbon du moment que les travaux seront achevés, ou du moment qu'ils commenceront à lui donner quelque ombrage : je crois que lorsque la France tiendra réellement à sa colonie, lorsqu'elle y enverra des forces qui, sans être considérables, seront proportionnées à des desseins d'une certaine grandeur, il ne sera pas facile à l'Angleterre de s'emparer de l'île de Bourbon.

Le commerce extérieur sera incertain, aventureux, tant que la France ne donnera pas plus de force à sa colonie, ou qu'elle ne portera pas d'autres yeux sur l'avenir. Le commerce intérieur de Bourbon n'est pas moins embarrassé dans ses opérations : il n'a point assez de garanties et de facilités; quoique les lois civiles de la France aient été rendues communes à la colonie, elles y manquent généralement de vigueur ; les tribunaux n'ont que trop d'égard à la demande de celui qui sollicite un délai ; la contrainte par corps est à peu près inconnue : il est vrai qu'on ne peut guère l'exercer dans un pays où les blancs sont à ménager ; toute atteinte à la liberté d'un blanc ajoute à l'audace de l'esclave qui est auprès de lui. La colonie n'a ni chambre, ni tribunal de commerce ; elle est cependant assez importante pour jouir de ces avantages; on y trouverait peut-être le moyen de concilier la prudence et l'intérêt. L'île de France a des agents des compagnies d'assurance de Londres et de Calcutta : il faut espérer que les compagnies de France auront aussi leurs agents à l'île de Bourbon ; ce serait à la fois une garantie et une facilité pour le commerce, qui n'est pas toujours à même de recourir aux assureurs du Port-Louis.

La loi des deux colonies a fixé l'intérêt des obligations hypothécaires à neuf, et celui des obligations commerciales à douze pour cent : ce taux n'est pas trop élevé à cause de l'incertitude politique et de l'incertitude des produits du sol; il faut que le capital d'une habitation se reproduise en dix années ; si les colonies avaient vingt ans d'avenir assuré, elles seraient dans une parfaite sécurité. La proportion n'est pas établie d'une manière exacte entre l'intérêt des terres et l'intérêt du commerce; l'habitant qui a un créancier ne se presse point de le payer, parce que ne lui devant que neuf pour le retard, il trouve bien plus d'avantage à faire valoir ses fonds à douze. La faveur accordée à l'agriculture ne doit pas être contraire à la raison. Pour établir la proportion de France, il faudrait que l'obligation hypothécaire fût passible de dix pour cent.

A raison de cette différence de six à douze qu'il y a dans l'intérêt de l'argent, je suis surpris que des capitalistes de la métropole n'aient pas songé à faire valoir leurs fonds dans la colonie; ils y trouveraient des opérations aussi sûres que faciles. Le cultivateur, le négociant, ont souvent des denrées que le retard des arrivages de navires empêche de vendre ou force de livrer à vil prix. On pourrait ouvrir un ou plusieurs dépôts publics où les denrées seraient consignées, gardées pour un temps, et vendues, à défaut de renouvellement d'obligation, pour le compte des propriétaires qui, au moment de la consignation, recevraient, moyennant intérêt, les fonds dont ils auraient besoin. Cette espèce de banque n'aurait-elle pas toute sûreté pour ceux qui l'entreprendraient? J'en avais conçu le projet appliqué à la colonie entière pour toute espèce de produits : j'avais proposé au gouverneur de former un établissement de ce genre où il eût fait fructifier la somme énorme pour un aussi petit pays de plus d'un million et demi enfouie dans le trésor de l'État. Des négociants avaient également demandé à l'administration qu'elle disposât en faveur du commerce d'une partie de ce trésor, vampire insatiable qui attire à lui toute la substance de la colonie : on le fait voir au ministre comme le fruit de l'économie, mais c'est un fruit qui n'en rapporte point d'autres. On commence cependant à en tirer parti pour des travaux d'utilité publique; mais depuis combien de temps ces fonds dorment-ils! le gouvernement n'a écouté aucune des propositions de l'agriculture et du commerce, auxquels il eût été d'un si grand secours dans des moments difficiles (1).

Le bienfait d'un port, ou de tous autres travaux utiles au commerce, aura mauvaise grâce s'il n'est accompagné de toutes les faveurs que l'administration peut y ajouter. La douane est, par exemple, à Bourbon d'une rigueur sans égale : ce n'est point de sa surveillance que je me plains. Dans nos places de France, au moyen des garanties ordinaires que donnent les négociants, c'est-à-dire au moyen de quelques bonnes signatures, on obtient un délai raisonnable pour le paiement des droits. A Bourbon, c'est une défiance injurieuse au commerce, une âpreté fiscale qui ne connaît pas même de lendemain : aussi est-on quelquefois obligé d'anticiper à vil prix sur la vente d'une cargaison pour en payer les droits. Revenant à la banque de denrées dont je vous parlais tout à l'heure, et à la douane dont je vous parle à présent, il est malheureux, très-malheureux que les administrateurs de quelque pays que

---

(1) M. de Freycinet, nouveau gouverneur, vient d'ouvrir une caisse d'escompte pour faire fructifier les fonds du gouvernement, et venir en même temps au secours de l'agriculture et du commerce.

ce puisse être ne soient point au fait des opérations de finance et de commerce, ou que leur timidité, ou qu'un zèle mal entendu, leur fasse séparer l'intérêt de l'état de l'intérêt des administrés (1).

Je suis, etc.

Bourbon, mars 1820.

---

(1) La somme d'un million et demi qui s'est accumulée depuis trois ans dans le trésor eût produit une masse d'intérêts de plus de 450,000 francs. Quelle perte pour un petit pays comme l'île de Bourbon! Ce sont de ces fautes qu'il est impossible de réparer.

LETTRE X.

Vues sur l'établissement des nouvelles colonies, et particulièrement sur Madagascar.

Monsieur le Comte,

Entouré, comme on l'est aux îles de France et de Bourbon, de Chinois et de Malais, d'Arabes et d'Indiens, de Cafres et de Malgaches, il est impossible, de ne pas remarquer entre ces races différentes le plus ou moins d'aptitude aux arts de la civilisation. La distance est grande du noir de Cafrerie à l'insulaire de Madagascar; elle est à peine sensible de ce dernier à l'Asiatique, ou à l'Européen. Ces nuances entre deux peuples de la même zone, séparés l'un de l'autre par le seul canal de Mozambique, ne proviennent pas d'une éducation plus ou moins avancée; il est plus naturel d'en rechercher la cause dans la diversité d'origine et d'organisation: on sait avec quels traits les naturalistes nous dépeignent le Cafre ou l'Africain proprement dit; comme esclave nous l'employons de préférence à la culture de nos habitations; il s'attache à la glèbe, il obéit, il travaille sans réfléchir; il n'a guère d'autre pensée que celle de ses besoins physiques; son imagination resserrée dans un petit cerveau ne nuit point aux fonctions de son estomac; il engraisse, il s'apprivoise dans l'esclavage; le sentiment de sa liberté ne se développe de nouveau que par l'excès des mauvais traitements; c'est un bon serviteur; c'est le nègre par excellence, celui, puisqu'il faut le dire, par qui le cheval et le mulet sont le plus avantageusement remplacés. Donnez un fardeau à porter au Malgache, quelque légère que soit la charge, il la trouvera toujours trop pesante. Il se venge sur son maître, et par les tours qu'il lui fait, et par une paresse bien calculée, d'un droit qu'il sait fort bien n'être que la raison du plus fort. Si un sac de sucre ou de maïs a été dérobé, un Cafre aura pu être l'auteur du larcin, un Malgache ne l'aura-t-il point conseillé? Celui-ci ne vaut pas mieux dans l'esclavage que ne vaudrait un Européen. Mettez entre ses mains une lime ou un rabot, quoiqu'il n'ait jamais vu ces outils, il trouvera bientôt la manière de s'en servir ; aussi tous les arts mécaniques ou d'imitation sont-ils exercés avec succès dans les deux colonies par les Malgaches et par les Indiens, que la nature semble à cet effet avoir également organisés ; nous en faisons les domestiques de notre maison à cause de leur intelligence, quoiqu'on ne puisse guère compter sur leur fidélité ; leur constitution, plus faible que celle des Africains du continent, les rend d'ailleurs moins propres aux pénibles travaux de l'habitation.

L'angle facial du Malgache est, à peu de chose près, aussi droit que celui de l'Européen ; son nez ne s'écrase point comme celui du Cafre, il est ordinairement aquilin ; quoique les lèvres soient généralement épaisses, on en voit d'une grande finesse et d'une juste proportion ; l'œil est moins à fleur de tête, le regard plus pénétrant, le front plus étendu, le cerveau plus volumineux que chez l'Africain du continent. Celui-ci est noir comme l'ébène, il a peu de barbe, ses cheveux sont une laine crêpue : le Malgache a la barbe plus fournie, les cheveux longs et droits ; sa peau est d'un noir olivâtre ou cuivré ; tout décèle en lui une origine indienne ou arabe. Il est aisé de s'apercevoir que les peuples de la mer Rouge, d'approche en approche, sont venus former des établissements à Madagascar; il est probable que les émigrations d'Arabes sont de la plus haute antiquité; elles auront continué. Il existe, comme on le sait, des rapports continuels entre le nord-ouest de Madagascar et plusieurs points du continent, surtout par l'intermédiaire des îles qui auront beaucoup diminué les périls du premier trajet. La langue que parlent les Malgaches n'est autre chose qu'un arabe plus ou moins corrompu, ou mélangé avec une autre langue, que plusieurs voyageurs m'ont assuré se rapprocher de l'Indien (1) et du Malais : d'autres ont cru voir dans les superstitions du pays, quelques traces de l'ancien Judaïsme; il n'est pas étonnant qu'on y retrouve beaucoup de pratiques de la religion de Mahomet; un voyageur a découvert une inscription hiéroglyphique dans la case d'un chef, qui la conservait avec une sorte de vénération. La division des habitants en trois classes ayant une prééminence marquée les unes au-dessus des autres donne lieu de croire à des invasions successives. Cela est d'autant plus probable,

---

(1) Ce sont peut-être des mots de l'ancien samskreet qui se retrouvent dans la langue moderne des Indiens.

qu'il y a des différences de physionomie entre les hommes de diverse condition : ceux de la classe inférieure ont généralement plus de ressemblance avec la race pure des Africains qui auront dû être les premiers peuples de l'île, si cette terre n'a pas toujours été séparée du continent. Toutes ces races se sont plus ou moins croisées par le passage volontaire ou forcé de l'une à l'autre condition : l'enfant d'une Cafrine et d'un Malgache arabe me rappelle d'une manière frappante la figure égyptienne telle que nous la reproduisent les plus anciens monuments. Les noirs qui proviennent de semblables alliances sont doux, patients et laborieux.

Ces aperçus ne tendent qu'à expliquer la supériorité des Madecasses sur les autres Africains, et à démontrer qu'il y a un choix à faire entre les peuples, qu'on veut élever aux bienfaits de la civilisation. Les côtes orientales et occidentales de la grande péninsule sont, jusqu'au-delà de l'équateur, peuplées par deux races croisées dont l'une s'est abâtardie, tandis que l'autre s'est améliorée. On a été surpris de trouver jusque dans le cœur de l'Afrique des peuples noirs avancés dans l'agriculture, dans le commerce, et qui avaient l'idée d'un gouvernement régulier;

l'étonnement eût cessé peut-être en examinant de quelle manière les hommes de ces contrées sont organisés ; ils en tiennent sans doute, mais ils ne sont pas entièrement de cette race pure des Cafres contre laquelle viendrait échouer la patience du philanthrope le plus courageux et le plus expérimenté.

Une servitude morale ou réelle naîtra toujours avec les colonies que formeront les Européens, lorsqu'ils s'établiront dans un pays dont les peuples ne pourront parvenir à les atteindre. La supériorité naturelle de la force ou des lumières est un avantage qu'on ne saurait céder. Sans doute les leçons des Européens, s'il en peut être d'assez généreux pour les donner sans orgueil et sans intérêt, seront utiles au sauvage que la nature a le plus disgracié ; mais dans la crainte d'abuser de sa supériorité, il me semblera toujours préférable de porter ses lumières aux lieux où elles trouveront le moins d'obstacle pour se communiquer.

Madagascar est peut-être sous ce dernier rapport le pays de la terre le plus séduisant pour les tentatives des Européens. De l'époque de Richelieu au temps où nous vivons, la France a cependant dépensé sans succès des sommes énormes pour y fonder un établissement ; si l'on n'a pas réussi, cela ne veut pas dire qu'il soit impossible de réussir. Le premier agent des Français au Fort-Dauphin, ayant enlevé par surprise les naturels qui se confiaient à lui, les avait embarqués sur le navire d'un Hollandais auquel il les avait vendus; Flaccourt, second chef de notre établissement, abandonné par la métropole, ne recueillit que les fruits de l'injustice et de la barbarie de son prédécesseur; de 1664 à 1667, la compagnie des Indes privilégiée pour Madagascar y envoya, comme nous l'avons déjà dit, une colonie toute organisée, composée de près de 2,000 personnes. Soldats et cultivateurs, commerçants, missionnaires et magistrats, ne débarquèrent au Fort-Dauphin que pour en accroître la misère, et désoler tout le pays environnant. La discorde née des prétentions ridicules, le fanatisme religieux, les maladies, se réunirent pour la destruction de ce malheureux établissement. Près de douze millions avaient été consommés dans ces premiers essais. Cela fait pitié, quand on voit dans une relation du temps (1) des gentilshommes se plaindre avec amertume d'un ministre (c'é-

---

(1) Souchu de Rennefort.

tait le grand Colbert), pour les avoir abaissés à siéger avec des commerçants dans le conseil de la colonie. Au milieu de ces débats on ne songea guère à l'éducation des peuples chez lesquels on était venu s'établir.

Un siècle après, le comte de Modave détermina le ministère à relever les ruines du Fort-Dauphin. « Il n'est pas besoin, disait » M. de Modave dans son mémoire, d'en- » voyer des escadres et des troupes pour la » conquête de Madagascar, d'y transporter à » grands frais une société tout entière; de » meilleures armes, de meilleurs moyens » nous donneront cet établissement sans frais; » c'est par la seule puissance de l'exemple, » des mœurs, d'une police supérieure et de » la religion, que l'on se propose de conqué- » rir Madagascar; la société y est toute for- » mée, il ne s'agit que de l'attirer à nous. » M. de Modave, qui avait espéré trouver des compagnons aussi désintéressés que lui-même, n'avait pas demandé 80,000 fr. à l'état; c'était trop peu pour fonder un établissement qui pût avoir de la durée et de la solidité. Trois ou quatre millions furent dilapidés par l'aventurier Beniowski, dont le génie entreprenant eût peut-être obtenu quelque succès, s'il n'eût pas été contrarié par l'île de France, et surtout si ses moyens de séduction n'eussent pas été accompagnés de la plus immorale avidité.

Ces diverses tentatives n'ont cependant pas été tout-à-fait infructueuses, puisqu'elles nous ont donné des leçons dont l'avenir pourra profiter. Nous avons appris à connaître Madagascar et ses habitants : des rapports à peu près continuels se sont ouverts entre la grande île et les colonies de Maurice et de Bourbon. Les Malgaches ont profité de plus d'une manière de ces relations avec les Européens; ils comprennent mieux le commerce; quelques-uns de nos articles de luxe les ont déjà tentés; ils se sont faits d'eux-mêmes nos courtiers pour la traite des noirs, qu'ils reçoivent de Mozambique; enfin nous avons vu se former à Tamatave une espèce de comptoir composé d'une soixantaine de Français, qui y trouvent protection et sécurité. Ne nous faisons cependant pas illusion sur les progrès que la société peut avoir faits à Madagascar, tant les peuples ont de peine à sortir de cet intermédiaire qui fait la transition de l'état sauvage à l'état civilisé; il leur faut un certain concours de circonstances favorables pour faciliter un passage qu'ils ne songeaient point à franchir; il me semble qu'avec un peu d'aide, les germes de civilisation long-temps étouffés à Madagascar ne sont pas éloignés du moment où ils se développeront.

Vers le centre de l'île se trouve le royaume des Ovahs, la province d'Imirn, le grand village de Tananarive où le roi Radam fait ordinairement son séjour : on ne dit pas que le territoire de ce monarque soit très-étendu, mais sa puissance s'est répandue sur l'île entière, et son nom parvenant jusqu'aux établissements européens de Maurice et de Bourbon l'y a fait connaître comme le premier des princes de Madagascar. Radam paraît avoir quelque idée d'un gouvernement régulier; la police la plus sévère est observée à Tananarive; les commerçants y sont particulièrement protégés; les gouvernements de nos deux colonies ont recherché son alliance dans l'intérêt de leur nation; c'est à la nôtre qu'il donne une préférence marquée; le caractère facile et confiant de nos Français a plus séduit les Malgaches que les promesses du gouvernement britannique. Ces insulaires nous aiment malgré nos fautes, malgré les torts que nous avons eus à leur égard. Il y a chez l'Anglais une sorte de fierté, un air de prétention, une susceptibilité nationale qui l'éloigne de ceux dont il aurait besoin de se rapprocher. Le Portugais était fanatique; le Hollandais est dur et avare; du cap de Bonne-Espérance au Kamschatka, chacun de ces peuples d'Europe a rencontré dans l'établissement de ses colonies des obstacles résultant du caractère qu'il y avait apporté. Notre Français arrive à peine qu'il est déjà du pays qu'il vient habiter : il est de la case, de la famille du sauvage; il s'habille comme lui, s'accroupit sur la natte où les autres sont accroupis, partage leur repas sans dégoût, leur offrant de bon cœur ce qu'il peut avoir lui-même apporté. Dans toutes les colonies, soit anciennes, soit nouvelles, il est bien important de n'envoyer pour chefs que des hommes qui aient quelque chose de cette simplicité, de cette confiance, de cette engageante cordialité.

Le roi Radam, par l'intérêt qu'il leur porte, attire les Français dans ses états; j'ai vu la plupart des personnes qui se sont rendues près de lui. On dit que son secrétaire est un ancien sergent de la garnison de Bourbon (1). Le jeune roi des Ovahs, moins barbare qu'on ne le penserait, se plaît au récit de

---

(1) Il s'appelle Robin.

nos exploits; la France est à ses yeux la première des nations civilisées : n'est-ce pas un plaisir d'apprendre que quelques rayons de notre gloire ont pénétré jusqu'au milieu des montagnes de Madagascar (1)?

Il y a donc des dispositions favorables, dont il ne tient qu'à nous de profiter. Il est essentiel d'observer que les institutions politiques et religieuses du pays ne sont point un obstacle que l'on ait à redouter; elles ne se prêtent point d'appui réciproque, n'ayant point cette force qu'elles acquièrent parmi les peuples policés dont elles ont elles-mêmes avancé la civilisation. Il vaut mieux avoir une première éducation à faire que d'en trouver une qui soit à recommencer : par exemple, ce serait une tentative presque chimérique de vouloir rendre les Indiens différents de ce qu'ils étaient sous Alexandre, de ce qu'ils sont encore aujourd'hui. Le caractère de leurs institutions s'est profondément imprimé; il n'est pas plus effaçable que la mar-

---

(1) Radam avait un frère aîné : leur père jugeant que celui-ci n'était pas digne d'être son héritier, le tua de sa propre main, afin d'assurer la couronne à son second fils, plus capable de la porter : admirable trait de barbarie, non moins inouï parmi les Malgaches que parmi les peuples policés.

que d'une chaîne que l'on a trop long-temps portée : l'arbre des vieilles forêts serré par les replis d'une liane vigoureuse n'est plus qu'une colonne torse que la nature elle-même ne parviendrait point à redresser. Les Européens n'obtiendront que difficilement dans l'Inde de ces succès qui flattent le cœur, et que l'humanité bien dirigée obtiendrait probablement sans beaucoup de peine à Madagascar.

Ne songeons point à y fonder d'établissement qui ne réussirait que pour l'avarice des Européens. Si vous consultez les habitans des anciennes colonies, la plupart vous diront qu'il faut acheter des esclaves à la côte d'Afrique, les porter à Madagascar et y former des cafeteries ou des sucreries comme celles des Antilles, comme celles de l'île de France et de l'île de Bourbon. Sans parler des autres inconvénients, des autres difficultés, qu'il suffise d'observer que créer une colonie avec la servitude, c'est vouloir bâtir sur le principe de sa prochaine destruction. Sans doute on aime à se dire : « Un homme est à moi, plu- » sieurs hommes sont à moi. » Il faut en convenir, l'esclavage a de plus fortes racines dans l'amour-propre que dans l'avarice des maîtres ; ils savent fort bien que l'esclavage ne vaut rien, qu'il les asservit eux-mêmes: en effet, amour-propre mis à part, le sort de l'homme occupé sans cesse à retenir une chaîne, est-il beaucoup plus heureux que le sort de celui qui est condamné à la porter?

En France on nous dit: « Si vous voulez vous établir à Madagascar, envoyez-y de bons paysans de la Bretagne ou du Limousin pour y cultiver à la sueur de leur front les terrains que vous avez à leur distribuer. » D'autres se récrient de ce qu'on ne fait pas doubler le cap de Bonne-Espérance au superflu de notre population, de ce qu'on ne forme pas sur quelque point de l'Océan des Indes un nouveau Botany-bay pour les proscrits et les mauvais sujets : c'est ainsi qu'on lance à la mer des hommes dont on veut se débarrasser, et cela sans aucune idée positive sur l'avenir, sans s'inquiéter du sort des peuples chez qui nous voudrions les expédier.

Notre gouvernement français aurait-il la constance de l'Angleterre? s'engagerait-il aux sacrifices que cette dernière a faits et fait encore pour son Botany-bay? Disons-le tout de suite, Madagascar n'est point un pays qu'il convienne de livrer sans réflexion à des mauvais sujets; ce serait un voisinage trop dangereux pour les îles de France et de Bourbon, bientôt condamnées à recevoir tous ceux que l'insalubrité de la côte aurait épargnés. Ce n'est pas d'ailleurs sous la zone torride, où les facultés physiques de l'Européen perdent bientôt leur énergie, que l'on contiendrait une population qui réclame un régime aussi ferme que vigoureux; enfin apporterons-nous des fléaux à des peuples avec qui nous pouvons au contraire partager une partie des biens dont nous jouissons?

Assurément nos paysans cultiveront la terre sous le soleil le plus brûlant; jetés sur une île déserte, leur industrie saura pourvoir à leurs besoins. Ceux qu'on enverrait à Madagascar n'y viendraient point pour lutter avec la nécessité; trompés dans leurs espérances, abandonnés par leur courage, trop voisins des deux colonies où le travail déshonore la main des blancs, les nouveaux débarqués demanderont à quitter un climat accablant, et une terre sur laquelle ils rougiront de se courber; ils aimeront mieux se faire les courtiers du premier marchand d'esclaves, qui les viendra tenter. L'Européen a soumis l'univers à la puissance de son génie; toutefois les moyens d'exploiter le domaine qu'il s'est conquis, se modifient par la différence des lieux où l'on aurait à les employer. La plante des zones tempérées peut se naturaliser entre les tropiques, mais elle change ses habitudes; vous la voyez fleurir, vous voyez ses fruits se développer dans la saison la moins brûlante, qui lui rappelle davantage le printemps et l'automne de son premier climat; pendant l'été quelques traits du soleil de la zone torride suffiraient pour la flétrir et pour la dévorer; la nature a donné une constitution plus forte à la plante, une pulpe plus ferme, ou une écorce plus épaisse aux fruits dont elle a placé la patrie sous l'équateur; la plante pour croître, le fruit pour arriver à sa maturité, n'ont pas trop de tous les feux dont le ciel serait embrasé. Il en est de même des hommes que la nature a diversement constitués, à raison du climat qu'elle a voulu leur assigner.

Un philanthrope célèbre a écrit : « Je ne sais » pas si le café ou le sucre sont nécessaires » au bonheur de l'Europe, mais je sais bien » que ces deux végétaux ont fait le malheur » des deux parties du monde; on a dépeuplé » l'Amérique afin d'avoir une terre pour les » planter; on a dépeuplé l'Afrique afin d'a- » voir une nation pour les cultiver. » La question est mal établie; on a dépeuplé l'Amérique pour avoir de l'or, on a acheté des

Africains pour remplacer les bras qu'on avait détruits, et pour retirer de la terre des trésors plus véritables que ceux qu'on y avait d'abord cherchés. Bernardin de Saint-Pierre s'est mépris en prétendant qu'on ne pouvait acheter le sucre et le café qu'avec la liberté, qu'avec le sang de l'Africain. La haine que ce grand écrivain avait conçue pour des colonies où son amour-propre n'avait pas été satisfait a fermé son cœur aux inspirations d'une prudente humanité; celle-ci ne consiste point en cris de vengeance, en vaines paroles, mais en secours, ou du moins dans l'indication des secours contre le mal dont l'aspect nous fait souffrir. Une réflexion bien simple eût pénétré dans un cœur moins aigri, moins passionné; elle lui eût été suggérée par Montesquieu lui-même : « Quel bien, dit ce » dernier, les Espagnols ne pouvaient-ils pas » faire aux Mexicains? ils avaient à leur don- » ner une religion douce, ils leur apportèrent » une superstition furieuse; ils auraient pu » rendre libres les esclaves, et ils rendirent » esclaves les hommes libres...... Je n'aurais » jamais fini si je voulais raconter tous les » biens qu'ils ne firent pas, et tous les maux » qu'ils firent. » Eh bien! les colonies ont été mal constituées dans le principe; il fallait, avant de l'y établir, examiner si l'esclavage y était d'une si grande nécessité; comme il fallait il y a cent ans, comme il faut encore aujourd'hui, dans nos anciens établissements, rechercher la guérison des maux que l'on a faits. En m'aidant d'expériences déjà connues, peut-être parviendrai-je à vous indiquer une partie des moyens qu'il conviendrait d'employer.

C'est le travail, c'est l'ordre, c'est le bien-être et non le mal que nous voulons apporter à Madagascar. L'esclavage renferme en soi des germes funestes à l'avenir; les forces physiques de l'Européen ne peuvent résister aux feux de la zone torride ; l'intelligent mais paresseux Malgache n'a vu jusqu'à ce moment que de la fatigue dans le travail. Ce peuple a tous les vices de l'état sauvage : il est comme l'arbre qui produit moins parce qu'il n'est pas émondé, parce qu'il n'est pas ou parce qu'il est mal cultivé.

Nous n'avions pas autrefois les ressources que nous avons aujourd'hui pour répandre parmi les Malgaches les bienfaits de la civilisation. L'île de Bourbon, devenue florissante par le secours de Madagascar, est la source où cette dernière ira puiser à son tour les éléments de sa prospérité : ce sont des hommes faits au climat, des noirs, mais des noirs instruits, que nous devons prendre pour créer notre établissement : choisissons-les de préférence dans la race croisée des Malgaches et des Mozambiques ; nous avons observé que c'étaient les meilleurs sujets. On a demandé à faire sortir de Bourbon une partie de la population oisive des affranchis ; on a semblé offrir quelque appât à ceux qui consentiraient à s'expatrier : n'amenons dans une nouvelle colonie aucun homme dégradé par l'oisiveté. Il y a dans les affranchis noirs de bons cultivateurs, des ouvriers intelligents et laborieux, ce sont ceux-là que nous devons séduire et rechercher ; nous n'en demanderons pas un grand nombre, pour que la colonie n'éprouve pas une privation trop sensible des bras dont elle aurait besoin.

Comme on n'est pas certain de trouver beaucoup d'hommes de bonne volonté pour s'expatrier, et qu'il est d'ailleurs nécessaire d'avoir dans le principe des instruments sur lesquels on ait un pouvoir plus absolu, il serait bien, ce me semble, d'acheter un certain nombre d'esclaves de diverses professions, la plupart cultivateurs et, tous aussi dignes qu'ils peuvent l'être de la liberté. Des hommes de la zone torride ne changeant point de climat connaîtront beaucoup mieux la nature et la distribution des travaux agricoles que des Européens nouvellement débarqués; il n'y a guère de propriétaire dans nos colonies qui ne reçoive lui-même quelques leçons de ses esclaves les plus intelligents.

Avant de faire embarquer notre colonie pour Madagascar, avant d'entrer dans le développement de son organisation, les antécédents doivent être sérieusement considérés. Les côtes de Madagascar sont insalubres : comment nous préserver de cette insalubrité? Quel est le lieu à préférer pour nous y établir? Quelle conduite avons-nous à tenir avec les princes et les peuples du pays? Comment donnerons-nous de la force à notre établissement? comment le défendrons-nous contre les ennemis du dehors et contre les ennemis du dedans? Ces questions se lient entre elles et se présentent à la fois à l'esprit : aussi ne puis-je mettre beaucoup d'ordre dans leur examen.

L'insalubrité provient des marais formés par le débordement des rivières qui ne sont point contenues dans leur lit, ou dont l'embouchure est embarrassée par les débris qu'elles ont entraînés.

La côte vers laquelle seulement les eaux s'extravasent pourra être assainie un jour par des travaux qu'on ne peut songer à entreprendre avec peu de forces et dans l'incertitude d'un premier établissement. Cette ceinture de miasmes délétères, dont Madagascar est presque entouré, varie dans une largeur de trois à dix lieues; il y a des points où les effets en sont à peine sensibles, mais ces points sont dans la longueur de la côte de l'ouest où nous n'avons pas les mêmes raisons d'aller nous établir. D'après les relations qui m'ont été faites par un grand nombre de voyageurs, une colonie agricole ne pourrait se maintenir sur cette ceinture malsaine dont on vient de parler. Sous plusieurs rapports indépendants du motif de santé, il serait préférable de se placer dans l'intérieur des terres, en ne s'éloignant cependant du rivage qu'autant qu'il serait nécessaire pour se préserver de son insalubrité; et dans un lieu d'où l'on communiquerait facilement, soit par terre, soit par eau, au port que l'on aurait adopté. Veuillez ne point me faire d'objection avant que je n'aie à revenir sur ce sujet. Ne connaissant pas le pays, il ne m'est pas permis d'indiquer le port qu'il conviendrait de choisir; le gouvernement, d'ailleurs, doit être fixé à cet égard. On se rapprochera sans doute, autant qu'il est possible, du prince avec lequel nous nous serions accordés; d'après l'opinion générale, Radam est de tous les chefs de Madagascar celui que nous avons le plus d'intérêt à faire entrer dans l'exécution de nos projets.

En 1666, lorsque le marquis de Mondevergues fut arrivé au Fort-Dauphin sous le titre de vice-roi de la France orientale, parmi les chefs qui vinrent lui rendre hommage se trouvait une princesse nommée *Dian Nong*, remarquable, disent les relations du temps, par son caractère et par sa beauté. Elle se présenta de bonne grâce à M. de Mondevergues, lui offrant un troupeau de bœufs, des pierres précieuses et des corbeilles remplies des plus beaux fruits; le vice-roi lui offrit en échange des bracelets et des colliers de verre qu'elle accepta pour ne pas humilier les Français, disant toutefois aux siens que des gens qui agissaient si petitement n'étaient pas capables de grandes choses. Cette leçon ne sera point perdue pour nous : nous devons montrer de la noblesse et de la générosité au prince de Madagascar dont nous voulons faire notre allié. Quelques-uns de nos précieux tissus, de la vaisselle, de belles armes, des chevaux richement harnachés, quelque attention directe de la part de notre souverain, ne seraient point pour nous une vaine recommandation. Que le prince malgache soit positivement instruit de nos desseins, qu'il trouve un avantage réel dans leur exécution ; ne l'aidons de nos forces que pour accroître sa puissance ; nous nous donnerons ainsi un appui réciproque. Si l'on envoie des troupes, c'est à Radam lui-même que nous aurons à les offrir ; quand nous lui en aurons inspiré le besoin, s'il veut des ingénieurs civils et militaires, des instruments, des livres, tout ce qui est nécessaire enfin pour propager l'instruction, soyons empressés de les lui procurer ; ne songeons point à nous étendre par invasion, à nous fonder un droit sur l'injustice, à nous rendre propriétaires de Madagascar ; de tels moyens nous détruiraient. C'est une école pratique d'agriculture, de civilisation, que nous devons avoir la seule prétention d'y établir. Elle ne peut être que dans l'intérieur, afin d'en propager plus facilement les effets ; la force d'un corps, d'un état, vient du dedans et non du dehors ; c'est dans la terre et non à sa surface qu'il faut déposer le germe qu'on veut faire fructifier. Notre force proviendra donc de notre position; notre prospérité naîtra de la prospérité de Madagascar.

Dans le principe on fit du Fort-Dauphin une place de guerre, une place de commerce: on avait envoyé des soldats qui rançonnaient le pays pour se nourrir, et des marchands qui n'avaient rien à vendre faute de consommateurs, et rien à acheter, parce qu'il n'y avait pas de terrain cultivé qui fournît des produits à l'exportation. Nous n'avons pas besoin de créer une place de commerce; il arrivera des marchands et des navires du moment que nous aurons quelques denrées à leur livrer. L'insalubrité ne sera point un obstacle, pas plus qu'à Smyrne, qu'à Batavia, qu'à New-Yorck et à la Martinique; d'ailleurs pendant sept mois de l'année elle n'est pas à redouter; Beit-el-Fakir est à trente lieues de Moka; le champ cultivé n'a pas besoin d'être à la porte du marché. A Madagascar point de colonie sans établissement agricole, point de cultivateur étranger au climat; point de champ que la fièvre vienne moissonner. Entreprendre une culture sur l'extrémité du rivage, ce serait effleurer des lèvres une coupe remplie d'un vin généreux, mais dont les bords seraient empoisonnés; il faut d'ailleurs qu'on n'ait point cette vue de la mer qui donnerait la tentation de lever le camp et de se rembarquer.

Le seul avantage que nous ayons à réclamer, et celui-là est grand sans doute, ce serait de n'admettre que les Français dans les comptoirs ou marchés qui ne tarderaient point à s'ouvrir sur la côte, pour peu que notre établissement commençât à prospérer. Quant à l'état militaire, nos forces se distribueraient de cette manière : une partie au port; une partie dans l'établissement, avec facilité d'alterner, de se replier l'une sur l'autre; et une troisième partie à la disposition du chef malgache, s'il avait des secours à réclamer.

Le droit légitime que nous avons sur Madagascar, par une occupation non contestée par les Portugais, ne peut s'exercer qu'à l'égard des autres prétendants; mais à l'égard des princes du pays, ne faisons point valoir un droit qui ne serait pas fondé sur l'équité. Dût-il être exploité uniquement pour leur avantage, ne prenons possession d'aucun terrain sans l'avoir obtenu par concession gratuite, ou par achat volontairement consenti; il est essentiel que la moralité des agents français n'offre pas moins de garanties aux peuples de Madagascar qu'à la nation généreuse dont ils seraient les délégués.

Maîtres d'un terrain vaste, arrosé d'une rivière pour le mouvement des usines, et, comme on l'a fait observer, pouvant avoir une communication avec la côte, nous faisons les dispositions de notre établissement. Le défaut d'abris et de ressources pour le premier moment a fait échouer les projets les mieux conçus ; c'est ici que nous avons besoin du concours des Européens : je proposerais de faire partir de France, au plus tard dans les premiers jours de janvier (1), un bâtiment qui avec les agents en chef porterait à Madagascar un ingénieur et une compagnie d'ouvriers de diverses professions. Arrivés à la côte, et nous étant gardés de toucher aux îles de France et de Bourbon, après avoir tout concerté avec le chef notre allié, ce qui pourrait occasionner un retard de trois semaines ou un mois, nous prendrions possession du terrain à exploiter, nous ferions limiter notre concession, et sur-le-champ nous emploîrions nos ouvriers à la construction des cases de l'établissement. Il

―――――――――――――――

(1) Afin de profiter de la saison favorable.

serait nécessaire de pourvoir l'expédition d'un certain nombre de tentes portatives, afin d'avoir sur-le-champ un abri provisoire. L'année entière serait employée aux premières constructions, à quelques défrichements indispensables, et aux travaux pour faciliter la communication avec le port. On ferait encore, si le temps le permettait, quelques plantations de vivres au moment où la saison des pluies commencerait.

Pour accélérer et pour étendre les différents travaux, nous recruterions de ces gens du pays qui, sous le nom de marmites, s'engagent au service des Européens; ils y trouveraient leur avantage autant que le nôtre; ce sont d'ailleurs des hommes dont on commencerait ainsi l'éducation. S'il y a des prisonniers de guerre, des esclaves destinés à la traite, faisons sentir aux chefs qu'il est plus avantageux de les employer pour l'utilité du pays que de les vendre aux Européens.

Un seul agent ne peut suffire pour l'accomplissement de nos projets : les travaux s'exécuteraient par les soins de l'ingénieur, la colonie s'organiserait sous la direction d'un chef expérimenté dont la présence serait continuellement nécessaire à l'établissement, tandis qu'un autre agent ne serait occupé qu'à voyager. Celui-ci serait tour à tour à Bourbon, dans l'Inde, en France, à Madagascar, pour rassembler tous les éléments, tous les matériaux dont nous aurions besoin; les deux chefs agiraient de concert. Après avoir pris connaissance des localités, et pendant l'exécution des travaux, le dernier agent se rendrait à Bourbon pour y recruter les forces dont on a précédemment parlé; cette mission exigerait un homme de probité, qui connût bien le pays, et qui sût trouver parmi les affranchis et les esclaves les meilleurs ouvriers et les meilleurs sujets.

Ne nous dissimulons point que Bourbon verrait d'un œil d'envie notre nouvel établissement; il faut se prémunir contre les petites vues, contre ces petits intérêts par lesquels on serait entravé. On se rappelle combien l'île de France a été contraire aux tentatives faites pendant le dernier siècle à l'île de Madagascar : si l'on donne au gouverneur de Bourbon la suprématie sur la nouvelle colonie, il est à craindre qu'il ne la voie trop en seconde ligne, et qu'ainsi l'objet principal ne se rétrécisse dans son esprit au lieu de s'y agrandir; il est donc important qu'il y ait un intermédiaire dont les regards se fixent à la fois sur l'un et sur l'autre établissement.

Une cinquantaine de noirs libres qu'on pourrait garantir, tous de l'âge de 25 à 35 ans, suffiraient à nos premiers besoins, sauf à augmenter ensuite en proportion du développement de notre colonie. Nous demanderions encore trois cents noirs esclaves, qui, comme les affranchis, seraient maçons, charpentiers, forgerons et cultivateurs, ces derniers au fait de tous les travaux d'habitation : nous n'avons personne à Bourbon qui connaisse bien la culture et l'exploitation de l'indigotier ; il nous faudrait quelques Indiens capables de diriger un atelier (1).

Ne craignons point de faire de sacrifices pour l'achat de nos esclaves ; ce sont là les bras sur lesquels nous devons le plus compter. Avec quelque modification, n'entrons-nous pas dans la pensée des Européens ? ils veulent que Madagascar soit le Botany-Bay

---

(1) Ce serait nuire à Bourbon que d'enlever aux besoins de cette colonie trois cents noirs bons sujets : on ne pourrait lui donner une trop forte indemnité. Je suppose que la colonie offrirait volontiers ces trois cents noirs à celui qui réduirait ses impôts de la moitié. D'ailleurs les noirs seraient bien payés. On verra dans les deux lettres suivantes de combien de charges je propose de dégrever la colonie, qui, au moyen de cette compensation, ne me saura pas mauvais gré de ce que je lui demanderais pour Madagascar.

de nos condamnés : au lieu de blancs nous amenons des noirs bons sujets qui, sans crime, étaient condamnés à l'esclavage, et que nous voulons racheter en faisant tourner leur industrie à leur profit; nous ne demandons que le changement de couleur nécessité par le climat.

Tout étant disposé de part et d'autre, la colonie faite à Bourbon serait transportée au lieu de sa destination à Madagascar; chacun y trouverait sa case, ses outils, son ménage, son atelier et la portion de terrain qu'il aurait à cultiver.

Quant aux blancs que nous aurions amenés, leur tâche serait finie; nous conserverions l'ingénieur et ceux des ouvriers dont la profession serait nécessaire à la nouvelle société. Je n'ai pas eu besoin de dire qu'il y aurait encore d'autres blancs attachés à l'établissement, tels qu'un médecin, deux ou trois jeunes gens instruits en botanique et en chimie; il est probable que les recherches faites sur les végétaux et sur les minéraux nous ouvriraient quelque nouvelle branche d'industrie à Madagascar.

La condition de nos esclaves changerait en arrivant; ils auraient, comme les autres, chacun leur part dans les concessions, mais ils ne seraient d'abord que fermiers de l'établissement, tandis que les libres obtiendraient leur concession en toute propriété. Nous ne demandons des esclaves que pour avoir des instruments tout faits, au lieu d'avoir à les faire.

Une question de la plus haute importance vient ici nous arrêter : la distribution du travail et des cultures doit-elle se faire dans une colonie libre de la même manière que dans une colonie où l'esclavage est établi?

Là où règne l'esclavage, le plus riche, ou, pour mieux m'exprimer, le maître qui récolte le plus, proportion gardée, avec un moindre terrain et de moindres moyens, est celui qui a la plus grande culture et les plus nombreux moyens d'exploitation; ainsi celui qui a cent noirs, fait, par exemple, en sucre, au-delà du double de ce qu'un autre ferait avec cinquante noirs; je crois, dans une lettre précédente, en avoir donné la raison (1).

Il y a des plantes qui ne conviennent point au système de nos anciennes colonies, parce qu'il ne faudrait pas les cultiver en grande exploitation : tel est le caféier ; nous en avons couvert des terrains immenses aux Antilles

---

(1) Page 207.

et à l'île de Bourbon : qu'est-il arrivé ? Le caféier a refusé de se perpétuer sur un sol qu'il a fatigué. Comme le dépérissement est successif, on voit année par année ses revenus décroître; quand il n'y a plus ou presque plus de produits, le maître appauvri est obligé de recourir à des emprunts, à des forces étrangères, pour tenter une nouvelle culture, de nouvelles chances, remettre enfin son terrain en valeur, si toutefois il n'est pas entièrement découragé.

Ne cultivons le caféier que sur une petite partie de nos propriétés, afin de conserver une place aux autres cultures, et d'alterner lorsque le temps en sera arrivé. Le caféier et le giroflier, pour les soins, pour la récolte des fruits, demandent les mêmes attentions que les arbres d'un jardin : on a dit qu'on ne pouvait se passer d'esclaves ; je réponds au contraire qu'il ne faut que des hommes libres pour la culture du caféier. Ne répétons donc point avec le doléant philanthrope que ce qui sert à nos plaisirs est mouillé ou a besoin d'être mouillé des pleurs et teint du sang des Africains. En Arabie, le père, aidé de ses enfants, prodigue ses soins à l'arbuste précieux dont les fruits seront le tribut offert au sultan; la vente du surplus ne sera destinée qu'à procurer quelques douceurs à la famille, quelques agréments de plus à la maison. Voyez comme l'Arabe est occupé à émonder son pied de café, à lui donner un léger ombrage, à couper les branches d'en bas, à ne laisser que celles d'en haut qui donnent une fève plus parfumée; soir et matin, dans les terrains trop secs, les eaux d'une source sont distribuées en filets autour de chaque plant; les grains ne sont détachés qu'en parfaite maturité, on ne les fait sécher qu'à l'ombre, on les préserve de la moindre humidité (1). C'est par de tels soins, qu'on ne peut attendre d'un esclave, et que ne permettrait point une grande exploitation, que le café de Moka l'emporte sur celui de nos colonies orientales, quoiqu'ils soient tous les deux enfants du même pays et cultivés sous le même climat (2). Ces détails ne sont point indifférents pour notre établissement de Madagascar. Sous Louis XIV, Colbert fit voyager des

---

(1) Traité du Caféier, par l'arabe Abdalkader.

(2) Les travaux pour la culture du caféier sont des travaux de famille; on peut y occuper les femmes et les enfants. Il n'y a de fatigant que le *pilage* du café, si l'on n'y emploie que des bras à défaut de moulin.

hommes instruits pour connaître la manière de cultiver le caféier en Arabie, et les procédés des arts mécaniques en usage parmi les Indiens : il est malheureux qu'on ne se soit pas assez attaché à observer le rapport qu'il pouvait y avoir entre certaines cultures et l'état politique des cultivateurs.

Les sucreries semblent exiger un plus grand concours de moyens, lorsqu'on veut être à la fois cultivateur et manufacturier; mais on peut diviser les forces pour la culture, et ne les réunir que pour la fabrication; le fabricant n'a besoin pour cela que de s'entendre avec le cultivateur.

Ces observations démontrent que les cultures dites coloniales ne s'opposent point à la division du travail, si favorable dans l'état de liberté et à l'émulation et à l'accroissement de la masse des produits.

La prospérité de notre nouvelle colonie dépend donc, dans le principe, et des bras à employer, et d'un grand discernement dans la distribution du travail et des terrains concédés. Nous formerons pour chaque colon un petit corps de ferme ou de propriété; une partie de la concession sera spécialement destinée à lui assurer des vivres; les autres parties seront distribuées pour les diverses cultures, telles que celles du coton, du café, de la canne et de l'indigotier. Le fermier sera tenu à une redevance en nature pour les produits qui ne demandent point de fabrication ; quant aux autres, tous les colons seront tenus de fournir à l'usine qu'on ouvrirait, moyennant une rétribution proportionnée à l'état de propriétaire ou de fermier ; ces derniers, à tour de rôle, s'acquitteront d'un certain nombre de journées pour les travaux de fabrication. Nous n'aurions d'abord qu'une sucrerie, qu'une indigoterie, surveillées par le chef de l'établissement ; nous engagerions quelques habitants à nous imiter en ouvrant eux-mêmes des ateliers d'exploitation (1).

Si, au lieu de faire un partage des terres même entre les esclaves, nous réunissons nos bras pour l'exploitation d'un terrain indivis, les colons n'y trouveront que l'intérêt du chef ; il n'y aura point d'émulation, point d'intérêt personnel, d'espérance pour

---

(1) On craint que des fermiers ne produisent pas autant ⟨qu⟩e des noirs esclaves travaillant en commun sur une ha⟨bi⟩tation. Dans nos colonies, les frais sont au revenu brut ⟨dans⟩ le rapport de 3 à 7. Un esclave produit deux cent ⟨cin⟩quante livres de café, ce qui donne au maître cent qua⟨ran⟩te-trois livres en revenu net. Il n'y a point de fermier ⟨li⟩bre qui ne puisse en rapporter beaucoup plus.

son propre avenir ; il n'y aura que des promesses sur lesquelles on ne peut compter comme sur le produit réel de sa propre industrie.

Au reste, dans la plupart de nos entreprises l'expérience éclairera notre marche à mesure que nous avancerons ; c'est à raison des résultats obtenus qu'il conviendra d'affranchir successivement les fermiers, car ils n'auront d'abord qu'une liberté provisoire. Au don de la liberté définitive se joindra celui de la terre qu'ils auront cultivée de manière à mériter un semblable bienfait. Ce n'est guère qu'après trois années qu'on pourra commencer les affranchissements. A l'expiration de sept années, c'est le temps qu'il faut pour la croissance d'un caféier, tous les fermiers seront libres et propriétaires, à l'exception de ceux que leur mauvaise conduite obligerait de renvoyer comme esclaves dans la colonie d'où on les aurait tirés. Nos cultivateurs auront assez d'intelligence pour comprendre leur intérêt à bien faire : les Malgaches nos voisins, comprenant de même l'avantage qu'on peut tirer du travail, seront probablement tentés de les imiter. Pour les y disposer, essayons de les attirer parmi nous ; nous ferons en sorte de conserver ceux qui nous auraient aidés dans nos premiers travaux ; nous en attacherons plusieurs à chaque propriétaire, à chaque fermier, comme domestiques ou garçons de ferme, mais en promettant des récompenses aux plus intelligents, aux plus laborieux. A leur tour ils deviendront eux-mêmes d'abord fermiers, puis propriétaires. Quel avantage si dès la première année notre population en étrangers et en naturels pouvait s'élever à mille ou douze cents individus (1)!

---

(1) On dit qu'on a le projet, en formant une colonie à Madagascar, d'établir de grandes cultures exploitées par des noirs engagés, c'est-à-dire par des esclaves loués des princes du pays, à la condition qu'après un certain nombre d'années l'esclave appartiendra à l'Européen, qui à la même époque, ou vers cette époque, sera obligé de l'affranchir. Ce moyen est essentiellement vicieux, quoiqu'il semble favorable à l'humanité. On donnera, je suppose, cent engagés à un propriétaire : l'habitation ne sera point partagée entre les cultivateurs, ils travailleront en troupe comme dans nos anciennes colonies : j'admets qu'ils ne seront point maltraités, que leurs maîtres seront les plus humains des maîtres, il n'en est pas moins vrai que leur condition sera celle de l'esclave qui n'a rien à lui, nul intérêt présent dans le travail, et que la liberté promise au bout de quatorze ans sera trop incertaine pour stimuler l'engagé, qui assurément n'apercevra point un but aussi éloigné. On n'aura donc qu'un esclavage maladroitement déguisé ; d'ailleurs, après l'affranchissement des premiers engagés, il faudra encore de nouveaux engagés.

Nous ne songerons à nous étendre qu'après avoir acquis une force réelle. Pour accroître cette force, tandis que notre colonie prendra

---

Après quatorze années d'engagement les noirs n'auront pris que les habitudes, que les vices de l'esclavage ; ils auront appris à détester le travail, et je doute que l'on en puisse trouver plus de dix qui méritent, après une telle éducation, le bienfait de la liberté. Il est probable que la population des engagés ne se maintiendra point au pair ; ainsi donc, créer des habitations avec ce système, c'est manquer le but présent et ne rien assurer pour l'avenir. Il arrivera d'ailleurs ce qui arrive dans nos colonies ; la classe des affranchis sera un fléau au lieu d'être un avantage pour la nouvelle société. En définitive, je ne me fierais point à d'anciens colons, ni à de tels moyens pour l'éducation des Africains.

Si l'on demandait à Bourbon 300 noirs esclaves pour les diviser seulement en deux ou trois exploitations, ce ne serait que transporter l'esclavage d'un lieu dans un autre lieu ; je n'ai voulu avoir que de très-bons sujets afin de leur donner sur-le-champ un intérêt dans la propriété : la désertion ne sera pas beaucoup à craindre, parce que les fermiers que nous établissons ne trouveront nulle part plus de bien-être et de sécurité. C'est à ces fermiers que nous donnerions un nombre limité d'engagés qui vivraient en commun avec eux, qui seraient de la maison, de la famille. Dans le système de la petite propriété, le serviteur est bien plus rapproché du maître ; leur condition est à peu près égale ; il n'est point de garçon de ferme qui n'ait l'espoir de devenir fermier.

Qu'on y fasse attention, l'on ne parviendra dans les anciennes colonies à y introduire par degrés la liberté qu'en changeant le système de culture, qu'en divisant d'abord les propriétés entre de petits fermiers qui deviendront les appuis

du développement dans la longueur du littoral, attaquons la barbarie jusque dans le cœur de Madagascar; ajoutons de nouveaux moyens aux instruments de civilisation que nous aurions donnés à Radam dès le principe de notre établissement. C'est une excellente pensée du ministère que de faire venir en France des enfants de Madagascar pour les instruire dans nos écoles d'arts et métiers; demandons une partie de ces enfants à nos plus proches voisins; demandons le reste aux pères de famille de Tananarive, si c'est Radam que nous avons adopté. Au lieu de ces jeunes plants qui seraient demeurés sans produire, nous rendrons des arbres chargés de semences précieuses qui seront autant de germes de civilisation : cela vaudra beaucoup mieux encore que de leur apporter la canne et le caféier.

On fait, dit-on, en ce moment plus de sucre qu'il ne s'en consomme : on pourrait ne fon-

---

et non les ennemis de leurs maîtres, comme les esclaves le sont aujourd'hui.

Je le répète, si à Madagascar on n'intéresse pas sur-le-champ le cultivateur à la propriété, le vice de l'établissement y amènera au moins de grands désordres, s'il n'est pas même la cause de sa destruction. Je ne suppose pas que la tentative faite en ce moment à Madagascar ait aucun succès.

der un établissement, n'instruire les peuples qu'avec les cultures et les arts nécessaires aux premiers besoins ; peut-être serait-on découragé par la lenteur des progrès d'une éducation pour laquelle ces seuls moyens seraient employés. Nos anciennes colonies sont demeurées sans importance, tant qu'elles n'ont pu fournir d'aliment au commerce extérieur. Nous avons besoin de stimuler l'émulation par l'appât d'un prochain bénéfice : dans une terre neuve, au bout de quinze mois, la canne nous donnera d'abondants produits ; gardons-nous bien de négliger en sa faveur les autres cultures qui, plus lentes à la vérité, nous offrent cependant des revenus dont la vente est plus assurée : le girofle, dont la consommation peut s'accroître par son emploi dans la teinture ; le caféier, qui ne se reproduit plus dans les anciennes colonies ; le coton, l'indigo, la cochenille que nous recevons en grande partie de l'étranger, réclament de nouvelles colonies sous cette zone torride dont ils sont la véritable richesse ; c'est leur propre patrie qu'ils n'ont point encore achevé de conquérir.

Ne craignons donc point d'être prodigues pour notre établissement de Madagascar ; je ne crois pas qu'on puisse en jeter les fondements avec moins de deux ou trois millions ; chacune des sept premières années exigera en outre une dépense qui décroîtra de 400,000 francs à 200,000 francs. Ne faisons point un demi-sacrifice, qui serait sans résultat; mais n'en faisons un considérable que pour nous assurer positivement du succès.

Notre établissement ne se maintiendra que sous une autorité paternelle et vigoureuse, qu'avec le secours d'une justice et d'une police favorables à tous les intérêts. Je n'ai pas osé parler de la religion. Où se trouverait le Vincent de Paule qui loin d'être un épouvantail serait l'ange de paix, le médiateur dans les désordres dont ses yeux seraient affligés (1)?

On ferait bien, ce me semble, de distribuer nos cultivateurs par familles : un certain nombre d'entre eux amèneraient des femmes de Bourbon, mais des femmes dont ils auraient de la peine à se détacher; on les marierait; on tâcherait d'unir les autres

---

(1) Ce fut, disent les relations du temps, *monsieur* Vincent de Paule qui instruisit les premiers missionnaires envoyés à Madagascar; ils rendirent de grands services à notre faible établissement. Ceux qui leur succédèrent, hommes intolérants et fanatiques, furent la principale cause de la destruction et du massacre des Français.

avec des femmes du pays; car on ne peut trop rechercher les moyens de créer pour nos émigrés une nouvelle patrie, en assurant l'ordre et le bien-être, en resserrant les liens de cette naissante société. Pour contenir nos esclaves, nous établissons entre eux des distinctions qui les mettent les uns au-dessus des autres; ils exercent ainsi eux-mêmes une certaine police dans nos habitations. Pourquoi n'organiserions-nous pas ce service plus régulièrement encore dans notre nouvel établissement? Pourquoi notre population ne formerait-elle pas dès le principe une commune qui aurait ses charges et ses droits? L'administration municipale est la plus simple et la plus naturelle; les Anglais l'ont introduite dans leurs établissements d'Afrique: les maires et les juges de paix sont choisis parmi les naturels du pays, bien éloignés des Malgaches pour l'intelligence, l'aptitude à la civilisation. Imitons ces exemples; ne redoutons aucun moyen qui puisse élever l'homme et lui rendre sa dignité.

Toutes nos intentions sont comprises : si la guerre ne se faisait que pour soutenir des prétentions légitimes, sans doute les étrangers n'auraient aucune raison de nous contrarier dans nos projets. N'ayons cette confiance ni dans les hommes, ni dans l'avenir. Comme la force naît du cœur, nous ne pouvons, je le répète, trop intéresser les chefs de l'intérieur de Madagascar à nous bien seconder. Si nous parvenons à nous identifier avec les peuples du pays, l'étranger ne pourra plus nous débusquer; nous conquérons une nouvelle Inde dans Madagascar; nous la conquérons par les bienfaits de la civilisation. Ne soyons point effrayés de son étendue; élevons notre pensée à la grandeur de notre projet : ce n'est point avec des idées ordinaires, des idées rétrécies, que nous prétendrons réussir : que les hommes chargés de l'exécution de nos desseins n'en fassent point une misérable affaire d'intérêt ; qu'ils y cherchent une sorte de gloire ; la plus belle n'est-elle pas de servir sa patrie en embrassant la cause de la véritable humanité (1) ?

Je suis, etc.

Ile de Bourbon, 1er avril 1820.

---

(1) Les vues renfermées dans cette lettre ont été soumises à S. E. le ministre de la marine, avant le départ de l'expédition de Madagascar.

LETTRE XI.

Constitution des colonies, et particulièrement de l'île Bourbon.

Monsieur le Comte,

Vous vous rappelez ce que je vous disais dans une de mes lettres précédentes (1) de la législation apportée ou donnée par M. Poivre aux îles de France et de Bourbon. Les colonies ne pouvaient rien désirer de mieux pour le temps où ce bienfait leur fut accordé. Devançant l'époque où il vivait, M. Poivre tempérait autant qu'il était en son pouvoir les dispositions qui ne lui semblaient pas en harmonie avec la justice, la raison et l'humanité: aidé par les lumières de l'expérience et d'une saine philosophie, il eût, comme nous l'avons observé, franchi sans secousse le passage de la révolution. Si pour les colo-

---
(1) Lettre 8.

nies d'Orient ce passage n'a pas été aussi orageux qu'on eût pu le redouter, c'est peut-être parce que l'esprit de prudence et de modération du célèbre intendant éclairait encore ses administrés.

Cependant les successeurs de M. Poivre, aimant mieux se jeter dans l'arbitraire, avaient abandonné la route qu'il leur avait indiquée, et par laquelle on fût arrivé à des institutions plus parfaites. Le décret du 8 mars 1790 accorda aux colonies le droit de se donner des constitutions appropriées à leur état politique. Le régime des assemblées délibérantes fut remplacé à l'époque du consulat par un système tout-à-fait administratif. Quoique plusieurs parties en fussent bien conçues, ce système n'en étouffa pas moins et les libertés anciennement acquises et celles que la révolution avait accordées avec trop peu de réserve. Pendant la durée de l'occupation, les Anglais ne changèrent que peu de chose aux lois et aux formes de l'administration française; ils les ont conservées à l'île de France.

Lors de la reprise de possession, l'île fut replacée sous l'empire des anciennes ordonnances, sans détruire toutefois les nouvelles formes d'administration; les diverses parties d'un pareil système étaient nécessairement incohérentes. Depuis, la France a rendu communes à la colonie quelques-unes de ses institutions, mais toujours avec des restrictions qui diminuent le mérite du bienfait. L'administration actuelle de Bourbon, s'abandonnant de la manière la plus irréfléchie à la dangereuse facilité de faire des lois, en a fatigué les administrés. Dans cette confusion, il serait difficile de dire quels sont les principes qui régissent aujourd'hui la colonie : je crois qu'il n'en est aucun de bien arrêté, et que les principes sont peut-être la chose à laquelle on a le moins pensé. En parcourant les diverses branches de la constitution actuelle, nous verrons mieux comment le bien et le mal se combattent, sans que le bien puisse s'opérer. Pour suivre un ordre naturel, je vais d'abord vous entretenir de l'état des habitants : c'est par les noirs que nous allons commencer (1).

Il semblerait, à entendre certaines personnes, que l'Européen transplanté sous la

---

(1) Une grande partie des observations qui suivent est connue de quelques personnes; elles ont été imprimées dans une lettre adressée le 30 juin dernier à MM. Manuel et Benjamin Constant, en réponse à leurs discours sur la traite des noirs.

zone torride ferme son cœur à la pitié, pour n'exercer qu'avec barbarie des droits que la nature ne lui a point accordés ; on ne voit dans le maître qu'un tyran, dans l'esclave qu'une victime de la cupidité. Ce qu'il y a de plus étrange est d'en vouloir au colon lui-même, qui subit aujourd'hui la peine d'un délit que, pendant plus de deux siècles, on l'avait encouragé à commettre. Là où l'esclavage existe, l'homme le plus humain achète un esclave avec la même tranquillité de conscience que pouvaient le faire Aristide et Caton, l'un achetant des Scythes, l'autre des Africains.

Le principe de l'esclavage ne paraît juste à personne ; mais ce n'est pas du principe qu'il s'agit, c'est de la chose elle-même, de l'esclavage qui existe, et que la raison, la nécessité la plus impérieuse, nous prescrivent de conserver.

Ces assertions exigent quelques développements sur la traite des noirs, et sur les effets de ce commerce permis ou prohibé. Prenons les choses dans l'état où elles sont : C'est ici, et non pas à quatre mille lieues du volcan de Bourbon, qu'il convient d'en raisonner.

La philanthropie n'a été que le moindre

motif du traité qui abolit le commerce extérieur des esclaves; et je doute fort que la convention générale faite entre les princes d'Europe soit de la part de tous les contractants *en faveur de la miséricorde et de la pitié* (1). Personne n'aurait-il eu la pensée de faire déchirer le sein du colon par les mains qu'on avait ajoutées aux siennes? Ou est-il bien vrai qu'on se soit sérieusement inquiété du sort des Africains? Celui qui a vu les colonies peut aisément résoudre la question.

L'humanité souffre beaucoup plus des infractions à la défense de la traite, que de l'autorisation de la faire. Autrefois le nombre des esclaves importés était proportionné à la capacité des navires : à l'arrivée, on les déposait dans un lazaret pour leur donner les premiers soins, et préserver la colonie des maladies contagieuses qu'ils y pouvaient apporter. Aujourd'hui, comment se fait ce commerce? car il se fera toujours *dans un ordre de choses tel que celui qui existe*, à moins d'armer des flottes entières uniquement destinées à l'empêcher. Les noirs sont entassés dans de petits navires.

---

(1) Montesquieu, *Esprit des lois.*

On les jette pendant la nuit sur la côte; marchands et esclaves se hâtent de gagner les bois, où, après la fatigue, le besoin les vient encore assaillir (1). Les marins qui naviguent pour la traite n'ont ordinairement qu'une frêle embarcation à risquer; ils sont déterminés à tout oser pour assurer le débarquement de leur cargaison. Qu'on ne reproche point à l'habitant des colonies d'être la cause volontaire des outrages faits à l'humanité : c'est au moment où l'on a supprimé la traite que l'on a augmenté les charges des colonies, dont les produits devaient diminuer par le retranchement des bras en usage pour les cultiver. On n'a pas considéré davantage que les colons, particulièrement ceux de Bourbon, avaient de grands engagements à remplir : il a fallu à tous risques se procurer des esclaves pour subvenir aux nouveaux impôts, s'acquitter envers ses créanciers par l'accroissement des sucreries, qui fournissent aux débiteurs les moyens de se libé-

---

(1) Il ne s'est passé dans les mers à l'Orient de l'Afrique rien de pareil aux crimes qui ont été commis dans les mers d'entre l'Afrique et l'Amérique, et qui ont été signalés soit par l'association africaine, soit par plusieurs membres de la chambre des députés.

rer, et enfin satisfaire aux réquisitions dont les noirs ont été frappés pour les travaux entrepris par le gouvernement.

Mais voici une bien autre contradiction avec cet intérêt si tendre que l'Europe semble prendre aux Africains : si des esclaves ont été saisis à leur entrée dans la colonie, ce n'est ni pour les rendre à leur patrie, ni pour les affranchir; c'est, aucun maître particulier n'en eût jamais fait autant, c'est pour les marquer d'un fer rouge qui désigne que les malheureux sont AU ROI (1).

Cette maladroite philanthropie poursuit l'habitant des colonies jusqu'au fond de sa retraite : elle n'y répand que le désordre et l'effroi. Le délit de l'introduction des noirs est assimilé au délit de fraude pour l'introduction d'une marchandise prohibée. Les juges de la colonie pensent qu'on ne peut rechercher les noirs de traite au-delà des *pas géométriques* que le gouvernement se réserve au bord de la mer, à moins qu'ils n'aient été suivis par la douane : l'administration pense,

---

(1) Cet usage de marquer les esclaves ne date pas de l'année 1665, mais du mois de juin 1818!! Il a commencé par les noirs de la goëlette *la Prospérité*, appartenant à un prince de Madagascar.

au contraire, qu'elle peut pousser ses recherches dans les terres, lors même que les esclaves ont échappé à ses yeux au moment du débarquement. Cette question est de la plus haute importance pour les colonies. Quelques raisons qu'on puisse m'alléguer, quelque pressante que soit la voix de l'humanité, il n'y a, il ne peut y avoir qu'un esprit de désordre, qu'une ardeur de vengeance, capable de songer à la recherche des noirs une fois introduits. A l'aide de la force armée, de semblables perquisitions ont été faites à l'île de Bourbon. Ces perquisitions imprudentes ne sont-elles pas comme des traînées de poudre qui se ramifient sur le sol de la colonie? A l'île de France, on a été plus loin encore : des esclaves ont dénoncé leurs maîtres qui avaient accueilli des noirs nouveaux sur leur habitation; aussi est-ce à l'île de France qu'on a déjà surpris des esclaves avec des torches à la main. L'Anglais chef provisoire de cette colonie, pendant l'absence du gouverneur M. Farquhar, a trahi sa haine contre les anciens Français qu'il gouverne. L'esclave qu'on a rendu provocateur, ou témoin de la peine infligée à ces blancs qui lui ont amené de nouveaux compagnons, sans doute n'est pas éloigné du moment de se révolter. Mieux vaudrait abandonner les colonies à elles-mêmes, ou ordonner l'affranchissement général, que d'exciter sourdement ou imprudemment à la rébellion contre un maître qui ne pourra plus s'échapper. Si c'est un parti pris, qu'on arme des flottes, qu'on multiplie les croisières; mais une fois que l'esclave aura touché le sol de la colonie, qu'on ne prétende plus aucun droit sur lui : attenter à l'esclavage est plus dangereux encore que d'attenter à la liberté; un mal ne se peut guérir par un plus grand mal; en prononçant sur une question, n'en décidons point une autre; que le régime intérieur de nos établissements ne soit pas troublé par le régime extérieur; si l'on interdit la traite au dehors, qu'elle ne soit pas nécessaire au dedans.

Dans la lutte de l'intérêt des habitants contre l'administration chargée de l'exécution des traités, vous voyez que cette dernière n'est point demeurée en-deçà de la loi; elle a presque toujours été au-delà : je serais loin d'envier les éloges qu'un commandant de Bourbon aurait obtenus de la société africaine; et cependant je ne me sens pas moins d'entrailles que lui pour la défense de la véritable humanité. On a prétendu que les juges ordinaires ne déployaient point assez de rigueur contre le commerce des esclaves ; on a établi un conseil de révision pour les jugements rendus sur cette matière en première instance ; il est composé en partie d'employés du gouvernement ; le reproche d'indulgence ne s'adresse point au commis transformé en juge, lorsque l'œil du maître, ou du gouverneur qui préside, exprime quelque sévérité. La cause de l'humanité étant de toute justice, c'est s'y prendre mal pour la défendre que d'employer des moyens illégitimes.

Notre législation n'inflige point de peine afflictive à celui qui fait le commerce des esclaves : j'ai vu de mes propres yeux des prévenus de fraude conduits à la maison d'arrêt, tandis que le jugement le plus sévère ne pouvait porter atteinte à leur liberté.

Il est vrai qu'à l'île de France la législation anglaise nous donne l'exemple d'une plus grande rigueur ; mais aussi quels en sont les effets dans cette malheureuse colonie qui implore la France, et qu'après toutes ses calamités des mesures pareilles à celles qui ont été prises pourraient pousser au désespoir ? Jamais on ne me fera croire que la législation de l'île de France soit celle de l'humanité. Si des noirs ont été saisis par le gouvernement de cette colonie, ce n'a jamais été pour les rendre à la liberté : sous prétexte de les former aux arts de la civilisation, on les concède pour quatorze ans à des habitants, et surtout à des officiers favorisés de l'administration. Les Anglais, ceux même qui descendent des bancs du parlement d'Angleterre, sont bien autrement rigides que nous envers leurs esclaves, ou envers leurs engagés qui ne sont pas autre chose que des esclaves (1) : ce sera un miracle s'il en reste au bout de quatorze ans. A Bourbon, le gouvernement, que du reste je blâme à cet égard, fait sa propriété des esclaves qu'il saisit. Plus intéressé à leur conservation, il est plus humain, quoiqu'il ne se couvre point du voile de l'humanité. Je ne parle pas du cas où les noirs sont marqués d'un fer rouge.

On dit qu'une loi plus rigoureuse forcera les colons à devenir meilleurs, à mieux traiter leurs esclaves : auront-ils le temps et surtout les moyens de s'améliorer, puisqu'on précipite les dangers sur eux, et qu'on ne

---

(1) A présent on envoie les traites saisies à Ceylan.

laisse aux colonies ni avenir, ni espérance pour leur avenir?

Qu'arrive-t-il? on se hâte de tirer parti d'une propriété incertaine, on n'aspire qu'à retourner en France avec tout ce qu'il est possible d'enlever à l'avenir. Ne croyez pas que de cette manière le sort des esclaves doive s'améliorer: fussent-ils un jour les maîtres à l'île de Bourbon, les blancs ne fussent-ils pas à épargner, la terre, qui suffit aujourd'hui à une population laborieuse, s'épuiserait, deviendrait trop petite et trop pauvre pour soixante ou quatre-vingt mille affranchis paresseux qui retomberaient à la naissance des arts et de la civilisation. Saint-Domingue, qui a un vaste territoire, ne peut sous aucun rapport être un objet de comparaison.

On juge les colonies sans les entendre; car elles sont complices du crime dont on réclame le châtiment; l'effet en sera le même pour l'acheteur non moins que pour le vendeur. Le ministère, quelle que soit sa bienveillance, est dans une position difficile pour défendre les colons, parce que l'administration de nos établissements peut avoir fait des fautes que ce n'est point à lui de publier. Les colonies n'ont point d'organe dans les chambres de la nation; si on voulait les entendre, elles sembleraient peut-être moins coupables; peut-être, en plaidant leur cause, indiqueraient-elles mieux que personne et la raison du mal, et le remède qu'il convient d'y appliquer. Le colon qui achète des noirs de traite serait-il plus méchant que les Européens? Par un effet extraordinaire, la pitié frapperait-elle plus vivement au cœur du Français qui est à quatre mille lieues du mal, qu'elle ne frappe au cœur de celui qui en a continuellement le tableau sous les yeux?

Je vous ai déjà fait observer qu'on avait augmenté les charges de la colonie au moment où l'on avait diminué sa force; les impôts sont quintuples de ce qu'ils étaient autrefois; ils emportent le cinquième des revenus. Le gouvernement a encouragé la traite; le gouvernement qui la défend ne doit-il aux colonies aucun secours, aucune indemnité, aucun encouragement, pour suppléer aux forces qu'il juge à propos de leur retirer? Dans nos établissements, le nombre des femmes esclaves est beaucoup moins considérable que celui des hommes: indépendamment des autres causes, celle-ci est la principale qui empêche la population de se reproduire dans les proportions ordinaires. Avant d'abolir la traite, le gouvernement anglais avait encouragé l'importation des femmes dans sa colonie de la Jamaïque. C'est une précaution que n'ont pas eue les Français. Notre gouvernement des colonies orientales ne me semble pas s'être assez occupé de la multiplication des esclaves par les naissances, ce qui eût prouvé le désir d'améliorer leur état. Nous avons à Bourbon des habitations où les naissances compensent les mortalités ; mais aussi le travail des esclaves ne rapporte au propriétaire que le tiers ou la moitié de l'intérêt que devrait lui donner son capital.

On avait fait venir des Chinois à l'île de France, dans l'espoir que cette espèce d'hommes, sobre, laborieuse, et volontairement engagée au service des colons, suppléerait avantageusement à l'emploi des Africains : le genre et l'étendue de nos cultures coloniales, la prétendue honte qu'il y a pour le blanc, pour le libre, de joindre ses bras aux bras d'un noir, d'un esclave, ont bientôt fait reconnaître qu'on s'était abusé. Récemment à Bourbon, le gouvernement a proposé de remplacer les noirs de traite en engageant des sujets des princes de Madagascar, ressource incertaine pour l'avenir, moyen impraticable d'ailleurs, et qui, comparé avec la traite même frauduleuse, n'en est pas moins onéreux pour le cultivateur. Les noirs libres ou esclaves, loués pour un temps à un habitant, seront assurément moins ménagés que s'ils étaient sa propriété : je l'ai fait observer pour les noirs accordés en concession de quatorze ans. Vous jugez, d'après ces essais infructueux, que jusqu'à ce moment on a fait peu de chose pour contre-balancer l'intérêt des colons par un intérêt plus puissant. A Bourbon, l'impôt, comme une plaie qu'on ne peut arrêter, envahit tous les points de la colonie, tous les objets de son industrie et de son commerce ; il gagne pour ainsi dire jusqu'aux sources de la vie. Le négrillon qui vient de naître est dévoré par le fisc ; au lieu d'être un accroissement de bien, c'est une charge de plus sur l'habitation : aussi aime-t-on mieux recompléter ses *recensements* par des noirs de traite (1). Le

---

(1) Les recensements sont les listes de noirs fournies pour établir la capitation. On a regardé la mesure de l'enregistrement des esclaves comme un moyen d'empêcher la fraude ; cela ne sert qu'à gêner les transactions, sans résultat pour l'humanité. On ne déclare pas les enfants qui naissent, ou l'on substitue aux noirs qui meurent les noirs nouvellement importés. Les visites domiciliaires dans les habitations sont le plus déplorable des moyens qu'on puisse employer pour découvrir la vérité.

fisc croit y trouver son compte. Les capitaux s'en vont à Madagascar, dont la population et celle du continent s'engloutissent sans se reproduire aux îles de France et de Bourbon. Si par la vigilance et par la rigueur des gardes on parvient à élever le noir de traite au même prix que le jeune créole d'habitation, les revenus ne seront plus en proportion du capital. C'est en faveur de l'humanité que cette matière ne doit être considérée que comme un objet de spéculation et d'intérêt. L'exemple du châtiment ne corrigera pas ; il ne fera que répandre le trouble dans la société : aux îles de France et de Bourbon, il y a un quart de blancs contre les trois quarts d'esclaves ; la lutte y sera plus égale qu'à Saint-Domingue, où il n'y avait que trente mille blancs contre sept cent mille noirs. Le résultat n'en sera que plus affreux : est-il possible d'y penser sans en être épouvanté? Nous sommes ici au bord du précipice, une imprudence suffit pour nous y pousser, pour nous y engloutir ainsi que tous les malheureux que nous entraînerons avec nous.

Prohiber la traite n'est point la véritable question ; la rendre inutile, est le seul problème qu'aient à résoudre la prudence et l'humanité. Le mal est dans les institutions coloniales; c'est là que le remède doit être appliqué.

On a fait pour nos établissements plusieurs lois tout-à-fait contraires au but qu'on s'était proposé, parce que nos colonies sont presque toujours demeurées étrangères à leur administration. Louis XIV avait rendu une ordonnance qui accordait la liberté à la négresse mère d'un certain nombre d'enfants vivants : comme les enfants au-dessous de sept ans ne peuvent être séparés de la mère, c'était une charge pour le maître de voir la population s'accroître à ses frais sur son habitation, puisque cet accroissement ne devait point tourner à son profit.

Aujourd'hui, en prohibant la traite sans y substituer une autre force, le gouvernement a été obligé de restreindre la faculté d'affranchir, dans l'intérêt du cultivateur et dans le sien propre, pour ne point réduire le produit de la capitation. C'est surtout dans l'intérêt de la société qu'il a fallu rendre l'affranchissement plus difficile. A l'île de Bourbon, on a provisoirement suspendu tous les actes de manumission qui auraient été sollicités du gouvernement.

L'esclave une fois affranchi ne connaît

plus le travail ; il devient maître plus rigoureux que les blancs ne le sont d'ordinaire ; il a promptement dissipé le fonds destiné à sa subsistance ; il retombe à la charge des bureaux de bienfaisance, qui semblent uniquement dotés pour venir au secours des mauvais sujets (1). La plupart des *libres*, c'est le nom qu'on donne aux affranchis, viennent accroître la population oisive des villes et des bourgades : c'est chez eux ou chez quelque blanc sans aveu que l'esclave vient apporter le sac de maïs ou de café qu'il a dérobé. Un second genre d'immoralité leur fournit un autre moyen d'existence : aussi est-ce parmi les affranchis qu'on trouve le plus de paresseux, de recéleurs et de prostituées. On peut néanmoins citer des libres qui, par leurs talents et leur conduite, ont fait presque oublier le préjugé qu'on attache malgré soi à la différence de couleur.

---

(1) L'affranchissement s'opère aux îles de France et de Bourbon avec l'autorisation du gouverneur, au moyen d'une dotation suffisante pour la subsistance de l'affranchi, et par le versement d'une somme déterminée aux bureaux de bienfaisance. Les exemples les plus nombreux d'affranchissement sont ceux en faveur d'esclaves qu'on a rendues mères, ou des enfants issus de ce concubinage ; c'est-à-dire que ce sont rarement les plus méritants qui obtiennent le bienfait de la liberté.

Dans les colonies, plus qu'ailleurs, le travail ou la propriété est la plus sûre garantie du bon ordre : que ne doit-on pas craindre de celui qui n'ayant rien est déjà le complice de l'esclave qui a dérobé? Cependant je ne suppose pas qu'on veuille retirer la faculté d'affranchir; cela serait aussi injuste que rigoureux. Il est probable qu'on projette un règlement pour concilier le bon ordre, la justice et l'humanité. Il m'a toujours semblé qu'il devrait y avoir un état intermédiaire pour passer de la servitude à la liberté. L'esclavage imprime une flétrissure qui n'est point l'effet du crime ou du châtiment, mais le résultat certain et naturel de cette condition. Si l'on fait aisément un esclave, il est beaucoup plus difficile de faire un homme libre, je veux dire digne de la liberté.

Pourquoi l'esclave est-il paresseux? c'est parce qu'il est esclave. Pourquoi continue-t-il d'être paresseux lorsqu'il est affranchi? c'est à cause de l'exemple, et qu'ayant été esclave pour travailler, il ne peut plus voir dans le travail qu'un ennemi de sa liberté. Le blanc qui veut récompenser un bon noir ne l'affranchit pas toujours; il aime mieux en faire une espèce de petit fermier sur un terrain que celui-ci doit cultiver lui-même. Les esclaves qui, de cette manière, ont connu le bien-être que peut donner le travail, sont presque toujours les plus laborieux affranchis; ils ont pu se doter au moyen de leur pécule, et même payer le prix de leur liberté. Je vous ai parlé d'une graduation à établir entre la servitude et la manumission définitive : il y aurait à ce sujet beaucoup de développements à donner ; veuillez seulement remarquer qu'il y a une expérience dont on pourra profiter. Ces détails sont peut-être indifférents pour des Européens ; mais puisqu'ils s'occupent de nos colonies, qu'ils considèrent que c'est de leur régime intérieur que dépendent l'avenir et la conservation de nos établissements.

La législation de nos colonies sur les esclaves est beaucoup moins rigoureuse que la législation romaine : quoique soumis à la puissance paternelle, ils sont placés sous la protection des lois ; quoique attachés au sol, on ne peut les considérer comme immeubles ; des châtiments graves ne doivent leur être infligés que d'après l'ordre du magistrat; le maître peut lui-même être poursuivi pour les rigueurs qu'il aurait exercées à leur égard. Sans avoir aucunement la pensée de blâmer la restriction mise à la puissance du maître en faveur de l'esclave, je vous ferai observer que cette restriction n'est pas sans inconvénient pour l'un et pour l'autre : le juge qui les appelle tous deux devant son tribunal craint, et l'on en conçoit la raison, de ne rendre justice à l'esclave qu'en trouvant dans le maître un coupable.

S'il n'y a pas de nécessité, c'est une imprudence de charger de la même chaîne le maître et l'esclave, fussent-ils complices, ne serait-ce que pour les conduire à la maison d'arrêt : c'est cependant une faute que des magistrats européens commettent fréquemment aujourd'hui. Le délit du maître n'est pas le même que celui de l'esclave ; la peine ne doit pas être la même. Ne se rappelle-t-on pas comment et dans quelle circonstance Cicéron, accusateur de Verrès, fait retentir ce cri : *Je suis citoyen romain ?*

D'après un règlement nouveau, on fait donner trente coups de fouet à l'esclave qui porterait sur lui quelque bijou ou quelque tissu recherché. L'esclave marche les pieds nus ; cela suffisait pour le reconnaître : qu'importe que son habillement soit riche, s'il n'est pas prouvé qu'il ait volé pour se le procurer ? Le délit de la parure ne peut être que celui du maître, qui à cet égard est tout-à-fait responsable de son esclave. Chez les anciens, les affranchis et les esclaves avaient plus de luxe que les citoyens : pourquoi rendre les malheureux plus malheureux qu'ils ne l'étaient auparavant?

J'avais besoin de vous donner toutes ces explications, pour vous faire voir qu'il n'y a nulle harmonie dans les lois qui régissent la traite et l'esclavage : on veut empêcher la traite, et on la rend nécessaire par l'accroissement des charges; on parle d'humanité, et l'administration est plus rigoureuse envers les esclaves qu'elle ne l'a jamais été; on leur ôte jusqu'à l'espoir de la liberté; on veut guérir le mal en dehors, et l'on ne fait que l'empirer en dedans.

L'enfant qui vient de naître est dévoré par le fisc, demandons qu'il soit épargné; qu'il ne soit qu'à l'âge de quinze ans frappé par la contribution; sollicitons en outre une prime en dégrèvement d'impôt en faveur du propriétaire qui conserve un enfant sur son habitation; ne disposons point du bien d'autrui comme on le faisait autrefois, en accordant la liberté à la mère d'un certain nombre d'enfants; mais que toute mère d'enfants vivants soit encore dispensée de la contribution : ce seront des capitaux avantageusement placés pour l'avenir ; le jeune créole d'habitation ne coûtera pas plus cher que l'enfant de traite. J'ai calculé que ces encouragements ne diminueraient pas de beaucoup la masse, même réduite, des impôts qui pèsent sur notre colonie de Bourbon (1).

La solution du problème, c'est-à-dire le moyen de rendre la traite inutile, est donc d'intéresser puissamment le maître à l'amélioration du sort de son esclave. Les liens du mariage, que recommandent vainement les missionnaires, seront formés entre les noirs par le maître lui-même, qui tiendra au bon ordre comme au bien-être, comme à l'accroissement des esclaves de son habitation ; nous aurons des sujets préparés à l'affranchissement : en les intéressant au travail, il n'y aura plus d'inconvénient à multiplier les libertés. C'est ainsi que nous parviendrons sans secousse au perfectionnement

---

(1) Le ministre de la marine, M. Portal, a ordonné de réduire la capitation sur les esclaves; l'effet de cette faveur n'est pas aussi grand qu'on pourrait le désirer, parce qu'elle se répand indistinctement sur tous les individus. Il n'y a point d'émulation là où il n'y a point d'encouragement, d'intérêt particulier à faire le bien.

de la société. Toutes les forces de l'administration, toutes les vues de la métropole, doivent tendre vers cette amélioration ; les lois qui répriment la traite n'auront point à s'armer d'une plus grande rigueur ; elles seront suffisantes, quand elles seront en harmonie avec le régime intérieur de nos établissements.

Les esclaves, à proprement parler, n'ont point d'état politique. Les affranchis, d'après les constitutions actuelles, sont placés au même rang que les citoyens ; cependant ils ne jouissent guère dans le fait que des droits civils, sans être généralement admis aux prinpaux droits politiques, si toutefois les colonies en ont de bien reconnus. Il est difficile, je dirais même impossible, de voir aujourd'hui son égal dans celui qui se trouvait hier votre esclave. L'homme n'a point reconquis par la simple manumission son caractère et sa dignité ; la marque de la chaîne qu'il a portée se montre quelquefois jusque dans sa postérité. La classe des affranchis ne se compose guère que d'enfants naturels nés d'esclaves ou d'autres affranchis ; la religion n'est pas assez puissante pour les déterminer au mariage. L'état dans lequel ils vivent leur donnant peu d'inquiétude pour l'avenir, ils ne s'occupent guère du soin de laisser un héritage à des enfants dont la paternité est le plus souvent fort incertaine. Le colon peut dire avec Montesquieu : *Notre liberté ne vaut rien ;* mais pour la rendre désirable, il suffit que le citoyen des colonies ait des droits incontestablement établis. Dans les constitutions promises à nos établissements, quand on classera leur différentes espèces d'habitants, sans crainte de sembler avare de liberté, on pourra distinguer les citoyens des affranchis, en exigeant, pour que ceux-ci parviennent dans la première classe, qu'ils aient une propriété, un état; surtout qu'ils soient issus d'un légitime mariage, à moins que leurs services ou leur conduite ne corrige ce que leur naissance aurait d'irrégulier (1).

Au reste, quel est actuellement l'état de la population libre de notre colonie? une

---

(1) M. Malouet, dans son ouvrage sur l'administration des colonies, parle aussi de la nécessité d'un état intermédiaire entre l'esclavage et la liberté : il voudrait que l'affranchi ne fût pas citoyen tant qu'il y aurait trop d'affinité entre lui et l'esclave. Cela n'est pas assez positif : un état, une propriété, la condition d'homme marié, sont pour l'admission dans la société des titres qui n'ont rien d'incertain.

liberté sans force, comme elle est sans protection; des intérêts isolés, point de droits politiques reconnus, puisqu'ils sont tous dans la personne du gouverneur, qui les concède ou les retire à son gré. Quelle peut être la sécurité du citoyen placé à quatre mille lieues de la métropole? Le créole se plaint d'abord de l'injustice qu'on lui fait; il crie, il s'imagine qu'on l'entend, qu'on doit l'entendre: vaines clameurs qui se perdent dans l'espace! Enfin on s'accoutume peu à peu à l'arbitraire; on finit par croire que l'obéissance passive vaut mieux que de réclamer : à quoi cela servirait-il en effet, lorsqu'un an peut s'écouler jusqu'au retour d'une réponse souvent évasive, et lorsqu'en attendant on craint encore d'être puni de l'audace qu'on a de réclamer?

Les gouverneurs de la colonie se plaignent du peu de bonne volonté de leurs administrés, de ne trouver ni bras ni essor pour l'exécution des choses les plus utiles au pays. C'est par leur inertie que les colons éludent les ordres du chef, quand celui-ci manque de forces pour les faire exécuter. Le mot *je le veux* n'est plus qu'une arme qui s'émousse dans les mains de celui qui voudrait s'en servir : administrés et administrateurs, mécontents les uns des autres, s'accusent réciproquement de mauvais esprit et de mauvaise intention. C'est par la faiblesse même du gouvernement que les actes de despotisme sont plus multipliés : « La puissance arbitraire fait le malheur de ceux qui l'exercent; les agents auxquels on est obligé de la confier s'efforcent constamment de l'usurper pour leur propre avantage : il faut sans cesse la céder ou la reconquérir (1). » Les passions du maître qui s'irrite ou s'apaise ne produisent qu'une législation inconstante et capricieuse.

Les colonies étaient régies autrefois par un gouverneur et par un intendant qui se partageaient le pouvoir exécutif, et se réunissaient pour l'exercice de la puissance législative : ils étaient rarement d'accord. Depuis deux années, on a confié à un chef unique le commandement et l'administration : cela vaut beaucoup mieux pour la plus prompte expédition des affaires; il ne peut y avoir deux chefs dans un gouvernement absolu. Dans l'ancien système, leur autorité était cependant

---

(1) Rapport du comité chargé du travail sur la Constitution, par M. Mounier. (Juillet 1789.)

beaucoup plus limitée que ne l'est aujourd'hui celle du commandant de l'île Bourbon : il est vrai que ce dernier ne doit rendre d'ordonnances réglementaires qu'après en avoir délibéré en conseil de gouvernement ou d'administration, composé des principaux chefs de service ; mais il peut, s'il le juge convenable, procéder à l'exécution, quel que soit le nombre d'avis contraires au sien. Il serait étonnant qu'il trouvât beaucoup de résistance dans un conseil dont la plupart des membres sont des subordonnés ou des commis, qui ont trop d'intérêt à se le ménager. Cette réunion, utile sans doute pour éclairer le chef de la colonie, ne peut avoir que le caractère de conférence ; mais dans cette conférence, qu'on réduit alors à quatre personnes, le gouverneur, malgré l'opposition des avis, a le droit de condamner un homme libre à la déportation : ce ne peut être que pour aller mourir dans les marais de Madagascar. Cela ne veut pas dire qu'aucun gouverneur ait fait usage de ces pouvoirs illimités : cependant, parlez haut, réclamez si vous l'osez.... (1).

_____

(1) Instruct. du ministre de la marine, du 27 avril 1818.

Je ne puis concevoir l'idée qu'on s'est faite d'une colonie pour avoir cru nécessaire d'effrayer celle de Bourbon par un semblable épouvantail; cela arrivait précisément à l'époque où les citoyens de la métropole obtenaient l'entière jouissance des droits qui leur sont garantis par la constitution. Quand un nouvel administrateur arrive, il a ordinairement en poche quelques instructions, honteuses de se montrer de prime abord; elles ne paraissent que dans le moment où l'amour-propre irrité foule aux pieds la pudeur et la raison.

L'inexpérience des chefs qu'on donne à la colonie fait éprouver à la plupart beaucoup de désagréments et de difficultés. Avec les meilleures intentions, l'homme qui fait son apprentissage est aisément trompé ou circonvenu: s'il s'aperçoit qu'on l'abuse, ce n'est d'abord que pour voir les objets du côté défavorable, pour ne penser qu'à se venger des blessures faites à son amour-propre. Quand il commence à mieux voir, à se faire au pays, car il faut aimer un pays pour le bien administrer; quand il a dissipé le nuage de préventions qui s'était formé autour de lui, on le retire de la colonie, pour lui donner un successeur qui doit encore subir son apprentissage aux dépens de ses administrés.

Les colonies ont un régime intérieur et un régime extérieur. Sous la dénomination de *régime intérieur*, je comprends tout ce qui est de l'intérêt immédiat de la colonie, toutes les institutions qu'elle emporterait avec elle en cessant d'être à la métropole : qu'elle appartienne à la France, qu'elle appartienne à l'Angleterre, ou qu'elle soit indépendante, il y a des choses qui ne discontinueront point de lui être propres, de lui être personnelles et d'une nécessité absolue; elle aura toujours besoin de culte, de justice, d'instruction publique, de travaux, de police et de finances. Ce sont là les différentes branches du régime ou du service intérieur.

Le régime extérieur est dans l'intérêt immédiat de la métropole; il consiste dans tout ce qu'elle fait pour conserver sa colonie à son commerce, pour y maintenir sa puissance, ou l'étendre de là sur d'autres points, pour se donner plus d'importance à l'égard de l'étranger. Le régime extérieur est tout-à-fait subordonné à l'état politique de la métropole, et des puissances avec lesquelles elle est en rapport. Il conviendra à la France d'augmenter ou de réduire le nombre des troupes qu'elle envoie dans sa colonie, d'y entretenir des escadres, d'y creuser un port, pour avoir un poste assuré dans les mers de l'Inde, d'ouvrir de vastes magasins, de hérisser la côte de fortifications : on ne sait pas jusqu'à quel point tout cela sera avantageux à la colonie, mais il est certain que tout cela sera fait pour le plus grand avantage de la métropole.

Ces distinctions de régime intérieur et de régime extérieur ne sont que vaguement établies à l'île de Bourbon, parce qu'elles ne sont point déterminées d'après l'intérêt respectif et bien connu de la métropole et de la colonie. Celle-ci paie à la fois ses dépenses personnelles et celles qui se font pour l'avantage de la métropole, sans affectation spéciale de fonds pour ces diverses dépenses: de cette manière, la colonie, qui ne reçoit aucun secours de la France, est exposée à payer au-delà de ce qu'elle doit raisonnablement payer ; elle s'éloigne ainsi de la métropole, lui devient étrangère, au lieu d'être une fille de la patrie, dont elle ne peut trop se rapprocher. En parlant du commerce, nous avons déjà vu comment on isolait la France de ses colonies, en chargeant celles-ci de droits auxquels les marchandises françaises ne peuvent être sujettes.

Cette distinction bien entendue de l'un et de l'autre régime aurait l'avantage de ne point embarrasser la colonie d'écritures inutiles. On a compliqué, aux dépens du pays administré, les rouages nécessaires pour communiquer jusqu'à la métropole, qui de son côté imprime les moindres mouvements à l'administration coloniale. Il n'y a, je crois, que la comptabilité des communes qui soit du régime intérieur. Des rouages ne sont pas des liens, mais souvent des embarras ; c'est par les bienfaits, et non par les charges, que la France s'unira plus étroitement à ses colonies. Sans entrer dans l'examen du système actuel, vous jugerez combien il doit être incertain, gênant et onéreux.

Ce n'est point la multitude des écritures qui peut donner plus de lumières ou plus de force à l'autorité ; l'administrateur en chef craint-il que le pouvoir ne lui échappe ? Si l'île de Bourbon était chargée elle-même de la perception de ses revenus, et de leur emploi pour son administration intérieure, le ministère ne se donnerait plus tant de soins et d'inquiétude ; il lui suffirait de bien connaître l'état des colonies, leur constitution, leur tempérament, si je puis m'exprimer ainsi, sans avoir besoin d'exiger autre chose que l'exposé des résultats.

Dans la colonie comme en France, il y a deux puissances qui n'ont rien de commun l'une avec l'autre : l'une est la puissance du souverain, l'autre la puissance des commis. La puissance royale ne doit pas s'immiscer aux intérêts privés, ni chercher à les diriger ; elle n'a qu'à veiller au maintien des lois, d'où résulte sa propre conservation ; à distribuer, à faire exécuter les ordres qui intéressent l'honneur, le bien-être, la sûreté générale de l'état. La puissance des commis, qui évoque, qui attire à soi les affaires privées, c'est de ce nom que j'appelle tout ce qui est d'intérêt local, loin d'être utile à la puissance royale, ne fait que la rendre tracassière et fatigante. Que d'après des besoins reconnus une colonie s'impose elle-même, qu'elle répartisse ses charges en proportion de ses forces, le pouvoir royal n'en aura pas moins de vigueur ; il se fortifiera même en évitant l'odieux que l'arbitraire aurait pu lui attirer.

On se plaint en France de n'avoir pas une bonne organisation communale : que dirons-nous donc à l'île de Bourbon? Peu s'en faut que l'on n'y soit obligé de mettre les habitants en réquisition pour remplir les fonctions municipales; s'ils acceptent, ce n'est que pour être les valets de l'administration supérieure. Cette institution n'a pas été comprise par le gouvernement actuel de la colonie; il a dégradé les magistrats des communes; ils sont forcés, sous peine de châtiment, de déférer à toutes les propositions de l'autorité. Qu'arrive-t-il? La puissance se détruit au lieu de s'entourer de la force qu'elle croyait acquérir; c'est ainsi qu'un édifice s'écroule lorsque les arcs-boutants en ont été rompus. On sait pourtant combien il est essentiel d'entretenir chez les hommes des pays chauds une énergie que le climat doit nécessairement affaiblir; il suffit pour cela de ne les pas distraire du soin de leurs propres intérêts.

A Bourbon, l'administration veut tout faire, aussi ne s'attire-t-elle que des mécontentements en s'occupant de choses qui ne peuvent ni ne doivent la concerner. Il y a dans le pays un impôt qui fait continuellement murmurer, celui de la capitation sur les esclaves : il est aisé, au contraire, de le rendre favorable à la colonie, d'intéresser les habitants à son exacte perception. Nous parlions, dans la première partie de cette lettre, des moyens de multiplier les esclaves par les naissances, en accordant aux maîtres des dégrèvements d'impôt et des primes d'encouragement : une bonne administration municipale peut seule arriver à ce résultat. Que les membres des conseils municipaux, ou que des habitants notables, revêtus de la confiance des communes, soient, par section de quartier, chargés de vérifier les recensements d'esclaves, de donner leur certificat pour les dégrèvements et les primes ; ils ne seront point intéressés à dissimuler les noirs que l'on voudra soustraire à l'impôt, parce que la fraude augmentera leur propre charge. Les états de population seront faits de bonne foi et avec exactitude ; l'impôt et le dégrèvement seront dans l'intérêt de tous les citoyens, de la même manière que le châtiment et les récompenses sont dans l'intérêt général de la société.

Ces principes ne sont pas moins applicables à la direction des intérêts généraux de la colonie. On a accordé à Cayenne, à la Martinique, à la Guadeloupe et à Bourbon, un comité formé dans chaque établissement de sept à neuf membres que choisit le gouverneur parmi les cultivateurs et les négociants. Ce comité se rassemble pour donner son avis sur le budget de la colonie, et sur les autres objets relatifs à l'agriculture et au commerce, que l'administrateur en chef juge à propos de soumettre à son examen : il n'est point encore entré dans l'exercice de ses fonctions. Cette institution, quoique favorable aux colonies, n'est cependant qu'un demi-bienfait ; le gouverneur, qui nomme les membres du comité, a le droit de leur infliger une peine indéterminée s'ils s'écartent d'une ligne qui n'est pas elle-même déterminée (1). Ne dirait-on pas qu'une main avare retire ce qu'une main généreuse avait accordé?

L'institution du comité consultatif est donc vicieuse dans son principe. Quelque bien choisis qu'ils puissent être, les membres de cette assemblée n'obtiendront jamais autant de confiance que s'ils eussent été désignés par leurs concitoyens (2). Le système représen-

---

(1) Ordonnance du 22 novembre 1819.

(2) Il paraît que le ministère de la marine reconnaît le vice de l'institution, et que l'époque n'est pas éloignée où

tatif, si avantageux à la métropole, est encore d'une plus grande nécessité pour ses colonies; c'est à raison de la distance qu'elles ont un plus grand besoin de protection contre les abus de l'autorité. Celle-ci, par la même raison, demande une force plus grande; elle ne peut la trouver dans l'arbitraire, mais dans une loi, qui marquant ses limites, la garantira elle-même de toute espèce d'invasion.

Dans les pays à esclavage, le système représentatif ne peut avoir une base aussi étendue que dans les pays où tous les habitants sont libres. Aux colonies, celui qui n'a rien et ne fait rien est bien autrement dangereux que dans la métropole : le voisinage des esclaves serait pour lui un auxiliaire, une force considérable que l'homme sans fortune et sans état ne peut trouver dans les pays de liberté.

---

les membres du comité seront élus par leurs concitoyens.

Personne ne peut-être plus que moi pénétré de reconnaissance pour le comité consultatif de Bourbon. Néanmoins je ne puis m'empêcher de dire que l'institution du comité est vicieuse. A mon arrivée à Paris, je me suis empressé de réclamer près du ministre une véritable représentation coloniale.

J'en ai fait la remarque à Bourbon : les riches propriétaires qui veillent sur leurs habitations sont en général les meilleurs maîtres, parce que personne n'a plus d'intérêt qu'eux au maintien de la tranquillité; c'est chez l'homme qui n'a que trois ou quatre esclaves que l'on entend le plus souvent retentir le bruit des coups de fouet. La qualité d'électeur ne doit donc appartenir qu'aux personnes les plus intéressées au bon ordre. Comme il est essentiel d'encourager l'instruction aux colonies, je voudrais admettre aux assemblées électorales ceux dont la profession exige une certaine éducation, ou qui par leur état ne sont pas moins que les propriétaires fonciers intéressés à l'ordre et à la tranquillité (1). Le système représentatif n'est pas d'une moindre utilité pour les esclaves que pour les citoyens : toutes les fois que les colons ont été appelés à délibérer auprès de leur gouvernement, ils ont su mieux qu'un administrateur isolé concilier leurs intérêts avec ceux de l'humanité; il est naturel que les colons soient pour leurs esclaves meilleurs que l'adminis-

---

(1) Dans ces deux dernières classes sont les médecins, les notaires, les négociants, etc.

tration : ces esclaves sont la propriété du père de famille ; c'est aux pères de famille à prendre entre eux les mesures les plus efficaces pour la conservation et l'amélioration de leur propriété.

La raison d'économie se réunit à la raison d'humanité pour réclamer le système représentatif.

Il faut aux colonies des lois simples et précises, pour que l'exécution en soit plus facile ; il faut que les devoirs de la société s'y éloignent le moins possible des obligations naturelles. Le plus petit, le plus pauvre pays est toujours en état de pourvoir à son administration, parce qu'il la proportionne à ses forces et à ses besoins. Pourquoi créer de nouvelles obligations quand on ne peut les remplir, de nouveaux délits quand on manque de moyens de répression ? A Bourbon, la police armée est plus occupée à maintenir une loi somptuaire, à empêcher les infractions aux lois qui ont établi les régies et les fermes, à percevoir des droits sur une marchandise française, à garder la côte pour s'opposer à l'introduction des noirs, qu'à protéger l'habitant, à veiller sur ses propriétés. On demande des gendarmes, et encore des gendarmes, à la métropole : ainsi une administration qui empire chaque jour ne se soutient que par des frais de plus en plus considérables (1).

C'est de la nature des lois et du service qui s'y rattache, c'est du manque de confiance dans les administrés, que proviennent à Bourbon des dépenses énormes que cette colonie n'est pas en état de supporter. Une administration qui s'isole, composée d'agents envoyés de la métropole, exploitant à

---

(1) L'île de France n'a point de gendarmes. Il en arrivait une nouvelle compagnie à Bourbon au moment où j'en suis parti ; la plupart étaient mariés. Comme je l'ai fait observer, la population blanche étant suffisante, et le travail n'étant pas honoré, c'est une faute de multiplier les prolétaires. Les gendarmes qu'on nous envoie n'ont pas une assez forte solde pour que l'on puisse compter sur leur probité. Les garnisons de troupes de ligne qu'on donne aux colonies ne tardent pas à se fondre presque entièrement, parce qu'on accorde un trop grand nombre de congés : il en faut être avare dans l'intérêt du soldat et de la colonie. Il vaut mieux changer la garnison de temps en temps, et accorder aux soldats des récompenses à leur arrivée dans la métropole, que de les licencier dans la colonie, où la plupart augmentent le nombre des paresseux.

L'institution des gendarmes envoyés de France pour la police de la colonie est donc inutile et onéreuse ; elle est même contraire à l'esprit des constitutions coloniales. La meilleure police est celle qui est faite par les habitants.

La dépense de la gendarmerie est une des premières charges dont il faut dégrever l'île de Bourbon.

la fois le service intérieur et le service extérieur, n'est nullement intéressée à l'économie; elle n'a, au contraire, d'intérêt qu'à la complication de la machine administrative: aussi n'est-ce pas aux commis qu'il faut demander leur avis sur la réduction des dépenses. En France, le ministère se fait des prosélytes en multipliant le nombre de ses agents; il s'en fera dans la colonie en diminuant le nombre des emplois et des employés.

L'île de Bourbon ne doit pas payer plus de sept cent mille francs de contributions: elle ne le peut sans anticiper sur l'avenir, sans nuire à ses intérêts du moment, sans blesser l'humanité. Quand on voudra lui donner une constitution appropriée à son état politique, les dépenses n'iront pas au-delà de sept cent mille francs : c'est par les calculs les plus positifs, c'est par une longue expérience de l'administration, qu'il m'a été facile de m'en assurer. A raison de son intérêt, la colonie acquittera même sa part contributive dans les dépenses du régime extérieur (1).

---

(1) Dans un mémoire remis en octobre 1821 à M. le ministre de la marine, je suis entré dans le détail de toutes les parties du service administratif; et je crois avoir prouvé

Quand on demande aux chambres des secours pour nos établissements, on n'éprouve que des refus décourageants. Les colonies semblent à charge à elles-mêmes, à charge à la métropole ; il ne tient à presque rien qu'on ne les abandonne, parce que l'on craint de s'expliquer sur l'emploi des fonds qu'on vient solliciter. En effet, il faudrait dire qu'on a multiplié les lois qui demandent le plus de frais pour leur exécution ; il faudrait dire que la seule administration des douanes de Bourbon a plus d'employés qu'il n'y en avait dans le triple ministère occupé par le grand Colbert (1) ; et, pour justifier la nécessité de cette dépense, ajouter qu'on

---

que la somme de sept cent mille francs suffirait aux dépenses que la colonie doit supporter. Cette somme serait à peu près ainsi répartie :

Cultes, justice, administration intérieure.	250,000 fr.
Travaux, y compris encouragements aux plantations.	200,000
Dépenses imprévues.	50,000
Contribution pour le régime extérieur.	200,000
	700,000

Il y a vingt ans l'administration intérieure, la justice et les cultes, ne coûtaient pas 150,000 francs.

(1) Colbert n'avait que trente employés dans ses bureaux.

nourrit cette multitude de préposés, pour fournir à la cour des comptes des chiffres qui ne sont propres qu'à absorber la fortune du colon (1).

Il est aisé au ministre de démontrer que dans le système actuel toutes les dépenses ont dû être faites, et s'élever à cette somme que ne peut payer la colonie; mais il est aisé aussi de démontrer au ministre qu'un meilleur système d'administration réduirait les dépenses de plus de la moitié (2).

En résumé, la colonie est plus que personne intéressée à l'humanité, plus que personne intéressée à l'économie de ses finances. L'humanité ne sera satisfaite que par la réduction et la sage répartition des impôts. Les frais d'administration ne se réduiront qu'en simplifiant le travail; le travail ne de-

---

(1) Quand on aura fait la distinction du régime intérieur et du régime extérieur conformément aux intérêts de la colonie et à ceux de la métropole, la cour des comptes n'aura point à s'occuper des dépenses personnelles à l'île de Bourbon.

(2) Par exemple, à quoi sert à Bourbon une garnison de deux ou trois cents hommes, ridicule secours qui prouve qu'on ne tient point à la conservation de la colonie? Il faut avoir au moins douze cents hommes, ou n'en pas avoir du tout.

viendra plus simple que par le développement, la ramification de ces institutions généreuses qui nous délivrent de l'empire des commis, nous rapprochent du prince, et nous unissent plus étroitement à la patrie.

De toutes les branches du régime intérieur de notre colonie, celle de la justice est peut-être le plus en souffrance (1).

Les gouvernements monarchiques sont plus ou moins tempérés par l'étendue des concessions que les souverains font à leurs peuples. Autrefois en France l'exercice des droits politiques, plus ou moins restreint, marquait l'intervalle de l'une à l'autre classe de la société; mais ce qui modère essentiellement la monarchie, c'est l'indépendance

---

(1) M. Mauduit, directeur de l'administration des colonies, m'a fait observer que la justice n'était point du régime intérieur, mais bien du régime extérieur de la colonie. Les tribunaux, n'étant institués que pour les justiciables de leur ressort, sont nécessairement du régime intérieur. Je suppose que cet administrateur a voulu dire que la justice faisait partie de l'administration générale, ce qui n'empêche pas de regarder les tribunaux de chaque département, de chaque arrondissement, ou de chaque colonie, comme appartenant au service intérieur de ces diverses localités. Les juges n'en sont pas moins nommés et institués par le roi.

de la justice civile, et son égale répartition entre les sujets, même entre le prince et les sujets. Cette justice, commune à tous les membres d'une nation, console au moins de la différence des rangs ou de l'inégalité des droits politiques.

Bourbon n'avait anciennement que deux tribunaux formant le premier et le second dégré de juridiction. Ils jugeaient les contestations de toute nature qui s'élevaient soit entre les particuliers, soit entre le gouvernement et les particuliers. Le conseil supérieur, remplacé aujourd'hui par la cour royale, était revêtu des mêmes attributions que nos parlements, c'est-à-dire qu'il était le dépositaire des lois de la colonie, le gardien, le défenseur de sa constitution; il avait, comme vous vous le rappelez, le droit de surseoir à l'exécution des ordres de la métropole.

Depuis quelques années, le domaine de la justice a été entièrement envahi par l'administration; celle-ci règne arbitrairement sur un terrain qu'elle ne devait que protéger; les tribunaux de la colonie sont dans une dépendance absolue : le gouverneur a le droit de dégrader les magistrats de l'ordre judiciaire, car il existe une ordonnance ou une instruction ministérielle, long-temps tenue secrète, d'après laquelle le chef de la colonie peut faire descendre les présidents de la cour royale au rang de simples conseillers. Pourquoi cette instruction est-elle demeurée secrète? Dans quelle circonstance l'autorité fera-t-elle usage du pouvoir qui lui est accordé? Je me garderais bien de faire ces deux questions à certain gouverneur à qui les observations pourraient déplaire, car il me rappellerait qu'il a le droit de condamner à l'exil l'audacieux qui se permettrait de l'interroger. J'ai vu des officiers publics, dont la personne était sacrée, arrachés à leurs fonctions sans aucune forme de procès, et sans autre motif de les ravir à leur juridiction naturelle que celui d'effrayer par un pouvoir illimité. Tout le monde se plaint des juges de la colonie; leur honneur n'est à l'abri d'aucun soupçon : quelle justice attendre en effet d'hommes continuellement soumis à des considérations de crainte et d'intérêt? Ils seront aussi parfaits qu'on pourra les désirer, du moment que l'administration cessera de les comprimer de sa main sacrilége.

Cette crainte où sont les ministres de la loi de se voir arbitrairement dépouillés de leur charge a porté l'atteinte la plus profonde à la morale publique. L'administration elle-même, sans confiance dans des tribunaux qu'elle intimide, a provoqué la création d'une justice bâtarde, assemblage incohérent de quelques membres de l'ordre judiciaire et de quelques employés du gouvernement; il existe à Bourbon trois cours souveraines ainsi composées : l'une est la commission pour l'exil, l'autre est le conseil de révision, qui vous sont déjà connus; vous saurez bientôt quelle est la troisième.

C'est au conseil de révision que se porte l'appel des jugements rendus en première instance sur les contraventions aux lois qui régissent le commerce étranger. Comme il s'agit presque toujours de confiscation au profit de l'état, le recours en révision sollicité par l'autorité administrative n'est pas moins effrayant pour les particuliers, qu'il n'est injurieux pour la cour royale dont on décline ainsi la juridiction. Je n'ai vu que l'abus, sans avoir jamais pu me rendre compte de l'utilité d'une semblable institution : elle n'existe point à l'île de France; elle est inconnue dans la métropole, où il n'y a point de tribunal d'exception pour les questions de commerce étranger.

Mais voici quelque chose de plus étonnant :

autrefois, ainsi que je vous l'ai dit plus haut, toute discussion entre les particuliers et le gouvernement était du ressort des tribunaux ordinaires; quelques intendants à la vérité, M. Poivre n'était pas du nombre, s'étaient attribué le droit de juger les causes de ce genre, en s'entourant d'un conseil de jurisconsultes; c'était un abus, aucune loi n'avait rien autorisé de semblable (1). Le gouverneur actuel a créé un tribunal spécial pour juger les procès engagés avec l'administration; car je ne suppose pas que le ministère ait approuvé les fautes précédemment commises, ou qu'il ait pu, sans être responsable lui-même, autoriser un pareil abus. Je ne pense pas qu'un ministre, ou tout autre fonctionnaire, ait le droit d'établir une

---

(1) L'ordonnance royale du 25 septembre 1765 porte à la vérité que « les conseils supérieurs ne peuvent s'immiscer, ni directement, ni indirectement, dans les affaires qui regardent l'administration; ils doivent se borner à rendre la justice aux sujets de sa majesté. » Le roi, ou celui qui administre en son nom, ne contracte pas autrement qu'un particulier. Le tribunal qui prononce sur les contestations résultant d'un traité fait avec l'administration, ne s'immisce point aux affaires du gouvernement; il ne fait, aux termes de la loi, que rendre justice aux sujets de sa majesté.

juridiction quelconque, en quelque lieu que ce soit, à moins d'usurpation de la puissance souveraine.

Le nouveau tribunal institué depuis 1818, et connu sous le nom de conseil de gouvernement siégant en conseil de préfecture, est formé de la même manière que le conseil de révision, à cela près qu'il y a un plus grand nombre d'employés dans le prétendu conseil de préfecture. On m'a dit que cette dernière institution était nécessaire à la colonie pour l'assimiler à la France, et instruire avec moins de lenteur les procès engagés avec l'administration. Les tribunaux ordinaires ne peuvent-ils adopter un mode plus prompt et moins coûteux pour les procès de ce genre que pour les autres affaires civiles? Les conseils de préfecture sont-ils une institution qui doive se propager? Le tribunal imposé à l'île de Bourbon est loin d'offrir les mêmes garanties que les tribunaux administratifs de la métropole : celui de Bourbon n'est composé que de subalternes de l'administrateur en chef, ou de membres de l'ordre judiciaire qu'il a le droit de dégrader. L'administrateur en chef passe tous les marchés faits avec le gouvernement; c'est lui qui préside le conseil; c'est lui qui l'a institué et en a réglé la jurisprudence.... Sommes-nous dans Alger ou dans Tunis? Non, monsieur le comte; car dans Alger et dans Tunis, un homme n'oserait être à la fois législateur, juge, partie, ajoutez même exécuteur. Mais, dira-t-on, l'administrateur en chef ne compose pas à lui seul le tribunal : à quoi servent ses satellites? A rendre l'institution plus monstrueuse encore; ce n'est, sous l'apparence de la justice, qu'une réunion de forces, qu'un complot contre la justice. Qu'on se hâte de purger la colonie de ces institutions absurdes, de ces immoralités (1).

Assurément si l'amour-propre de l'administrateur en chef n'est point irritable, qu'il ait de la conscience, du jugement, les sentences du tribunal seront marquées au coin de

---

(1) Je ne puis concevoir la hardiesse, la constance du ministère ou des agents des colonies dans l'abus du pouvoir. Un arrêt du conseil d'état, du 21 octobre 1819, rendu sur la plainte de M. Gilbert-Boucher, ancien procureur général de l'île de Bourbon, qui avait été révoqué par décision du ministre, porte textuellement que cette révocation est une usurpation du pouvoir souverain. Quel est le délit de ceux qui se permettent de suspendre, de révoquer ou d'exiler des officiers inamovibles, ou de créer une cour souveraine de leur pleine et entière autorité? Car je ne connais point d'ordonnance royale qui établisse le conseil colonial de préfecture.

la justice et de la raison; mais si le maître des juges manque de rectitude dans les idées, s'il met ses passions à la place du bon droit, qu'espérer d'une semblable juridiction (1)?

Il n'est aucune raison valable qui puisse étayer les tribunaux d'exception; ils ne servent qu'à bannir la confiance et la probité. On se plaignait il y a trente ans à Bourbon de ce que l'intendant de la colonie était en même temps chef de la justice en sa qualité de président du conseil supérieur (2) : c'est avec bien plus de raison qu'on se plaindrait

---

(1) Il n'y a pas long-temps qu'un des hommes les plus respectables de la colonie, M. Chauvet, notaire à Saint-Paul, a été suspendu de ses fonctions, pour n'avoir point partagé, dans une délibération du conseil municipal, l'avis du gouverneur. Cependant la loi sacrée du notariat existe à Bourbon. Je ne sais comment qualifier ce délit; il a été commis par le conseil de gouvernement ou de préfecture, qui cette fois, mettant de côté les affaires civiles, a prononcé sur le sort d'un individu à la personne duquel il n'avait nul droit d'attenter. Si, pour avoir donné son avis sur un objet de simple administration, un dépositaire de la fortune des particuliers, et dont les fonctions sont inviolables, se trouve gravement compromis, admettra-t-on que dans le conseil de préfecture, des juges révocables à volonté osent être d'un avis contraire à celui de leur président?

(2) Pétition de la colonie de Bourbon à l'assemblée constituante, du 21 avril 1791.

aujourd'hui. L'administration a maintenant trois ou quatre tribunaux qui ne sont et ne sauraient être que pour elle ; et cependant, comme vous l'avez vu, sa main envieuse ne s'appesantit pas moins sur les juridictions ordinaires. Autrefois un gouverneur osa exiler à l'île Rodrigue le conseil supérieur de l'île de France : il fut obligé par le ministre à aller chercher les magistrats, à les réinstaller lui-même. Assurément la justice d'à présent ne vaut pas pour notre colonie la justice d'autrefois (1).

Sans doute il se commet dans les tribunaux ordinaires des abus tout-à-fait étrangers aux causes qui ont été précédemment développées. Dans un pays peu étendu, les juges résistent moins à l'influence. Il suffirait, pour le maintien du bon ordre et de la discipline, que le procureur général ne fût point enfant de la colonie, qu'il n'eût pas même la faculté de s'y marier. Le genre de la population coloniale, l'éloignement de la métropole, exigent pour cette magistrature que l'intégrité, que le talent, soient accompagnés

---

(1) Ces diverses observations, exprimées à peu près dans les mêmes termes, se retrouvent dans les mémoires présentés au ministre en octobre 1820 et octobre 1821.

de beaucoup de prudence et de fermeté : il n'est pas besoin d'ajouter qu'aucun membre des tribunaux ne doit être mis sous la férule du gouverneur.

En attaquant des institutions vicieuses, je n'intente de procès à personne ; leurs auteurs ont pu se méprendre ; mais une fois que ces erreurs auront été signalées au ministère, il sera coupable s'il ne se hâte de les étouffer. Il ne doit point accorder de demi-grâce, de demi-bienfait ; toute capitulation entre l'administration et la justice est impossible, parce qu'il n'y a point de terme moyen entre le bien et le mal, entre l'erreur et la vérité.

La métropole a pu s'abuser elle-même, et croire jusqu'à un certain point que la législation de ses colonies était favorable à leurs intérêts. Bourbon a contribué sans doute à maintenir cette illusion. Les revenus de l'île sont plus considérables qu'ils ne l'ont jamais été : l'accroissement des richesses a pu être regardé comme l'ouvrage de l'administration. La méprise serait grande ; elle serait grossière et bien orgueilleuse de la part des chefs de la colonie qui s'attribueraient le mérite de cette prospérité.

L'île fait aujourd'hui la moitié moins de

café qu'elle n'en faisait il y a vingt ans; mais le prix de cette denrée est double de ce qu'il était autrefois: l'administration locale est-elle pour quelque chose dans cette augmentation? Une grande partie des terrains abandonnés par le caféier ont été pris par la canne à sucre; le produit des nouvelles cultures a augmenté d'autant l'ancien revenu de la colonie. La paix, le cours naturel des choses a tout fait, sans que l'administration y ait aucunement contribué, à moins qu'il ne faille lui savoir gré de n'avoir point arrêté la nouvelle industrie. L'administration précédente a accordé, il est vrai, quelque faveur à l'introduction des machines nécessaires aux sucreries, sans que cela ait ouvert un plus grand nombre d'ateliers. Les chemins ont été mis en meilleur état par l'administration actuelle; mais aussi de quels impôts ces bienfaits n'ont-ils pas été payés! L'argent, attiré de toutes parts, n'est-il pas demeuré enfoui dans le trésor? L'intérêt qu'il eût produit n'eût-il pas été plus considérable que le prix des travaux exécutés sur les grandes routes? Le bien est loin de compenser le mal que l'on a fait.

Dans cette multitude de lois données depuis quelque temps par l'administration locale à la colonie, il n'y a peut-être pas une seule disposition nouvelle qui soit favorable à l'agriculture et au commerce. Ce ne sont ni ces lois, ni les persécutions administratives, qui ont élevé ces sucreries dont une partie de Bourbon est couverte; il a fallu des noirs pour les fonder, et encore des noirs pour les conserver. On n'a pu s'en procurer autrement que par la traite frauduleuse: or, le gouvernement a employé toutes ses forces, toute son industrie pour s'opposer à la traite; d'un autre côté, il a fait peser sur la colonie des contributions énormes qui ont empêché la reproduction des esclaves par les naissances: donc il a été non l'auteur, mais l'ennemi le plus direct d'une prospérité à laquelle il lui était impossible de contribuer.

Il est vrai qu'il a introduit des bœufs et des mulets dont les sucriers avaient besoin; il n'a fait en cela que nuire au commerce, qui se fût à moins de frais chargé de la même opération. Il a voulu aussi faire venir des engagés de Madagascar: ces moyens, quelque avantageux, quelque nécessaires qu'ils puissent paraître pour le moment, n'offrent aucune espérance, aucune ressource pour l'avenir.

Il a fallu sans doute, lors de l'établissement des sucreries, plus de noirs, plus de bêtes de somme que la colonie n'en pouvait procurer; mais il faudra toujours recourir à la traite des hommes et des animaux, tant que ceux de l'intérieur seront frappés de stérilité par l'impôt et par le manque de sécurité.

J'entre dans ces détails, parce qu'il y a eu du charlatanisme dans les rapports adressés au ministère (1). La métropole ne peut trop s'éclairer sur la position de ses colo-

---

(1) Le ministère de la marine est celui dont les fautes sont le plus faciles à couvrir : il est peu de moyens de vérifier ce qui se fait à quatre et cinq mille lieues. C'est dans les colonies, où aboutissent un grand nombre d'expéditions, qu'il est plus aisé de les apprécier. Les réputations se font dans les bureaux de la rue Royale, où l'on se garde bien de révéler les fautes qui ont été commises.

En 1818, la frégate *la Cybèle* va en Cochinchine pour établir des relations de commerce entre ce pays et la France. Le capitaine revient à Brest sans avoir rempli sa mission, sans avoir pu se faire reconnaître comme l'envoyé d'une grande puissance, parce que le ministère avait oublié de lui donner une lettre du roi de France pour l'empereur de Cochinchine, qui ne voulut pas le recevoir. Lorsque Louis XIV envoyait des agents dans l'Inde, Colbert lui faisait écrire des lettres aux moindres princes du pays qu'il voulait faire entrer dans les intérêts de la France. Le commandant de *la Cybèle* n'avait que des lettres et des instructions du ministre et des commis de la marine; mandarins

nies, et sur leurs véritables intérêts. Dans un résumé qui sera l'objet de ma prochaine lettre, je vous présenterai d'un coup-d'œil

---

que l'empereur cochinchinois n'a pas jugé à propos de regarder comme ses égaux.

De 1819 à 1820, les deux flûtes du roi, *le Rhône* et *la Durance*, ont fait la moitié du tour du monde, pour aller chercher des Chinois et les amener à Cayenne où l'on se propose de cultiver l'arbre à thé. Le commandant des deux flûtes alla d'abord à Batavia, d'où il sortit soupçonné d'avoir voulu embaucher les sujets du roi des Pays-Bas. N'ayant pu avoir des Chinois de la colonie hollandaise, il se rendit à Manille. C'est de là qu'une vingtaine de misérables, dégradés par la débauche, Chinois d'origine, mais absolument étrangers à la culture de l'arbre à thé qu'ils n'avaient jamais vu, furent expédiés pour Cayenne où presque tous ont succombé. Un jeune Chinois, qui a vu l'arbre à thé, a été amené à Paris, comme seul témoignage qu'on puisse présenter de cette ridicule et coûteuse expédition. L'opération des Chinois pris à Manille ressemble à ce que ferait un capitaine anglais, si, chargé de former une colonie de vignerons, il les allait chercher en Flandre ou dans le pays de Caux.

En 1821 une flûte est allée porter une colonie à Madagascar; conçue comme elle est, avec les moyens qu'elle a, il est certain que l'entreprise ne réussira pas.

Parlerai-je de l'opération du Sénégal? Dirai-je combien de millions ces expéditions diverses ont coûté à la France? Ils sont perdus dans l'Océan. Les colonies n'en ont retiré aucun avantage : bien au contraire, tant de dépenses infructueuses ne les font considérer, ainsi que notre marine, que comme des charges pour la métropole. Si on le voulait, que de belles, que de grandes choses on ferait avec les 55

les principes de la constitution des colonies, en opposant à ceux que j'ai combattus ceux qu'il me semble raisonnable et nécessaire d'y substituer.

Je suis, etc.

Ile de Bourbon, 30 avril 1820.

---

millions de la marine ! Mais il faut pour cela des conceptions qui aient de la justesse et un but certain d'utilité ; ne point abandonner sa confiance à des spéculateurs et à des charlatans, se délivrer des vaines écritures, et ne point confiner les intérêts de la patrie dans la sphère étroite des commis.

LETTRE XII.

Résumé des principes de la Constitution coloniale.

Monsieur le Comte,

Voici les principes d'après lesquels on régit aujourd'hui l'île de Bourbon:

Comme il est défendu de faire de nouveaux esclaves, les anciens qui habitent la colonie ne doivent plus prétendre à la liberté.

Un simple particulier est puni lorsqu'il veut réduire un noir en esclavage; le gouvernement n'est point coupable lorsque, saisissant des noirs, il en fait des esclaves, au lieu de les rendre à la liberté (1).

C'est parce qu'on a fait des traités ou des lois en faveur de l'humanité que les esclaves doivent être plus misérables : on fait donner trente coups de fouet à celui qui préfère pour

---

(1) Je suis loin de vouloir dire que les noirs saisis doivent être affranchis pour devenir habitants de la colonie.

s'habiller un tissu de prix à une étoffe grossière ; on les marque d'un fer rouge quand ils ont l'honneur d'être les esclaves du roi.

Pour encourager le travail parmi les esclaves, on a commencé par frapper leur industrie d'une contribution (1).

On paie cinq ou six fois plus d'impôts qu'autrefois : la charge ne doit-elle pas s'accroître au moment où diminue la force de celui qui doit la porter ?

On défend d'un côté le commerce des esclaves, de l'autre on le rend de toute nécessité.

N'est-il pas humain et raisonnable, en empêchant la traite au dehors, d'empêcher la reproduction des esclaves au dedans de la colonie, et cela sans y substituer d'autre moyen ?

Un négrillon de colonie revient à 200 piastres quand il a quinze ans ; un négrillon de traite du même âge n'en coûte que 120. On croit que les colons seront assez simples pour préférer la cherté au bon marché. On les force, dit-on, à devenir meilleurs ; il serait peut-être maladroit de les y intéresser.

---

(1) L'impôt sur le tabac, qui est la principale industrie des esclaves.

J'ai entendu dire, en effet, à un gouverneur qu'il saurait obliger les maîtres à mieux traiter leurs esclaves, à leur donner de la viande et du vin : ce gouverneur, il est vrai, n'avait jamais dans la bouche que le mot *je le veux*, qui sans doute est un merveilleux moyen d'administration à Constantinople.

Le système de l'esclavage exigeant le système de la grande propriété, on fait venir de France des prolétaires (1) qui, n'ayant rien et ne faisant rien, seront probablement plus intéressés que les propriétaires au maintien de l'ordre et de la tranquillité.

Comme il y a moins de sécurité, moins d'avenir dans la colonie que dans la métropole, on doit se hâter de percevoir de fortes contributions dans la colonie, parce qu'il faut d'abord assurer le sort des commis, et qu'il est inutile de songer aux petits créoles qui ne viendront que dans vingt-cinq ou trente ans.

Il est défendu, par la nature des lois et des impôts, de planter aucun arbre qui ne donnera pas de fruits au bout de dix-huit mois.

Un ancien intendant général des îles de

---

(1) Des gendarmes avec leurs femmes, qui finissent par devenir habitants de la colonie.

France et de Bourbon (1) disait à leurs habitants : « Je vous apporte plus de liberté qu'il n'en est accordé à la métropole elle-même ; les marchandises qui viendront dans vos ports n'y paieront point de contribution ; à peine saurez-vous ce que c'est qu'un impôt ; vous ne connaîtrez point ces fermiers de droits, ces collecteurs, ces préposés de toute espèce par qui la France est épuisée. »

L'administrateur qui arrive aujourd'hui tient un autre langage : « Je vous apporte, dit-il, les fermes, la douane et son cortége de préposés, l'enregistrement et ses nombreuses subtilités ; je viens avec le droit de disposer de votre état, de votre fortune et de votre liberté. »

Il fallait bien, en effet, que les fermes, chassées de la métropole, se réfugiassent quelque part : elles ont trouvé un asile dans la colonie, où sans doute elles sont plus favorables qu'ailleurs à l'industrie et au commerce.

Une marchandise qui va de Marseille à Bordeaux ne paie pas de droits ; il est bien plus juste qu'elle en paie quand elle fait

---

(1) M. Poivre.

quatre mille lieues pour aller d'un port français dans un autre port français, que lorsqu'elle n'en fait que cent cinquante.

Ce sont des esprits à l'envers qui ont prétendu qu'une colonie n'était qu'une commune éloignée de la métropole : honneur à ceux qui ont rappelé qu'une colonie n'était qu'un navire, et que le régime de bord était le seul qui pût lui convenir !

A Bourbon, si un homme déplaît au gouverneur, il l'envoie à Mozambique ou à Madagascar (1).

Plus les hommes sont éloignés de la protection de la métropole, plus ils doivent être gouvernés par l'arbitraire.

Tous les droits politiques sont dans la personne du gouverneur.

Il réunit autour de lui un comité formé de cultivateurs et de négociants ; c'est lui-même qui les désigne ; il leur rend compte de son administration ; il les châtie quand ils ne sont pas de son avis.

Il est naturel que la colonie soit le domaine des commis : quand on veut réduire les dépenses, on prend avis de ceux qui sont intéressés à les augmenter.

---

(1) Instruction d'avril 1818.

Il y a dans une colonie habitée par 25,000 personnes de condition libre, et par 60,000 esclaves, quatre cours souveraines, dont trois sont composées de commis et de membres de l'ordre judiciaire; il en est parmi ces derniers qui sont amovibles à la volonté du gouverneur. On m'a assuré que les uns et les autres étaient d'une intégrité, d'une indépendance parfaite, qu'aucune considération ne les faisait dévier, pas même la crainte de perdre leur emploi.

Le gouverneur dégrade les juges, casse les officiers publics : ne faut-il pas que quelqu'un ait le privilége de l'immoralité?

Voici une loi de la colonie : « L'homme qui est condamné par la cour royale à payer mille francs peut en appeler à la cour de cassation; celui qui est condamné à perdre la tête, ou à la privation des droits de citoyen, n'a pas le droit d'appel : cela demanderait trop de temps que d'attendre l'arrivée de la décision suprême. Il paraît que les législateurs des colonies tiennent plus à la bourse qu'à la vie et à l'honneur.

Voilà ce qu'on appelle *les lois particulières* d'après lesquelles sont *régies les colonies.*

Que l'Anglais se rende maître de Bourbon :

après s'être préalablement emparé des trésors, qui auront sans doute été amassés pour lui, qu'il trouve des tribunaux d'exception, des conseils pour la révision et pour l'exil, des verges toutes prêtes, un joug tout façonné ; il n'y changera rien : assurément la colonie n'aura pas moins de reconnaissance pour ceux qui lui auront apporté de semblables bienfaits, que pour ceux qui le lui auront conservés.

On dit que les colonies sont difficiles à gouverner; je m'étonne en effet qu'on en vienne à bout avec la constitution que je viens de vous présenter. Je n'ai rien avancé sans avoir sous les yeux une loi écrite, ou sans m'appuyer d'actes qui, connus du ministère, n'auraient cependant pas été réprouvés.

Toutes ces erreurs, tous ces abus ont eu lieu de 1815 à 1820.

Que faire pour empêcher le mal de se perpétuer ? Comment sortir de ce dédale de lois et d'instructions qui se croisent et se combattent ? Reprenons la constitution coloniale, et peut-être parviendrons-nous sans peine au bien qu'on voudrait opérer.

Ne forçons point les gens à devenir meilleurs ; tâchons de les y intéresser.

Pour que les esclaves soient mieux traités, que le maître ait un avantage à leur reproduction.

Que le jeune noir qui naît sur l'habitation ne soit pas une charge, mais un accroissement de la propriété.

Pour rendre les esclaves dignes de l'affranchissement, ils ne doivent y parvenir que par le travail, dans les produits duquel il est de notre avantage de leur donner un intérêt.

Par ce moyen, le travail sera l'ami et non l'ennemi de la liberté.

Que les droits des citoyens vaillent la peine de les acquérir ; pour y prétendre, que les affranchis aient un état, une propriété.

Ce serait une haute imprudence de briser tout d'un coup la chaîne des esclaves. Le sang des blancs ne paierait pas seul le prix de cette liberté.

Une branche s'est écartée de la direction qu'elle eût dû suivre naturellement : on la romprait en voulant tout à coup la rapprocher des autres ; c'est par degrés qu'on parvient à la redresser.

Que le zèle soit éclairé par la prudence,

pour ramener l'esclave à la condition d'homme libre, d'homme utile à la société.

En prohibant la traite, il faut y substituer un autre moyen; ce moyen n'est pas de rendre l'esclavage plus rigoureux qu'il n'était autrefois, de le maintenir à perpétuité. La population esclave se détruirait d'elle-même. Il n'y a autre chose à faire que d'arriver graduellement à la liberté.

L'habitant des colonies doit être bien certain que la traite ne sera pas rétablie. Il faut qu'il pense sérieusement à l'avenir.

Personne cependant ne doit ni ne peut être forcé à rendre son esclave libre; mais il faut faire en sorte que tout le monde trouve son avantage à la liberté.

Si j'étais chef d'une colonie, je voudrais louer ou acheter une habitation; je la distribuerais par petites fermes; sur chacune de ces fermes je mettrais une famille d'esclaves bons sujets; ils auraient comme pécule une part dans le revenu. Je suis convaincu qu'ils me donneraient plus de produits que des esclaves dans l'état ordinaire. Au lieu de faire l'expérience soi-même, mieux vaudrait encourager un habitant, un honnête homme à la faire. S'il réussissait, d'autres habitants ne tarderaient pas à l'imiter (1).

Les Anglais donnent en concession de quatorze ans les noirs qu'ils saisissent; comme ces noirs n'ont aucun intérêt présent dans le travail, on ne parviendra pas à en faire autre chose que des mauvais sujets. Un apprentissage de quatorze ans est une dérision amère pour l'humanité.

De la condition d'esclave attaché à la personne, que le noir passe d'abord à la condition de serf attaché à la glèbe; la féodalité qui ne se perpétue pas est la transition la plus naturelle de l'esclavage à la liberté.

On veut fonder de nouvelles colonies : s'est-on rendu compte des principes d'après lesquels on veut les établir? Dans les colonies à esclavage, les principes ne sont pas les mêmes que dans les colonies où tout le monde jouit de la liberté. On dit aux Européens, pour les engager à aller à Madagascar, qu'on leur donnera deux ou trois cents arpents de terre et un nombre proportionné

---

(1) Ce moyen s'accorde avec celui que je propose pour Madagascar. Si cette île était organisée en colonie libre, l'île de France et l'île de Bourbon suivraient bientôt l'exemple que Madagascar leur donnerait.

de noirs engagés, pour les cultiver; c'est retomber tout de suite dans le système vicieux des anciennes colonies.

Il ne faut pas introduire des prolétaires dans les colonies tant que le travail n'y sera pas en honneur. Il sera honoré du moment qu'il deviendra un moyen de parvenir à la liberté.

En passant par le travail de l'état d'esclave à l'état d'homme libre, on changera sans inconvénient le système de la grande en celui de la petite propriété.

La constitution des colonies ayant pour base l'amélioration volontaire du sort des esclaves, les anciens et les nouveaux établissements finiront par avoir la même constitution.

La population noire donne maintenant de l'inquiétude aux colonies. Avec le système que je propose, loin d'être à craindre, cette population deviendra pour les colonies ce que nos paysans sont pour la métropole.

Malheur à celui qui dira à l'esclave qu'il peut être le maître, sans avoir par le travail payé le prix de sa liberté!

Malheur à celui qui, sous prétexte d'humanité, ira dans l'intérieur des terres à la recherche des noirs de traite qui se seraient introduits en fraude ! Il ferait aussi bien de prendre une torche pour mettre le feu aux habitations.

Les meilleurs desseins échoueront si les colonies continuent d'être inquiétées par les moyens imprudents qu'on emploie pour empêcher la traite : elles réclament une entière sécurité.

Ces desseins échoueront encore si l'impôt n'est pas réduit, s'il n'est pas autrement réparti.

Il ne suffit pas, pour favoriser le développement de la population esclave, d'accorder des dispenses de l'impôt qui frappe sur les noirs. Si les autres impôts continuent d'être une charge trop pesante, l'encouragement particulier donné à la population demeurera sans effet (1).

Il y a des impôts que la métropole peut avoir seule le droit d'établir : tel est celui sur les denrées qu'elle exporte dans les colonies. Mais ni la métropole ni la colonie n'ont intérêt à cette espèce de contribution.

La quotité de l'impôt que doit raisonnablement supporter une colonie étant connue

---

(1) Aussi est-ce à peu près inutilement qu'on a réduit la capitation à l'île de Bourbon.

et déterminée par qui de droit, ce n'est point au gouvernement de la métropole, mais à ceux qui sont chargés du fardeau, à en faire entre eux la répartition.

Le système représentatif, d'après les bases que nous avons établies, est de toute nécessité dans les colonies pour l'économie de leurs finances, et pour l'accomplissement des vues de l'humanité.

Les esclaves, avons-nous dit, étant la propriété des pères de famille, il n'y a que les pères de famille qui puissent aviser entre eux au moyen d'améliorer et de conserver leur propriété.

Ce n'est qu'au moyen d'une bonne organisation municipale qu'on pourra distribuer des encouragements à la population; elle ne sera pas moins nécessaire pour accorder avec discernement le bienfait de la liberté (1).

Tous les principes que je viens d'établir se lient entre eux; ils sont la conséquence les

---

(1) Quand un homme veut affranchir un esclave, il en demande la permission au gouverneur. Ne vaudrait-il pas mieux qu'il s'adressât au conseil municipal? Celui-ci est bien plus à même de connaître le sujet qu'on présente à la liberté. Il est intéressé à ne pas faire une mauvaise acquisition pour la société.

uns des autres; on ne peut les adopter isolément. L'amélioration du sort des esclaves, la réduction des charges, et le système représentatif, sont pour la colonie trois choses qu'il est impossible de séparer.

Nous avons considéré les colonies en elles-mêmes : si on les considère comme partie intégrante du territoire français, est-il juste de séparer leurs intérêts des intérêts généraux de la métropole? Elles doivent avoir un organe dans les chambres de la nation, puisqu'elles participent aux dépenses générales au moyen de leur contingent pour le régime extérieur, ou parce qu'elles reçoivent de la métropole les secours dont elles ont besoin.

Les colons voudraient, à la vérité, que la métropole s'occupât moins de leurs affaires; ils feraient mieux de désirer que la métropole fût plus au courant de leurs véritables intérêts : de part et d'autre on se comprendrait.

L'isolement où on les a mises a rendu les colonies étrangères à la France.

C'est à raison de leur distance qu'elles ont un plus grand besoin de protection; on ne doit pas moins les défendre contre les invasions de l'arbitraire que contre celles de l'ennemi.

Que le gouverneur cesse d'avoir dans la colonie des pouvoirs plus étendus que ceux du roi dans la métropole; surtout qu'il ne fasse pas à son gré des lois constitutives.

Qu'on brise cette verge de fer avec laquelle il a le droit de châtier ses administrés.

L'existence des tribunaux d'exception est une tache honteuse pour le ministère; qu'il se hâte de l'effacer.

Que la justice reprenne son caractère et son indépendance; que chacun reste sur son terrain; que tous les pouvoirs soient honorés; qu'aucun ne puisse être dégradé.

Si la conquête, si quelque malheur sépare les colonies de la métropole, que leurs institutions ne deviennent point une arme pour les déchirer; qu'elles servent, au contraire, à les défendre, à les protéger (1).

---

(1) J'ai soumis à M. le ministre de la marine un projet des constitutions de la métropole appropriées à l'état politique des colonies, non que ma pensée soit de leur envoyer sur-le-champ la loi définitive; il me semble que la seule chose à faire est d'en adresser par commissaires le projet à chaque assemblée coloniale qui se formerait dans nos établissements. Ce projet serait discuté par les parties et par les commissaires de la métropole. La constitution ainsi préparée et rapportée en France, serait renvoyée aux colonies, sanctionnée par

Le colon ne sera plus alarmé quand on lui fera voir à côté l'un de l'autre les mots d'*esclavage* et de *liberté;* le nuage qui se grossissait à l'horizon se dissipera de lui-même; la traite, si elle peut exister encore, ne lui paraîtra plus qu'un secours dangereux et inutile (1).

Quand les députés monteront à la tribune nationale pour parler des colonies, ils n'auront point à retracer le tableau des crimes commis pour enfreindre les traités. Le ministre viendra dire aux chambres de la nation que les colons s'attachent à leur patrie, qu'ils y trouvent une entière protection, une

---

le roi. Il faut renoncer à la manie de réglementer de la rue Royale des établissements qui en sont à trois et quatre mille lieues.

(1) Quelques personnes auxquelles ces réflexions ont été communiquées ont paru craindre que je ne fusse trop favorable à la liberté des esclaves. Je prie les colons qui me liraient d'observer que le système actuel d'affranchissement est bien plus dangereux que celui que j'y voudrais substituer. Dans l'un on multiplie le nombre des paresseux, dans l'autre on ne donne que des sujets utiles à la société.

La loi pour l'affranchissement des esclaves est la plus importante des colonies. Si je n'eusse craint d'entrer dans des développements qui n'auraient peut-être pas eu beaucoup d'intérêt pour des Européens, j'eusse traité ce sujet important sous ses différents points de vue. En cas de besoin, je me propose d'en faire l'objet d'un travail particulier.

entière sécurité; il fera connaître la progression des naissances parmi les esclaves, le nombre des libertés accordées à des sujets dignes de ce bienfait, celui des mariages entre les affranchis, au lieu d'avoir à apporter pour sa justification la liste effrayante des condamnations rendues contre les infracteurs de traités, et par les tribunaux ordinaires qui suffisaient à la justice, et par ces tribunaux extraordinaires dont notre colonie demande instamment la suppression.

Nous n'avons point détruit l'édifice, nous l'avons seulement dégagé des constructions étrangères dont on l'a imprudemment surchargé. Si la colonie se présente devant les chambres de la nation, ce ne sera point pour mendier des secours, mais pour payer sa part dans les dépenses d'administration générale.

Qu'il est cruel pour les colonies de voir les représentants de la nation supputer froidement le tribut qu'elles peuvent apporter à la douane, comme si les revenus d'un état se calculaient par ce qui entre dans les coffres du trésor! Qu'il est cruel d'entendre dire qu'il serait plus avantageux de recevoir le sucre et le café de l'étranger, parce que celui-ci aurait un droit plus considérable à payer! Les colonies sont-elles autre chose que des places de commerce plus ou moins éloignées du chef-lieu, des provinces reculées qui donnent les produits d'un autre climat? N'est-ce pas la Champagne ou la Bourgogne, qui cultive le caféier au lieu de cultiver la vigne? Ce sont des enfants de la France qui ont conquis un nouveau sol à l'industrie française. Si on ne la repousse plus comme une étrangère, la colonie de Bourbon est donc pour la France l'un de ses riches départements (1). C'est un poste important à garder; n'est-il pas le point d'appui d'établissements bien autrement considérables que tout nous invite à former dans le voisinage? N'est-ce pas de là que nous portons des regards plus assurés sur une contrée que notre gloire et notre commerce n'ont peut-être pas encore abandonnée?

Que les ministres, que les députés de la métropole voient la France à Bourbon, comme ils la voient dans les plus proches départe-

---

(1) Les contributions que paie l'île de Bourbon, soit à l'administration locale, soit à la métropole pour l'entrée de ses produits, s'élèvent à la somme de quatre à cinq millions.

ments; que les Français de la colonie s'élèvent au même rang que les Français de la métropole ; que l'émulation prenne la place de l'envie; que les liens isolés de chaque famille se réunissent entre eux pour ne former qu'un lien commun; que toutes les forces, toutes les volontés, se dirigent vers le bien-être universel ; que l'île de Bourbon s'agrandisse, s'il est permis de parler ainsi, parce que le plus petit pays semble reculer ses limites lorsque des institutions protectrices ennoblissent le caractère de l'homme, et rendent à son esprit l'essor qui aurait été comprimé.

Je suis, etc.

Ile de Bourbon, le 5 mai 1820.

LETTRE XIII.

Voyage au Bènard (1).

Monsieur le Comte,

Maintenant, pour vous distraire, transportez-vous en imagination à la cime du Bènard. Partis hier à deux heures de Saint-Paul, nous ne faisons que d'arriver au moment où le soleil se va coucher. Le rendez-vous que je vous donne est, comme vous le savez, à plus de 1700 toises au-dessus du niveau de la mer. Vous nous trouverez sur un plateau desséché où l'on n'aperçoit aucune trace de végétation ; le sol sablonneux est entremêlé de pierres qu'on semblerait y avoir semées avec profusion ; çà et là quelques rochers élèvent leur tête aride ; d'ailleurs aucun objet sur lequel la vue puisse agréablement se reposer.

---

(1) Ce voyage a été fait en octobre 1817, mais la relation n'en a pas été achevée avant 1820.

Point de nuages au-dessus de notre tête, il n'en est pas d'aussi élevés ; mais, à peu de distance au-dessous de nous, une vapeur épaisse d'un ton grisâtre qui s'étend jusqu'aux limites de l'horizon : il fait un froid piquant ; nous sommes dans un état de malaise insupportable ; l'air est pur et diaphane, et cependant la poitrine, dont les mouvements s'accélèrent, n'en a point assez pour respirer.

Notre guide nous fait redescendre pendant un quart de lieue sur l'inclinaison du plateau : arrivés sur un terrain plus inégal, il nous montre une espèce d'enfoncement dans un rocher ; ce sera là notre chambre à coucher : cette grotte est si basse que nous ne pouvons nous y tenir debout, si peu profonde qu'une partie du corps y est à peine à l'abri. Il y reste un peu d'herbe sèche que d'autres voyageurs y ont apportée ; il en croît, ou plutôt il en végète de pareille, d'aussi desséchée, aux environs ; à peine en trouvons-nous assez à arracher pour en faire un oreiller. Nous sommes quatre dans la caverne, les pieds en dehors, et la tête sous la voûte abaissée dont quelques pierres semblent prêtes à se détacher. En descendant un peu plus bas, nos noirs ont coupé des ambavilles, seuls arbustes qu'on aperçoive encore dans cette haute région, mais qui n'atteignent point au sommet du Bénard : ils ont fait à l'entrée de la caverne un grand feu autour duquel ils vont passer la nuit, les uns couchés, les autres accroupis. Je n'ai point parlé de notre souper, parce que nous n'avons aucun appétit. L'état fébrile que nous éprouvons nous prive d'un sommeil que nous appelons de tous nos vœux. Pourquoi sommes-nous venus ici ? Pour ne rien voir, pour y trouver la fièvre et nous y attrister : nous sommes comme de pauvres naufragés jetés sur un rocher où il n'y a rien à espérer.

Il y avait quelques heures que nous étions couchés : vers minuit l'un de nous sortit de la caverne, et nous appela tous au même instant. La lune, alors dans son plein, était déjà parvenue à une grande élévation dans les cieux; elle n'a jamais prodigué tant de lumière aux humbles habitants des vallées, chargés d'une atmosphère plus épaisse et plus difficile à pénétrer. Je ne puis vous dire où nous nous trouvions transportés : de toutes parts nous étions entourés d'une mer sans bornes qui commençait à nos pieds; mais cette mer était d'une onde à laquelle je ne vois rien à comparer. Elle était d'une blancheur éblouissante; ses vagues immobiles se couvraient d'une mousse argentée légère comme du coton qui se répandrait en gros flocons. La paix la plus profonde régnait sur toute l'étendue que nos yeux pouvaient découvrir ; elle n'était troublée ni par le zéphyr qui frémit sur les flots, ni par le murmure de la vague expirant au rivage, ni par ces bruissements que l'on appelle, je crois, les harmonies de la solitude et de la nuit. Rien ne paraissait au-dessus des ondes qu'une île pareille à la nôtre, et s'élevant à une lieue de nous comme un dôme noir dessiné sur un fond d'azur. Dans l'exaltation de la fièvre, dans l'étonnement d'un spectacle si nouveau, je ne sais de quelles idées confuses notre imagination se fatiguait : il nous semblait avoir franchi les espaces, nous être élevés dans une autre planète dont les habitants moins matériels que nous respirent un air plus pur et plus léger, contemplent des astres plus brillants, et sont les navigateurs de cet océan de nuages sur lequel, tant l'illusion était grande, nous aurions été nous-mêmes tentés de nous embarquer.

La lassitude et le froid nous obligèrent à regagner la *caverne à Phahons'*; c'est ainsi que s'appelait notre grotte, du nom d'un noir marron qui pendant plusieurs années y demeura réfugié. Les ondes merveilleuses n'étaient plus au matin que la brume grisâtre qui nous avait attristés : elle était trop pesante pour atteindre jusqu'à nous. Le lever du soleil ne nous offrit rien de bien remarquable en effets de lumière : à son coucher, il avait coloré de la pourpre de ses derniers rayons la surface des vapeurs amoncelées autour de nous.

En remontant vers la cime du Bènard, où nous résolûmes de retourner, ne ferais-je pas bien de vous raconter de quelle manière nous y étions parvenus la veille, sans vous donner d'autre fatigue que celle de nous écouter ? Les voyages de montagne ne s'entreprennent que pendant la saison de la sécheresse : dans la saison contraire on s'égarerait, on serait noyé dans les nuages qui fondraient sur vous en torrents ; des précipices, des crevasses affreuses n'auraient qu'à s'ouvrir tout à coup sous vos pieds. Ce fut dans les premiers jours d'octobre que nous partîmes de Saint-Paul, au nombre de cinq, accompagnés de dix esclaves et d'un mulet chargé de nos provisions. Nous étions tous les cinq à cheval : nous suivîmes le chemin qui traverse en droite ligne les habitations de Mme Desbassayns, et qu'elle a fait continuer beaucoup au-delà des terrains défrichés. De ce côté de Bourbon la pente de la montagne est très-douce; elle est cultivée jusqu'à la hauteur de quatre cents toises au-dessus du niveau de la mer. A l'époque de notre voyage les campagnes ont peu d'agrément; les feuilles des arbres ont pris un ton plus foncé; les maïs, qui sont la principale culture de ces cantons, sont depuis long-temps récoltés; la terre est presque nue comme en France après la moisson; il ne reste plus que quelques bouquets épars de ces cafeteries qui couvraient autrefois la plaine inclinée comprise entre les Trois-Bassins et la rivière des Galets : elles donnaient de quinze à vingt mille balles de café; vous avez appris comment l'ouragan de 1806 avait tout brisé, tout déraciné. Quelques carreaux de cannes égaient cependant la vue : ce sont des sucreries que l'on commence à établir. Les terrains inférieurs sont trop secs pour que la canne y puisse prospérer. A mesure qu'on s'élève, la végétation est plus fraîche et plus vigoureuse : la sommité des cultures se perd dans les nuages; ceux-ci s'attachent à la ceinture de bois dont la montagne est entourée.

A la nuit close nous arrivâmes à *la maison du Brûlé;* c'est une case en planches construite par Mme Desbassayns à l'extrémité de ses habitations : tout notre monde un peu dispersé s'y trouva bientôt rassemblé. Deux noirs veillaient dans une case voisine auprès d'un petit foyer ; ils nous allumèrent du feu dans le milieu de la grande case ; la fumée s'échappait au travers du toit : ce fut là que nous établîmes notre quartier-général. Le changement de température avait déjà influé sur quelques-uns de nos compagnons : cependant nous soupâmes avec assez de plaisir et d'appétit dans la case du Brûlé. Les vieux noirs gardiens nous apportèrent au dessert des rayons de cet excellent miel vert dont le plus renommé nous arrive des *hauts* de Saint-Paul et de Saint-Leu : il n'est point grumeleux, mais presque liquide ; il se cristallise comme le sirop de la canne ; il est très-aromatisé. Le miel des *bas* est rougeâtre, moins délicat et d'un parfum beaucoup moins agréable : celui de la montagne doit sa bonne qualité à la fleur d'ambaville, espèce de millepertuis qui croît en abondance dans la moyenne région, et presque jusqu'aux sommets de l'île de Bourbon.

Pour passer la nuit, nous nous enveloppâmes de couvertures que nous avions eu la précaution d'apporter. Nous nous remîmes en route quelques instants avant le jour : le chemin un peu plus rude était encore praticable pour les chevaux. Le jour ne tarda pas à paraître : nous reconnûmes alors que nous traversions un bois assez épais dominé par un grand nombre de ces beaux palmistes qu'on ne revoit jamais d'un œil indifférent. Les coteaux de l'île en étaient autrefois couverts, mais il ne paraît pas que ces arbres descendissent jusqu'au bord de la mer, quoiqu'on puisse les y cultiver : au-delà de 700 toises de hauteur on n'en aperçoit presque plus, encore sont-ils chétifs et tortus. Les cocotiers et les dattiers se plaisent dans les sables brûlants et salés du rivage; les lataniers y croissent également, quoiqu'une terre plus forte me semble leur être plus favorable : ils prospèrent dans nos habitations; on n'en voit guère à plus de 400 toises au-dessus du niveau de la mer.

Nous allions au pas; une partie de nos esclaves nous précédait : tout à coup ils se mirent à chanter : « Ah! calumets, calumets, beaux calumets! » Des gerbes de roseaux de vingt-cinq, trente, et même de quarante pieds, jaillissaient de terre de l'un et de l'autre côté du chemin. Les calumets, comme l'a fort bien observé M. Bory de Saint-Vincent, forment une ceinture autour de l'île de Bourbon à la hauteur de 7 à 800 toises : moins chargés de feuilles que les bambous, leurs tiges sont plus légères, plus droites et plus élancées. On dit qu'on est allé jusqu'aux calumets, ou au-delà des calumets, pour exprimer la hauteur à laquelle on s'est élevé : on ne manque jamais d'en rapporter avec soi. Les plantes de la zone torride ont des proportions extraordinaires ; elles ne sont pas moins remarquables par la grâce de leur port que par la vigueur de leur végétation.

Cependant à mesure que nous nous élevions au-dessus de la région des calumets, les arbres, moins favorisés par la température et par le sol, décroissaient et finissaient par se confondre avec les arbustes, c'est-à-dire avec les ambavilles et les grandes bruyères, seuls végétaux remarquables qui égaient un peu les solitudes du *Brûlé de Saint-Paul :* c'est ainsi qu'on nomme le revers du vieux volcan dans les parties les plus élevées de ce quartier. Ici la terre végétale commence à peine à se former : la pente de la montagne n'est cependant pas très-rude ; elle est pavée de grands carreaux de lave qui retentissaient sous nos pieds. Les ambavilles ne demandent que peu de terre; elles s'implantent dans la séparation des pavés. Le Brûlé de Saint-Paul est très-étendu ; c'est un désert, une Thébaïde, où la nature la plus stérile apparaît dans toute sa nudité.

Nous avions quitté nos chevaux, parce que le chemin, devenu plus difficile, cessait d'être frayé entre les rochers : cinq de nos noirs les ramenèrent à la case du Brûlé. Notre caravane n'était plus que de dix personnes ; les esclaves qui nous restaient n'étaient chargés que de la petite provision de vivres qui devait se partager entre eux et nous; car il faut, dans ces voyages, que les domestiques soient aussi bien traités que les maîtres, afin de leur donner du courage et de la gaîté : ils ne portaient pas plus de quinze livres chacun dans un sac de vacoi attaché sur leurs épaules, comme le serait un sac de soldat.

Notre guide, ancien noir marron que madame Desbassayns nous avait prêté, connaissait tous les sentiers, tous les détours de la montagne, qu'il avait parcourus dans son temps de liberté : son premier nom était Philippe; depuis on y avait ajouté le surnom de Volcan. Je crois que Philippe, dit Volcan, est d'origine arabe. Je le vois encore, le teint cuivré, le nez aquilin quoique un peu retroussé, la moustache noire et mal peignée, les joues creuses, l'œil vif et pénétrant, la démarche leste et décidée, une calebasse sur les épaules, la chemise bleue retroussée au-dessus du coude, le pantalon relevé jusqu'au genou, sur la tête un vieux chapeau déchiré, et à la main un sabre pour couper les branches qui nous gênaient et faire des marques sur le chemin : Volcan dirigeant notre petite bande ressemblait à un véritable bédouin. Il se sentait heureux de respirer l'air des montagnes ; quoique la douceur de son sort l'empêchât de *retourner marron*, il aurait mieux aimé visiter de nouveau son ancien réduit, son nid dans les rochers, que ces palais de France dont il avait aussi entendu parler.

Nous arrivâmes à neuf heures à l'extrémité du Brûlé. Ici la montagne s'interrompt tout à coup ; elle est coupée à pic par la rivière des Galets, dont l'encaissement a mille toises de profondeur : nos yeux ne plongèrent point au fond du précipice ; nous étions dans une brume épaisse, c'est-à-dire dans un nuage au travers duquel les objets les plus prochains se pouvaient à peine distinguer. Le rivage au bord duquel nous marchions continue en s'élevant jusqu'à la cime du Bènard, dont la masse d'un ton plus déterminé se prononçait pourtant dans la vapeur. Privé par les nuages de la vue du spectacle qu'il avait espéré, l'un de nos compagnons n'eut pas le courage de venir plus loin : il nous quitta en prenant pour guide un noir qui ne connaissait pas les chemins : ils s'égarèrent, et ce ne fut qu'après beaucoup de fatigues qu'ils revinrent en même temps que nous au quartier. Quoique un peu découragés nous-mêmes, nous résolûmes de gravir au sommet de la montagne, qui ne nous paraissait pas à beaucoup près aussi haute qu'elle l'est réellement : d'encore en encore, après avoir fait je ne sais combien de haltes, surtout dans la partie qu'on appelle la Grande-Montée, bien grande, bien fatigante en effet, la pente devenant plus rude et l'air plus rare à mesure que nous approchions du but, après avoir péniblement gravi de rocher en rocher, nous parvînmes enfin à ce triste plateau où vous voyez que nous sommes une seconde fois retournés : nous y trouvâmes pour déjeuner un peu plus d'appétit que nous n'en avions eu pour notre souper. L'eau que Volcan portait dans sa calebasse n'était pas gelée, mais extrêmement froide ; l'arack et l'eau-de-vie nous semblaient presque insipides. Il gèle à 600 toises au-dessous du point où nous étions placés : on en rapporte, comme une chose curieuse sous la zone torride, des glaçons formés aux sources qui ne naissent pas à une plus grande hauteur.

La plupart de ceux qui viennent au Bènard inscrivent leur nom sur les pierres qui sont éparses dans le sable, ou sur la cime du rocher : nous retrouvâmes les noms de du Petit-Thouars, de Villèle et de Parny. Nous étions encore occupés de nos recherches, lorsque la mer de nuages s'abaissa par degrés : elle n'avait plus de vagues, plus d'écume argentée ; sa surface était parfaitement unie : l'abondance de lumière dont elle était pénétrée ne reproduisait ni les effets, ni les illusions du clair de lune si favorable aux rêves de l'imagination. De nouvelles îles apparurent successivement à nos yeux : c'est ainsi qu'après le déluge le sommet des plus hautes montagnes reparut d'abord ; on revit ensuite les montagnes secondaires, puis les collines, puis les vallées où les hommes allaient encore habiter.

A mesure que les mornes et les pitons se

découvraient, notre guide nous les faisait reconnaître par leur nom : sans le secours d'instruments il eût été facile d'établir entre eux une échelle de proportion. Les flancs du Gros-Morne, dont le sommet était l'île opposée à la nôtre, furent les premiers à se dégager; les escarpements du Brûlé de Saint-Paul, de la plaine des Chicots, de la rivière du Mât et de la rivière de Saint-Étienne, qui sont les bords d'un grand bassin, ressemblaient à des rivages que l'inondation n'a pas entièrement abandonnés. Dans le lointain, c'était la plaine et ses mamelons arrondis; plus loin encore, les majestueux remparts qui forment l'enclos du volcan s'élevaient comme les ruines d'un vaste château fort : une fumée blanchâtre sortait du cratère, que la hauteur de son enceinte nous laissait à peine entrevoir.

Les nuages qui remplissaient encore les bassins s'échappèrent par l'embrasure des ravines avec la rapidité d'un torrent : nos yeux alors furent les maîtres de l'île entière, excepté de Saint-Denis et de Sainte-Marie, que la plaine des Chicots nous empêchait d'apercevoir. Faisons encore une fois le tour de l'île de Bourbon : à l'occident, vous découvrez la plaine aride des Galets et les savanes montueuses de Saint-Gilles, entre lesquelles le quartier de Saint-Paul est placé; en ramenant vos regards vers le nord, vous parcourez les cafeteries de la ravine à Marquet. De la rivière des Galets à la ravine des Trois-Bassins, ce sont les cultures de maïs que nous avons traversées. Au-dessus de cette plage, dont la blancheur fatigue les yeux, vous voyez d'autres cafeteries qui occupent un grand terrain : ce sont celles de Saint-Leu, qui se réunissent à celles de Saint-Louis. Nous franchissons rapidement les dunes de sable de l'Étang-Salé; nous comptons les fenêtres du château du Gol, qui semble tout-à-fait au bord de la mer. En tournant vers le sud, nous distinguons facilement le quartier de la rivière d'Abord; les blés de ses plaines sont comme un grand tapis vert. En approchant de Saint-Joseph, le pays prend un aspect plus sauvage; les cultures encore nouvelles sont cachées par ces grands bois que la cognée a respectés. Nous n'apercevons que la mer au-delà du volcan. Par l'embrasure de la rivière du Mât nous pénétrons jusqu'à Sainte-Rose, qui se couvre de sucreries; la petite ville de Saint-Benoît se montre au milieu de ses jardins et de ses palmiers. Du côté que nous venons de parcourir, l'île est bordée de sables et de savanes qui envahissent les terrains cultivés. Du côté que nous parcourons à présent, les cultures et l'abondance descendent jusqu'au rivage : ce sont les fertiles campagnes de la partie du vent : à droite, la nature a trop de nudité; à gauche elle est parée de toutes les richesses de la plus belle végétation.

Nous regardions du bord d'un précipice ce panorama dont les aspects variaient à mesure que nous en faisions le tour. A nos pieds c'était un abîme d'une profondeur effrayante : nos yeux plongeaient dans les entrailles de la terre, ou mesuraient avec étonnement la hauteur des remparts qui se correspondent de l'un et de l'autre côté des ravins. Entre des escarpements inaccessibles nous apercevions l'oasis d'Orère (1), qui, quoique plus élevé de cinq cents toises, paraissait être au fond du bassin. Les rivières de Saint-Étienne et des Galets, qui prennent leur source au pied du Gros-Morne, ressemblaient à de faibles ruisseaux serpentant sur

---

(1) Voyez la lettre VII.

l'arène; mais la désolation de leurs bords, la rapidité de leur cours, nous les faisaient reconnaître pour des torrents : le mugissement de leurs ondes arrivait à nos oreilles, comme le bruit des feuilles desséchées que le vent ne cesserait d'agiter. Représentez-vous une montagne coupée à pic, et séparée jusque dans ses fondements d'une autre montagne non moins escarpée : telle est l'image qu'il faut vous faire du Gros-Morne et du Bénard, les deux points les plus élevés de l'île de Bourbon. Ouvrez un passage aux torrents, jetez de nouvelles montagnes autour du Gros-Morne, groupez-les de la manière la plus bizarre, la plus pittoresque; laissez à nu de grandes masses de rochers; que les pentes moins rudes soient couvertes de bois épais; partout la nature en désordre, abandonnée à elle-même ; enfin placez-vous dans cette solitude sur la saillie d'un escarpement, vous aurez une idée du spectacle et des spectateurs qui se hâtaient de le contempler.

Il me faudrait plus de temps pour vous faire une description incomplète de ce tableau qu'il ne nous en fut accordé pour le voir : les nuages rentrèrent en foule dans l'intérieur du bassin; tout disparut à nos yeux; nous nous retrouvâmes dans l'isolement où nous étions quelques instants auparavant. Nous traversâmes les nuages en revenant sur nos pas ; nous descendions plus rapidement que nous ne l'eussions voulu. Nous étions encore dans le nuage, mais tout au plus à huit ou neuf cents toises d'élévation ; la fièvre nous avait quittés, les mouvements de la poitrine s'étaient ralentis ; quoique fatigués, nous éprouvions une sorte de bien-être en rentrant dans l'atmosphère à laquelle nous étions accoutumés. Je proposai à mes compagnons de se reposer sur la mousse épaisse dont les rochers étaient revêtus : à peine étions-nous couchés que le sommeil nous ferma les yeux à tous au même instant. Nous demeurâmes endormis pendant une bonne heure : en nous réveillant, nous étions surpris d'être tombés tous à la fois dans ce profond assoupissement, qui s'explique par le passage de l'air raréfié à l'air devenu plus abondant. Les forces nous revinrent entièrement : nous cheminâmes à la case du Brûlé, où nos esclaves demeurés en arrière nous avaient préparé un bon dîner que le meilleur appétit devait encore assaisonner.

Nous ne tardâmes pas à nous retrouver sur la limite des bois et des habitations. La lisière des terrains cultivés est peuplée d'un grand nombre de petits propriétaires qu'on désigne par le nom de *créoles des hauts*. Ayant eu besoin de me rafraîchir, je me présentai à l'entrée d'une petite case qui était à peu de distance du chemin : la maisonnette était en *palmiste couché* ; le toit en feuilles du même arbre s'avançait au-dessus de la porte pour former une espèce de varangue ou d'auvent soutenu par quatre petits piliers ; des calebasses, dont la liane avait grimpé sur la cabane, retombaient de tous les côtés du toit ; sous la varangue était un cadre, c'est-à-dire le bois de lit le plus simple qu'on puisse imaginer, formé de quatre *gaulettes*, élevé de terre sur quatre piquets, et sanglé de cordes d'aloès qui se croisaient entre elles ; par-dessus une natte, je devrais dire une *sésie* (1) de vacoi, et un petit oreiller d'indienne probablement rempli de paille de maïs. Un homme d'assez bonne mine, habillé de toile bleue, était étendu sur le cadre, la tête appuyée sur une main, et fumant de l'air du monde le plus flegmatique et le plus indépendant. Son domaine, tout au plus

---

(1) C'est ainsi qu'on appelle une natte à Bourbon : ce mot vient, je crois, de Madagascar.

d'un demi-quart d'arpent, était enclos de pignons d'Inde qui donnent de l'huile à brûler ; des bananiers procuraient un peu d'ombrage ; dans un coin de l'enclos il y avait quelques pieds de tabac ; des patates couvraient d'un épais tapis le reste de la petite propriété. Le fumeur s'aperçut à peine de mon salut, qu'il me rendit toutefois en me répondant « *Salam*. — Monsieur, pourriez-vous me procurer un verre d'eau ? — Petit noir, dit-il en se relevant sur le coude, donne tout'suite coco à ce blanc-là pour lui boire. » Un petit noir déguenillé sortit de la case tenant d'une main une calebasse et de l'autre une tasse de coco. « Vous avez là, repris-je après avoir bu, une jolie petite habitation : vous donne-t-elle de quoi vivre ? — Oh ! oui, n'en a bon champ de patates. — Et votre petit noir, comment le nourrissez-vous ? — Oh ! petit noir mange patates même (1). — Mais comment faites-vous pour vous procurer des habits ? — N'en a pieds de tabac ; moi y fais une, deux, trois carottes, et puis moi

---

(1) Le mot *même* revient à chaque instant dans la conversation des créoles ; il donne plus de force à ce qu'ils affirment : *comme ça même* est leur expression favorite ; elle ne veut pas dire *précisément comme cela*. Elle n'est pas aisée

porte vendre à la ferme que le diable emporte, et puis achète toile bleue pour faire z'habits à moi. N'en a aussi deux petits cochons. — Comment les nourrissez-vous, vos petits cochons ? — Avec champ de patates donc. — Et qui est-ce qui le travaille votre champ de patates ? — Petit noir même. — Et vous, que faites-vous ? — Moi, monsieur ? moi reste là comme ça même. — Mais vous n'avez pas de femme, vous devez vous ennuyer ? — Oh ! que si, moi n'en a camarade. — Et qui ça votre camarade ? La négresse de M. z'hose donc, » et cela en souriant d'un air de mystère et de satisfaction. Ce monsieur Chose est quelque riche propriétaire qui ne se fâche point de ce que ses voisins se chargent de multiplier les esclaves sur son habitation.

Les créoles des *hauts* n'ont presque pas de relations avec les habitants des *bas* : quelques-uns, descendant des premiers habitants de la colonie, sont de race européenne pure ; leurs femmes, quand elles sont blanches, et

---

à traduire : elle signifie peut-être *indifféremment*, *je ne sais trop pourquoi*. Vous rencontrez quelqu'un sur votre chemin, vous lui demandez comment il se trouve là ; il vous répond qu'*il y est venu comme ça même*. Ces mots ont du charme et de la naïveté pour celui qui s'y est accoutumé.

surtout leurs filles, ont le teint frais et coloré comme nos jolies paysannes de France : tel est l'effet de la température moins brûlante dans laquelle ils sont placés. La plupart ont des nuances de couleur africaine, parce qu'ils appartiennent ou s'allient à des familles d'affranchis. Ils ne viennent guère qu'une ou deux fois l'année à la ville : on les voit arriver en foule le vendredi saint pour faire leurs emplettes et pour l'adoration de la croix, car ils sont chrétiens *comme ça même*, pour me servir de leur expression. Ils descendent pieds nus, mais à quelque distance du quartier ils ont soin de mettre des souliers pour qu'on ne les confonde pas avec les esclaves. En remontant ils quittent la chaussure, qui ne servira qu'au voyage prochain. Ces bonnes gens, car ils ne sont pas méchants, vivent dans une profonde ignorance de toutes choses : ils s'imaginent que la France est une île faite comme la leur; que les grandes propriétés vont du bord de la mer au sommet des montagnes; ils sont tout étonnés d'apprendre que l'on y mange autre chose que des patates, du maïs, du cabri, ou du cochon boucané. Il est probable qu'ils n'ont jamais entendu prononcer le nom du maire, et encore moins celui du gouverneur : du reste, ils sont en grande estime d'eux-mêmes, et ne pensent pas qu'on puisse avoir le droit de les commander. C'est en les prenant par l'amour-propre qu'on les incorpore dans les milices *des hauts* : ils se croient alors quelque chose; ils suivent volontiers les chefs qu'on leur choisit parmi les riches propriétaires du voisinage qui ont su gagner leur confiance et leur affection. Un commissaire de la marine s'étonnait de ce que les ordres de l'administration ne pénétraient pas dans toutes les parties de la colonie : il eût voulu que tout le monde s'abonnât à une mauvaise gazette dont il dirigeait la rédaction. Ce blanc-là ne savait pas qu'il eût fallu d'abord apprendre à lire à ses abonnés. Cela me rappelle ce gouverneur, nouvellement arrivé d'Europe, qui voulait publier une proclamation d'amnistie pour les noirs marrons réfugiés dans l'intérieur des montagnes, où ils s'inquiétaient fort peu et du gouverneur et du pardon qu'on leur eût accordé.

Pour ne point nous attirer de mauvaise affaire, distinguons les créoles des *bas* des créoles des *hauts*, comme en France il faut distinguer l'habitant des villes, d'avec le simple paysan; les temps eux-mêmes ne doivent pas être confondus; il y a un siècle, les mœurs des habitans de Bourbon différaient beaucoup des mœurs que nous aurions à observer aujourd'hui.

Je suis, etc.

Ile de Bourbon, 10 mai 1820.

LETTRE XIV.

Mœurs coloniales.

Monsieur le Comte,

Dans ce temps-là, c'est-à-dire il y a cent et quelques années, les savanes qui bordent les rivages de l'île de Bourbon étaient couvertes de benjoins et de lataniers : il y avait bien quelques endroits où elles commençaient à s'éclaircir. Dans un ou deux jours un habitant se bâtissait une case avec les lataniers abattus autour de lui ; il coupait d'égale longueur leurs tiges droites, qui sont toutes à peu près de la même grosseur ; cela n'était pas difficile à faire, parce que le bois de cet arbre n'est qu'une bourre tenace comprimée sous l'écorce même dont il est revêtu ; il n'y avait plus qu'à coucher les arbres les uns au-dessus des autres sur chacun des quatre côtés de la case ; ils s'ajustaient dans les entailles pratiquées à leur extrémité ; puis avec quelques *gaulettes* on élevait une charpente que l'on recouvrait avec des feuilles de latanier. Il n'y avait au bâtiment qu'une porte et qu'une petite fenêtre : je ne sais pas si la porte fermait à clef. On construisait ainsi plusieurs cases non loin les unes des autres; la principale pour le maître, les autres pour les grands enfants et pour les esclaves de la maison. Les gens riches étaient un peu mieux logés, car la grande case était en madriers de bois de natte également superposés, au lieu d'être en tiges de latanier; la toiture était semblable à celle des autres cases; quelques-unes de ces maisons avaient jusqu'à deux pièces de plein pied. Celle du gouverneur n'était pas beaucoup plus remarquable, mais elle était couverte en bardeau; outre le salon et la chambre à coucher, il y avait encore une salle à manger. On ne connaissait ni le luxe des carreaux de vitre et des treillis de rotin, ni celui des parquets, des rideaux et des tapisseries, toutes choses fort communes aujourd'hui. On faisait la cuisine en plein air, ou sous un petit auvent, et l'on dînait en famille au pied d'un gros tamarinier, car cet arbre fut apporté de l'Inde au moment des premiers établissements formés à l'île de Bourbon. C'est surtout à Saint-Paul, comme je l'ai déjà fait observer, que l'on retrouve ce mélange des anciennes cases et des élégantes maisons d'à présent; le respectable M. Ch. Le B. conserve encore son toit de jonc et de feuilles de latanier. Dernièrement un riche propriétaire achetant une maison beaucoup plus belle que celle qu'il allait quitter : « Que madame une telle, dit une » voisine un peu envieuse, sera fière à cette » heure de regarder à travers des vitres au » lieu de se montrer par les barreaux des fe- » nêtres de sa vieille maison! » Sous ces vieilles cases d'il y a cent et quelques années habitaient l'honneur, la franchise et la bonne foi; la porte s'ouvrait toujours pour l'étranger sans qu'il eût besoin de se faire connaître. Un bâtiment arrivait : le gouverneur ou quelque notable habitant s'emparait du capitaine; les autres, à raison de leur fortune, se partageaient les officiers et les matelots; personne n'avait besoin de lettres de recommandation : on venait de France, de la patrie; c'en était bien assez pour être cordialement accueilli. Afin de mieux fêter ses hôtes, on tuait un cochon, un cabri, ou l'on allait dans son parc à tortues en chercher une des plus grosses qu'on servait dans sa carapace, comme on le fait encore aujourd'hui.

Les tortues de terre étaient abondantes dans les sables du bord de la mer; on n'y en trouve plus depuis long-temps; nous les faisons venir des Seychelles et de Madagascar, qui bientôt ne pourront plus nous en fournir.

Il y avait bien un peu de grossièreté dans les mœurs; les bâtiments qui apportaient de la bonne eau-de-vie de Cognac n'étaient pas les plus mal accueillis. Alors le nombre des maîtres et des serviteurs était à peu près égal : la condition de ces derniers était fort douce, les maîtres ne rougissaient point de travailler avec leurs esclaves. La plus grande occupation des habitants était le soin de leurs troupeaux. Les pâturages de Saint-Denis et de la pointe des Galets étaient les plus estimés de l'île; dans la saison de la sécheresse on envoyait les taureaux et les génisses paître dans les montagnes; chaque chef de famille, pour les reconnaître, imprimait une marque à ses bestiaux. « Ces peuples, dit un voyageur, sont de si bonne foi qu'ils ne songent point à s'entre-dérober leurs troupeaux. »

Il ne se faisait pas un grand commerce à Mascarin; c'est ainsi que Bourbon fut long-temps appelé, même après avoir pris ce dernier nom. La compagnie des Indes négligeait la colonie; les navires n'y passaient que pour s'y procurer des vivres et des rafraîchissements. Le tabac, dont les habitants soignaient la culture plus qu'à présent, était leur plus importante spéculation ; ils recevaient en échange de leurs produits des tissus de coton et quelques articles de soieries que les premières dames du pays enlevaient aussitôt qu'on les leur avait présentés ; elles étaient parées avec un mouchoir de l'Inde et une robe rayée de *sirsakas*, que les mulâtresses dédaigneraient de porter aujourd'hui. Dèslors les gens de toute espèce de métier auraient pu exercer leur profession dans la colonie, à l'exception des cordonniers, car, dit le voyageur de qui j'emprunte une partie de ces détails, « eux seuls n'y trouveraient pas leur compte, à moins d'apporter la mode de ne point aller pieds nus; les hommes et les femmes ne se servent point de souliers. » C'est une chose assez plaisante de voir une jeune fille en robe de lampas aller nu pieds à travers les bois. Le chevalier de Parny a fait une observation maligne sur le pied des dames de Bourbon; de son temps il y en avait encore qui n'avaient point de chaussure dans leur maison ; le pied ne devait pas être aussi délicat : mais qu'il ressuscite et qu'il revienne dans son pays natal; les souliers les plus mignons que nous envoie la France seront trop grands pour ses petites nièces comme pour la plupart des jeunes dames de l'île de Bourbon. Voilà comme tout a changé: les habitants de Sainte-Suzanne, qui sont si riches à présent, privés alors de communications avec les ports de l'île, ne participaient point aux échanges; les femmes n'osaient pas le dimanche se montrer à la messe, parce qu'elles n'avaient point de robes de lampas comme les bienheureuses de Saint-Denis et de Saint-Paul, où se faisaient toutes les affaires avec les Européens.

Il ne circulait pas beaucoup d'argent dans le pays, on ne payait point d'impôts; aussi l'administration laissait-elle faire à chacun à peu près tout ce qui lui convenait; il y avait même des temps où le gouverneur manquait de poudre à canon (1). Pourtant un gouverneur, qui sans doute n'avait ni poudre ni soldats, avait voulu mener despotiquement la colonie; une conspiration se forma contre lui; le père Hyacinthe de Quimper, missionnaire, était à la tête du

---

(1) Le Gentil, *Voyage autour du Monde.*

complot : au milieu de son office, au lieu d'un *Dominus vobiscum*, il dit énergiquement de saisir le gouverneur qu'on embarqua sur le premier bâtiment. Le père Hyacinthe, qui fut ensuite renvoyé et puni, gouverna toutefois l'île pendant trois années, à la grande satisfaction des habitants sur qui leur pasteur avait plus d'empire que leur commandant, car ils étaient crédules et superstitieux. On rapporte que pour détourner un maléfice, le curé de Saint-Paul ne trouva d'autre moyen que de dire le même jour une messe dans chacune des trois paroisses de la colonie, dont la plus éloignée était à plus de dix lieues de la sienne; on assure aussi que ces trois messes délivrèrent le pays de la présence des malins esprits.

Les notables de chaque quartier se réunissaient de leur pleine autorité pour délibérer sur leurs intérêts communs : on se concertait pour les travaux à entreprendre, pour l'ordre et la police de son quartier. On m'a fait voir aux bords de l'étang de Saint-Paul les pierres qui servaient de siége au conseil sous le gros arbre où il se réunissait : c'est là qu'on écoutait comme des oracles le bonhomme Athanase, et le bonhomme Ricquebourg, le seul qui restât des vingt premiers habitants de la colonie (1). L'aimable et bon juge de paix de Saint-Paul est un Ricquebourg, qui a hérité de la candeur et de la probité de ses aïeux; le mot a passé en proverbe : on dit qu'on est de l'avis du compère Athanase, comme on dit en France qu'on est de l'avis du préopinant.

Les maisons de chaque quartier étaient éparses dans la savane, les cultures de la montagne séparées par d'épaisses lisières de bois; chaque famille vivait isolée, car on était un peu envieux les uns des autres; des femmes, je n'avance rien qui ne soit appuyé d'une autorité, troublaient quelque peu, par leurs prétentions jalouses, l'harmonie qui eût régné dans cette naissante société. La plupart des habitants avaient dans l'origine contracté des alliances avec les Africains : en 1717 il n'y avait que six familles chez qui le sang européen se fût conservé dans toute sa pureté; il est vrai que les blancs arrivant de la métropole détruisaient par degrés les nuances de sang africain. A cette époque Le Gentil vit dans l'église de Saint-Paul une famille qui lui donna de l'ad-

---

(1) *Lettres édifiantes; Lettres du Père Ducros, missionnaire.*

miration, *la vue allant du blanc au noir et du noir au blanc;* il y avait cinq générations de la plus âgée des femmes à la plus jeune; la trisaïeule, qui avait 108 *ans*, était entièrement noire; la fille de l'arrière petite-fille était aussi blonde qu'une Anglaise : d'après les renseignements que j'ai recueillis, cette bonne vieille devait être une princesse de Madagascar dont la fille s'était mariée avec un officier de l'établissement de Flaccourt au Fort-Dauphin; lors du massacre des Français il ne s'échappa de cette famille que des femmes qu'on avait fait embarquer dans le pressentiment d'un prochain danger.

Il se faisait donc une petite guerre en 1717 entre les femmes blanches et celles qui ne l'étaient pas tout-à-fait, quoique ces dernières sentissent couler dans leurs veines le plus noble sang de Madagascar. Ces habitants d'origine blanche ou de race mélangée, mais tous de condition libre, ne contractèrent par la suite aucune alliance légitime avec les Africains : blancs et basanés se confondirent ensemble, de sorte que les premières sources seraient maintenant très-difficiles à distinguer; il vint d'ailleurs un grand nombre de familles européennes pour prendre part aux richesses que la colonie ne tarda pas à acquérir.

J'ai voulu vous donner ces détails sur les commencements de l'île de Bourbon, parce qu'ils n'ont rien de pareil à ceux des Antilles dont la population, sans doute épurée par la suite, ne se composa guère dans le principe que de flibustiers et d'autres mauvais sujets : ici les habitants ont presque tous une origine honorable ; ils descendent d'ouvriers, d'employés de l'état, de marins et de cultivateurs laborieux. La colonie a eu réellement son âge d'or, qui ressemble aux temps antiques, tel que le bon Homère nous les a décrits ; j'ai cherché à vous en tracer le tableau fidèle, d'après les relations et les traditions les plus authentiques qu'il m'ait été possible de me procurer (1).

Le rapide accroissement des fortunes et le développement du commerce au moment où la culture du caféier se répandit sur la colonie, les relations fréquentes qui s'établirent, à l'époque de la guerre de l'Inde, entre

---

(1) Flaccourt, Raynal, Souchu de Rennefort, le Gentil-la Barbinais, D....... et *relations manuscrites*.

nos divers établissements d'Orient, produisirent une révolution dans la condition et dans la manière de vivre de nos habitants; la Compagnie des Indes, intéressée à l'extension de la nouvelle culture, leur fit des avances considérables en esclaves et en argent. Le luxe ne s'introduisit pas d'abord parmi les anciens colons pour qui les besoins ne s'étaient pas encore multipliés, mais il alla toujours croissant parmi leurs enfants et leurs petits-enfants : les approvisionnements pour les armées de l'Inde se faisant aux îles de France et de Bourbon, le roi ayant autorisé les deux colonies que la compagnie laissait manquer d'objets de première nécessité à faire le commerce *d'Inde en Inde*, on vit arriver des ouvriers malabares qui apportèrent le goût de leurs constructions, des marchands chargés des produits de la Chine et du Bengale, des officiers de Dupleix et de Bussy qui vinrent se reposer de leurs fatigues sous un ciel plus salubre que celui de l'Indostan. Les usages, les monuments, les costumes, tout prit une physionomie moitié européenne et moitié asiatique; les mœurs elles-mêmes prirent une nuance des mœurs de l'Orient; il y eut dèslors un peu moins de liberté pour les femmes; leur vanité se vit entourée d'un cortége importun d'esclaves, espèces de surveillants plutôt que véritables serviteurs; sans être plus fidèles, les maris se donnèrent un air plus despotique et plus jaloux. Ces ressemblances avec l'Asie ne sont pas encore tout-à-fait effacées aujourd'hui : malgré les égards dont elles sont l'objet, beaucoup de femmes ne sont à dire vrai que les premières esclaves de la maison; elles sont douces, timides, résignées, attentives pour des maîtres qui n'ont pas toujours beaucoup d'amabilité. Qu'un mari soit malade, qu'il ait seulement une légère indisposition, il faut que sa femme veille auprès de lui, empressée aux moindres ordres qu'il s'avise de lui donner : elles obtiennent en récompense de leurs services, de leur docilité, quelque chapeau, quelque robe nouvelle, objets qui sont pour elles d'un grand prix, et que du moins on n'a pas la cruauté de leur refuser : elles ne s'occupent, au reste, que des soins intérieurs de la maison; elles font le linge et une partie des vêtemens de leurs enfants et de leurs maris, ne se mêlant aucunement des affaires de spéculation. Pourtant celles qui recouvrent leur liberté par le veuvage manquent rarement d'une intelligence particulière pour la direction de leurs intérêts. Dans le monde on leur trouve en général un petit air de pruderie qu'on n'aperçoit point dans celles qui ont le plus d'esprit : cet air-là provient de la contrainte où elles vivent; elles sont d'ailleurs obligées à une grande retenue envers la plupart des jeunes gens arrivant d'Europe : ceux-ci présument beaucoup trop de leurs moyens de séduction; ils éloignent la bienveillance qu'on aime à témoigner aux étrangers; ceux qui viennent ensuite dans la colonie n'y trouvent plus le même accueil, parce que d'autres se sont flattés de succès qu'il n'eût cependant pas été facile d'obtenir.

Ce n'est point dans le roman de Bernardin de Saint-Pierre qu'on peut étudier les mœurs de nos colonies d'Orient; Paul et Virginie sont d'un autre monde que le pays où l'auteur les a placés. Les jeunes gens jouissent de bonne heure d'une grande liberté; les jeunes filles ne quittent point le côté de leur mère avant d'être mariées; elles sont très-réservées. Pourtant leur intelligence est précoce, car les esclaves dont leur enfance est environnée ne leur donnent l'exemple ni de la pudeur ni de la chasteté : le danger n'est pas aussi grand qu'on se l'imaginerait. Pour les femmes de la colonie, un noir n'est qu'un noir, un esclave n'est qu'un esclave; une blanche ne sera jamais surprise entre les bras d'un Africain; un blanc seul est à craindre; c'est contre les blancs qu'une mère défend sa fille, qui sait elle-même tout ce qu'elle aurait à redouter. On voit des mariages faits par inclination; beaucoup d'hommes ne se marient que pour faire diversion à l'ennui dont ils sont accablés; les parents ne contraignent presque jamais leurs enfants: les unions sont volontaires et assorties; il est rare qu'une jeune fille soit affligée d'un vieux mari. L'amour, je ne parle point d'un vain désir qu'aucun objet ne saurait fixer, l'amour n'est point un sentiment ordinaire, il est d'une violence extrême dans les cœurs capables de l'éprouver; une femme éprise d'un feu véritable est, dit-on, la volupté même : on ne sait pas s'il est possible de s'en dégager. La créole de nos colonies d'Orient semble uniquement faite pour aimer; sa tendresse est inépuisable pour ses enfants; la nécessité la plus impérieuse peut seule la déterminer à les faire allaiter par une étrangère, c'est-à-dire par une négresse, sur qui ses yeux inquiets demeurent constamment ouverts. La nourrice reçoit sa part de ce qu'il y a de plus délicat sur la table du maître; les négresses qui ont été bonnes des enfants, leurs *nénaines*, pour me servir du terme du pays, également objet d'attentions particulières, ne s'aperçoivent plus de leur esclavage; elles ne sont autre chose que des pensionnaires de la maison. C'est un spectacle charmant que celui de ces petits enfants créoles, qui sont entièrement nus ou vêtus à peine d'une petite robe de mousseline; ils n'éprouvent aucune gêne dans leurs mouvements, rarement on les entend pleurer; ils se roulent, ils se jouent, ils s'endorment sur une natte, et quand ils sont endormis, on les couvre d'un petit moustiquaire de gaze sous lequel ils ont l'air d'Amours surpris dans un filet.

Qui dit enfant créole dit pour l'ordinaire enfant gâté : ces mamans si tendres, dont je viens de vous parler, manquent de force et de sévérité; heureuses celles qui ont le courage d'envoyer leurs fils en France, ou de leur faire donner dans la colonie le peu d'éducation qu'il est possible de leur procurer. Nos créoles ont beaucoup d'esprit naturel et de facilité; ils obtiennent des succès rapides dans les arts d'imitation et d'agrément; leur ignorance a quelquefois une grande naïveté. Accoutumés de bonne heure à commander, ils se font une haute idée de leur supériorité : pourtant ils sont en général meilleurs maîtres que les nouveaux débarqués d'Europe; ils sont moins exigeants, moins impatients : parmi les Européens, les plus durs envers leurs esclaves sont ceux qui n'ont pas toujours commandé.

Nous l'avons déjà observé, les caractères, les habitudes de la colonie, semblent, ainsi que ses aspects, varier à mesure qu'on en fait le tour (1.), à quelques exceptions près, il y a deux siècles de Saint-Joseph à Saint-Denis; les créoles *des hauts*, auxquels je reviens encore, diffèrent tout-à-fait des créoles *des bas*; les premiers sont beaucoup plus vains que les seconds : un jour que je passais au travers d'une petite habitation, le maître, qui travaillait à son champ avec deux esclaves, m'ayant aperçu, jeta bien vite sa *gratte*, pour que je n'eusse pas à croire qu'il s'abaissait à travailler. Une autre fois un petit habitant, comme on a coutume de les appeler,

---

(1.) On peut encore attribuer la différence qui existe entre les mœurs de la partie du vent et de la partie sous le vent à la différence de climat : au vent, on est excité, irrité par la continuation de la brise; sous le vent, l'apathie des colons correspond au calme de l'atmosphère.

vint prier la bonne Mme Desbassayns de lui prêter, c'est-à-dire de lui donner cinquante livres de maïs dont il avait une pressante nécessité : quand le sac fut prêt, il demanda un noir pour le lui porter ; le noir ayant été refusé, l'amour-propre fut plus fort que le besoin ; le petit habitant aima mieux renoncer au sac que d'être vu l'emportant sur ses épaules, ce qui sans doute eût gravement compromis sa dignité.

Ne disons pas que les habitants de Bourbon sont astucieux et de mauvaise foi ; mais remarquons que parmi les Européens qui viennent s'établir dans la colonie pour s'y livrer à des spéculations, s'il en est de recommandables par leur probité, il en est aussi un certain nombre qui nuisent singulièrement à la confiance que les autres sont en droit d'obtenir. Ces petits spéculateurs sont un fléau pour le pays ; ils travaillent *nuit* et *jour* ; mais vous ne savez pas ce que c'est que de travailler *la nuit :* cela veut dire que l'on a une porte qui durant l'obscurité s'ouvre pour les noirs qui trouvent à vendre à vil prix le sac de sucre ou de café qu'ils ont dérobé. Ce métier n'est point du tout mauvais : plus d'un, qui l'a exercé long-temps avec succès, a maintenant une belle case et une bonne habitation; il se plaint à son tour de ces oiseaux de nuit, qui veillent tandis que les autres sont endormis. Il est encore d'autres spéculations, telles que celle de prêter à 22 et 30 pour cent, ou d'acheter à moitié prix, quelques semaines avant la récolte, les sept ou huit balles de café que fera le petit habitant et qu'il est obligé de vendre dans un pressant besoin d'argent. De tels exemples sont dangereux pour les créoles; ils n'aiment point à passer pour dupes, ils finissent par ne plus l'être : honteux de leur bonne foi, ce sont eux qui se vanteront à leur tour de vous avoir attrapé.

Je ne fais apercevoir que des nuances, qu'il ne faut point prendre pour le fond du caractère des habitants; d'ailleurs ce n'est point aux hommes, mais aux institutions qu'on doit reprocher les vices qui s'introduisent dans une société. On a cru bien faire à l'île de Bourbon de revêtir l'administration d'une grande partie des pouvoirs de la justice; on s'est étrangement abusé : car s'il y a dans le gouvernement une force qui puisse disposer à son gré de la loi ou du ministre de la loi, la morale sera nécessairement détruite par ceux qui étaient institués pour la maintenir. Un grand nombre de familles se sont préservées jusqu'à ce jour de la contagion de l'exemple et de l'immoralité de certaines institutions; on retrouve dans ces familles, mais sous des formes plus polies, cette bonne foi, cette généreuse hospitalité qui rappellent ce bon vieux temps dont tout à l'heure je me plaisais à vous reproduire le tableau. Comme vous le voyez, tous les traits n'en sont pas encore effacés.

Il y a dans les colonies des choses auxquelles les Européens ont de la peine à s'accoutumer; celui qui est né dans un pays libre se fait difficilement aux institutions de l'esclavage. Un habitant de la métropole s'étonne de voir chaque jour proposer l'échange d'un esclave contre un bœuf ou contre un mulet : s'il est convenu qu'un homme peut être comme un bœuf un objet de commerce, une vanité mal entendue souffre seule du rapprochement et de l'échange; l'esclave ne s'en plaindra point, s'il gagne un bon maître à cette espèce de marché; au reste, plût à Dieu que nous pussions changer tous nos esclaves contre des bêtes de somme! Un tel contrat serait au moins d'une part en faveur de l'humanité.

La vente des noirs d'un héritage a toujours été un spectacle pénible pour moi : la bande arrive tristement dans la cour où l'encan doit avoir lieu ; on les appelle chacun à leur tour : si c'est un petit noir, on le fait monter sur une chaise ou sur une table pour que le cercle des acheteurs soit à même d'en mieux juger. — « A cent piastres, à cent vingt piastres. » Le noir sourit si c'est un bon maître qui cherche à l'obtenir, il semble l'encourager. « A cent trente, cent trente-cinq, cent trente-six, etc. adjugé. » Mais si l'adjudicataire passe pour être dur envers ses esclaves, s'il est d'un quartier éloigné, le noir vendu a de la peine à cacher son chagrin et son mécontentement. Il en est heureusement de la plupart comme de l'âne de la fable à qui le changement de maître est tout-à-fait indifférent. La loi n'a pas voulu qu'on séparât de leur mère les enfants au-dessous de sept ans; mais quelquefois, sans le vouloir, on sépare le mari de la femme, parce qu'on ignore les liens naturels qui se sont formés entre eux; alors ce sont des scènes dont il serait difficile de n'être pas attendri. Celui qui achète le mari se décide ordinairement à faire un sacrifice pour acheter la femme; car, il faut le dire, le cœur des habitants de Bourbon n'est point insensible à la voix de l'humanité. Les mourants ont coutume, soit dans leur testament, soit dans les instructions qu'ils donnent à leurs enfans, de laisser à leurs plus fidèles serviteurs, qu'ils fixent à des prix modérés, le choix de l'héritier ou du maître auquel il leur conviendra de s'attacher : ces dernières volontés sont celles qu'on observe avec le plus de fidélité.

Vous avez vu le créole au moment de sa naissance; nous sommes arrivés bien vite au moment de sa mort. Pendant mon séjour à l'île de Bourbon, j'ai vu mourir quelques-uns de ses plus respectables habitants : il n'y a pas long-temps que nous avons perdu M. Gilbert, l'un des hommes qui ont fait le plus de bien au pays; il nous en faut garder un souvenir. Il n'était pas né dans la colonie, mais depuis long-temps elle l'avait adopté : d'abord officier de marine, il s'était retiré du service, que son zèle lui avait rendu trop fatigant ; il ne tarda pas à gagner la confiance de tous ceux dont il était environné. Membre de l'assemblée coloniale, il ne se fit remarquer que par des propositions en faveur de l'humanité; ingénieur distingué, il s'employa gratuitement à refaire les anciennes routes, à en ouvrir de nouvelles, à construire des ponts, à faire planter des arbres sur la voie publique ; enfin tous les instants de sa vie furent consacrés au bien-être de ses concitoyens. Aucun motif d'amour-propre, aucune ambition, aucune vue d'intérêt, ne l'ont jamais dirigé; faire le bien pour le bien lui-même était son premier besoin : on l'appelait et il venait, il semblait que ce fût lui qu'on eût obligé. Que le voyageur s'en souvienne ; il lui doit une route facile, un ombrage contre les feux du jour : nous ne l'appelions pas autrement que notre bon M. Gilbert; je le vois encore quand, surmontant la maladie dont il était consumé, il s'en allait appuyé sur sa canne porter des consolations à une famille, ou servir d'arbitre à des plaideurs, qui de part et d'autre s'en rapportaient à lui.

A son enterrement, ses noirs commandeurs qui portaient sa bière, les autres esclaves qui la suivaient, étaient plongés dans la plus profonde douleur; tous les habitants de la ville de Saint-Paul étaient du convoi. M. Gilbert n'eut jamais d'ennemis : sa mort fit voir que tout le monde était de ses amis.

Je suis, etc.

Ile de Bourbon, le 15 mai 1820.

LETTRE XV.

Suite des mœurs coloniales.—Du séjour des colonies comparé à celui de la France.

Monsieur le Comte,

Il est un pays qu'à chaque instant je demande à revoir, il en est un autre que j'aurai beaucoup de peine à quitter : l'un est la France, où m'appellent tant de souvenirs et d'affections; l'autre la colonie, qui me retient par je ne sais quel attrait. Je souffre d'être éloigné depuis si long-temps de ma famille, de mes amis; et pourtant je m'attriste à la seule pensée de mon départ. C'est une chose étrange que le cœur de l'homme, à la fois tourmenté par les regrets et les désirs sans être jamais satisfait. Pendant mon séjour dans la colonie, je n'ai point cessé de me retracer l'image de la France : à peine embarqué, mon imagination ne me fera plus voir que des tableaux de la colonie. Est-ce une question à faire que de demander si l'existence est plus agréable, plus heureuse en Europe qu'au pied des rochers de l'île de France ou de l'île de Bourbon? Je n'en sais rien; car ce n'est pas le même genre de bonheur ou d'agrément. A moins que ce ne soit pour son instruction, je n'engage ici personne à quitter son pays pour le nôtre; il en est de même des Européens, à qui je ne donnerai pas le conseil d'augmenter la population des colonies : d'ailleurs, une fois que vous avez pris le goût des voyages de long cours, vous ne pouvez vous fixer, même aux lieux qui devraient le plus vous engager. Une sorte d'inquiétude vous mène d'un endroit à l'autre, sans savoir quel est le but de votre course et de vos désirs : le marin perdu au milieu de l'Océan n'aspire qu'au moment de toucher au port : à peine a-t-il vu la terre, qu'il oublie ses dangers, ses fatigues, pour ne songer qu'aux apprêts d'un voyage qui sera plus fatigant, plus dangereux que le précédent. Il faut que cette vie errante ait un certain charme qu'on ne peut définir : le plaisir n'est pas toujours de voir, c'est de se rappeler qu'on a vu; mais un plus grand plaisir est de retourner, ne fût-ce que pour un moment, dans les pays, auprès des personnes que l'on aime, et qu'il a fallu quitter :

en pensant à revoir bientôt la France, je conçois de loin l'espérance de revenir aux îles de Maurice et de Bourbon.

Celui qui court uniquement après la fortune ne s'aperçoit guère de la différence qu'il y a entre le ciel de l'Inde et celui de l'Angleterre : pour lui les objets n'ont point de physionomie; il ne distingue point le sapin du palmier, la paysanne du pays de Caux de la négresse de Mozambique; la nature est muette et sans couleur pour celui à qui l'or seul fait ouvrir ou l'oreille ou les yeux. Mais ce n'est plus la fortune qui fait entreprendre de grands voyages : elle ne s'embarque plus avec le simple matelot pour lui découvrir les trésors d'une île inhabitée, d'un hémisphère inconnu. C'est une erreur de croire que l'on s'enrichisse aujourd'hui plus promptement aux colonies qu'aux bords de la Seine ou de la Tamise. Les choses ont bien changé de ce qu'elles étaient autrefois : alors une terre vierge, se livrant sans réserve au premier qui s'en emparait, lui prodiguait plus de fruits qu'il n'osait en espérer. Les anciennes descriptions qu'on nous a faites de l'île Mascareigne nous la représentent comme le plus beau séjour de l'univers : il fallait que ce fût un paradis, puisqu'on lui donna le nom d'Éden, à raison de son abondance et de son heureux climat. Il est encore quelques points de cette colonie où la richesse du sol semble le disputer à la beauté du paysage : c'est encore Éden que je me suis plu à vous décrire quelquefois, sans que l'imagination ait embelli mes tableaux. Rappelez-vous les bords de la rivière des Roches; ou bien revenez au jardin de M. Hubert, pour admirer ces groupes des plus beaux arbres d'Orient unis entre eux par des guirlandes de grenadille et de pivréa. Restons encore dans l'enfoncement de Saint-Paul pour jouir du plus beau ciel, du plus beau climat qui soit peut-être dans le monde entier : à l'exception de quelques mois d'une chaleur insupportable, le reste de l'année ressemble assez aux premiers jours de septembre dans la Touraine ou dans l'Orléanais : point d'orages, point de brises fâcheuses ; c'est une douceur de température, un air pur et vivifiant ; c'est le matin et le soir une fraîcheur délicieuse, un azur sans nuages qui semble aux approches de midi ne s'obscurcir que pour modérer les feux du jour. Les autres points de la colonie, plus exposés aux vents généraux qui règnent dans la région des tropiques, ne jouissent pas de tous ces avantages : aussi les malades viennent-ils à Saint-Paul avec plus de confiance dans son climat que dans la science de leur médecin. Les exilés de Madagascar, qui furent les premiers habitans de ce quartier, pendant un long séjour n'eurent pas à se plaindre de la moindre indisposition; ceux qui arrivèrent mal portants furent aussitôt rétablis. Pendant trois ans et demi j'ai ressenti le bien-être que fait éprouver cet air salubre, cette heureuse température; j'ai trouvé dans les colons de Saint-Paul une douceur, une égalité de caractère, qui semblent s'accorder avec la continuité du calme et des beaux jours : aussi dois-je partager ma reconnaissance entre le pays et ses habitants.

A Bourbon la vie est tranquille et sans événements; il n'y a guère plus de différence entre les jours qu'entre les saisons. Cette monotonie d'existence n'est pas tout-à-fait contraire à la santé, mais elle donne le malaise de l'ennui, dont l'oisiveté me semble ici plus accablée qu'elle ne l'est dans nos régions tempérées; et malheureusement, comme il y a peu d'activité dans les affaires, la colonie a plus d'oisifs qu'il ne doit s'en trouver en tout autre pays : mais il y a comme partout ailleurs des gens qui n'ont pas le temps de s'ennuyer, ou qui ont le bon esprit de savoir s'occuper. La chasse, la pêche, la promenade, le jeu, sont en France l'occupation de celui qui n'a rien à faire; au moins on se fatigue, on se distrait, et même l'on s'amuse : mais à Bourbon, est-ce vivre que de porter péniblement son corps ou dans un carrefour ou sur le bord de la mer, rendez-vous ordinaire des nouvellistes, des ennuyeux et des ennuyés de chaque quartier? On y consacre sa journée à la politique ou à la médisance, réveillé par celle-ci quand l'autre commence à vous endormir. Le soir ne voit que peu de réunions : il en serait de fort aimables, si les jeunes gens voulaient avoir un peu plus d'empressement pour les dames. A moins de l'aller chercher à Orère, il est un plaisir qu'on ignore tout-à-fait à Bourbon, le plaisir du coin du feu! Combien de fois me suis-je représenté la soirée d'hiver; les parents, les amis réunis en petit nombre autour du foyer; la maman tenant sur ses genoux l'enfant qui sourit à la flamme pétillante; le bon voisin qui s'est armé de la pincette; et moi-même, les pieds sur les chenets, ne formant alors d'autre projet que celui de nous revoir le lendemain à l'entour du même foyer!

Au Port-Louis de l'île de France les hommes, généralement mieux élevés qu'à Bourbon, recherchent beaucoup plus la société: sans aucune espèce de galanterie, je suis forcé de dire qu'il n'y a point de comparaison à faire entre les hommes et les femmes dans l'une et l'autre colonie; tout l'avantage est pour ces dernières. Mais il est une question bien plus délicate et d'une plus haute importance que je ne me permets point de décider, quoiqu'on l'ait souvent discutée: c'est de savoir quelles sont les plus aimables des dames de l'île de France ou de celles de l'île de Bourbon : il en est de charmantes dans les deux colonies; l'instruction est plus répandue à l'île de France: je ne prononce pas encore, ne sachant lequel vaut le mieux du naturel ou de l'éducation. Le tableau qu'on nous a fait de l'ancienne Saint-Domingue ne ressemble point à celui de nos colonies au-delà du cap de Bonne-Espérance : nos dames créoles n'ont point cette nonchalance, cette apathie même pour les arts d'agrément, ni cette rigueur envers les esclaves que les relations les plus indulgentes sont forcées de reprocher aux dames de Saint-Domingue. Ici une maîtresse de maison ne faisant pas autant par elle-même, à la vérité, n'est pas moins occupée de l'ordre et des soins de son ménage que ne le sont les dames européennes; celles de la colonie ayant plus de domestiques moins intelligens que les nôtres, me semblent avoir beaucoup plus d'embarras; rarement donnent-elles l'ordre de punir un esclave : meilleures que les hommes, elles sont beaucoup plus portées à l'indulgence. La maîtresse de la maison commence ordinairement sa journée, soit à la ville, soit à l'habitation, par faire la visite de l'hôpital, c'est-à-dire des cases où sont les noirs invalides et malades; elle veille à ce qu'ils soient bien traités, et souvent c'est elle-même qui leur distribue les remèdes, en leur adressant toujours quelques paroles encourageantes : aussi les noirs de l'habitation où il y a une femme blanche sont-ils ceux qui ont la condition la plus heureuse. La perte d'un bon maître est vivement sentie par les esclaves; la mort d'une bonne maîtresse est un malheur dont ils ont de la peine à se consoler (1). En citant de

---

(1) Il y a quelques années, une dame mourut à Saint-Benoît : un de ses noirs se précipita sur son cercueil dont il ne fut pas possible de le séparer; on le trouva mort quand on voulut enlever la bière. M. Joseph Hubert demanda qu'il

pareils exemples, l'aspect de l'esclavage devient moins pénible. D'ailleurs on entend rarement ce bruit de chaînes que quelques voyageurs ont fait retentir si haut à l'oreille des Européens. En arrivant dans la colonie, on s'accoutume difficilement à la vue de tous ces noirs qui sont la plus nombreuse population; on se récrie de ce qu'ils sont presque nus, de ce qu'ils sont courbés sous leur fardeau : dans Paris, ne voyez-vous pas au coin de chaque rue des portefaix de toute espèce, seulement la moitié moins basanés que les Africains, mais accablés d'une charge plus pesante et n'ayant que des haillons pour se garantir du froid, dont l'esclave n'a point à souffrir? Mais ces portefaix sont libres, et ce n'est pas à Paris qu'il faut chercher des sujets de comparaison.

En France, une grande propriété ne cause d'embarras que pour en toucher les revenus et les dépenser : dans la colonie, le plus riche est celui qui a le plus de tourments et de fatigues, non pour dépenser sa fortune, mais pour cultiver afin de recueillir. Comme

---

fût enterré comme libre auprès de sa maîtresse, et que ses enfants fussent affranchis aux frais de la commune. L'assemblée coloniale sanctionna cette résolution.

il n'y a point de fermiers, ce n'est pas un petit embarras qu'une armée de noirs à diriger et à surveiller : il faut pour cent mille francs de rentes avoir au moins cinq cents esclaves. En Europe, les vignes et les blés peuvent manquer une année ; mais dans les colonies un ouragan de quelques heures peut détruire à la fois et les arbres et leurs produits. Cette incertitude de l'avenir est la première cause du découragement, et le plus grand obstacle aux entreprises que l'on voudrait former.

Puis, quelle est la situation politique de nos colonies? aujourd'hui Français, demain Anglais, vous ne savez ni quel sera votre maître, ni quel sera votre sort. N'a-t-on pas entendu les regrets de l'île de France séparée de la métropole par la conquête et par les traités? On s'y inquiète peu de ce qui se passe à Londres : tous les souvenirs, tous les vœux sont pour la mère-patrie : on est plus Français à Maurice qu'on ne l'est dans aucune ville du royaume. Cette colonie se rappellera toujours qu'elle est fille de la France; elle lui conserve son amour, comme elle a conservé le sentiment de l'honneur national.

Les habitants des deux colonies, surtout ceux de l'île de France, isolés sur ces deux points de la mer des Indes, ne les regardent que comme un lieu de passage où ils n'auront que peu de temps à séjourner : presque tous les projets se tournent vers la France où l'on croit trouver de plus grandes jouissances, où l'on veut aller finir ses jours. A Bourbon, l'on tient plus au sol : c'est pour cela que l'agriculture y a fait plus de progrès qu'à Maurice. Les créoles qui descendent des premiers habitants sont ceux qui pensent le moins à quitter le pays qui fut leur berceau; quelquefois ils font comme les autres le rêve de passer en Europe : les objets ne se peignent qu'en beau à leur imagination frappée du récit des voyageurs. Mais qu'ils viennent en France : le spectacle de nos discordes, de nos misères, de nos besoins, leur rappellera cette tranquillité, cette indépendance et ce beau ciel du tropique qu'ils auront souvent à regretter.

Je me plais ainsi à faire des rapprochements de l'Europe et de la colonie : ce ne sont pas les plaisirs, les monuments de la capitale que je cherche à me rappeler ; je prends ailleurs le sujet de mes tableaux. Je compose deux paysages qui ont des traits tout-à-fait différents : l'un est la France, l'autre est l'île de Bourbon. Pour ce dernier tableau, esquissez vous-même les objets que j'aurais à représenter : réservons les premiers plans pour les arbres, les maisons et les personnages. Dans le lointain je veux une montagne dont les masses soient jetées au hasard; qu'elle se déchire du sommet jusqu'à la base, et par cette crevasse que je découvre des mornes et des pitons fuyant les uns derrière les autres et reparaissant au-dessus des nuages qui cherchent à les couronner. Faites tomber une cascade de ce rempart à pic qui se rapproche vers l'un des côtés du tableau; qu'elle se précipite entre des bouquets de songes, des lianes et des fougères. Sur cette autre partie de la montagne dont les pentes sont plus douces, dessinez-moi les élégantes pyramides d'une plantation de girofliers; çà et là, entre les caféteries d'un vert plus obscur, vous peindrez quelques carreaux d'un vert tendre auquel je reconnaîtrai des champs de cannes; d'un côté de la rivière à l'autre, tracez le chemin tortueux par lequel on gravit dans les rochers; faites monter et descendre quelques noirs; saisissez le moment où des dames en palanquin reviennent de leur habitation.

Placez au pied de la montagne une maison avec sa varangue et ses pavillons; crayonnez au-dessous quelques petites cases en bois couché. Maintenant appliquez-vous à bien distribuer sur les divers plants de la scène les plus beaux arbres cultivés dans la colonie ; n'oubliez pas auprès de la grande case le gros tamarinier des anciens habitants : que l'on remarque l'arbre à pain abritant sous ses larges feuilles digitées ses fruits verts de la grosseur d'un œuf d'autruche, le letchis chargé de ses grappes éclatantes, le carambolier de ses baies anguleuses, et le manguier de Goa dont les fruits sont aussi variés pour le goût qu'ils peuvent l'être pour la couleur. Dans les touffes d'un bosquet, que j'aperçoive tous les fruits qui ne demandent point de culture : l'orange, la goyave, le citron galet, l'atte dont la crème est délicieuse, et le jam-rosa, ainsi nommé parce qu'il a le goût et l'odeur de la rose. Vous isolerez quelques gerbes de bambous qui souffrent difficilement que de moindres plantes croissent à leur pied.

Il faut une place distinguée au cacaoier dont les riches cabosses sont éparses depuis le pied de la tige jusqu'à l'extrémité de ses branches. Peindrons-nous la muscade qui s'entr'ouvre au moment de sa maturité, image trop animée, que voileront les palmes de ces bananiers ou les feuilles découpées de ces élégants papayers groupés ensemble sur le premier plan du tableau?

Ces végétaux ont tous une physionomie étrangère à ceux d'Europe; ce sont des enfants du tropique qu'on trouve ainsi réunis dans les plus belles habitations de la colonie. Que manque-t-il à notre paysage? Avons-nous mis le vieux noir jouant du bobre ou du vali au pied du tamarinier; les autres esclaves qui l'écoutent, ou qui dansent au son de l'instrument, souvenir de leur pays et des plaisirs de leur enfance?

Nous n'avons rien dessiné sur ce côté de la scène auprès du bassin de la Cascade: c'est là qu'il faut un groupe de ces palmistes, de ces lataniers, honneur de notre colonie: qu'ils s'élancent au-dessus du cocotier de l'Inde, du dattier d'Arabie, du rafia de Madagascar; que tous ensemble se balancent au gré des zéphyrs; qu'ils forment un épais ombrage, un berceau de verdure sous lequel nous réunirons en famille les bons amis de l'île de Bourbon, afin de conserver la double image des plus beaux arbres de la colonie et des personnes que j'y aurai le plus à regretter.

Cette vue de l'île de Bourbon, que je peindrais des plus riches couleurs, n'effacera point le souvenir des sites romantiques, des scènes heureuses, des beaux paysages de la France, de la vraie patrie : à peine y pensé-je que les traits de ce second tableau, ou de mille tableaux à la fois, se représentent en foule à ma mémoire. Je revois ce que je n'ai point trouvé dans la colonie : la variété des saisons, la prairie émaillée de fleurs, les travaux ou plutôt les jeux de la moisson et des vendanges, la noce, la fête de campagne, l'église du village et son clocher gothique, les ruines du vieux donjon sur le penchant de la colline, l'intérieur de la ferme, et le château du maître que je place aux bords de la Loire, le bac que vous passez, et la grande avenue par où vous arrivez.

Bonjour, France; adieu, colonie. Mais ne reverrai-je l'une qu'en quittant l'autre pour jamais?

Je suis avec un respectueux et bien sincère attachement,

Monsieur le Comte,

Votre très-humble et tout dévoué serviteur,

Aug. BILLIARD.

Ile de Bourbon, 1ᵉʳ juin 1820.

www.ingramcontent.com/pod-product-compliance
Lightning Source LLC
Chambersburg PA
CBHW071617230426
43669CB00012B/1974